交通运输行业高层次人才培养项目著作书系

张洪伟 编著

公路交通领域安全挑战与对策

Safety Challenges and Countermeasures in Highway Transport

人民交通出版社股份有限公司
China Communications Press Co., Ltd.

内 容 提 要

本书为"交通运输行业高层次人才培养项目著作书系"中的一本。本书内容以完善交通运输安全风险管理技术体系为主线，以提升安全科技创新能力为基础，以技术研发与应用为支撑，通过调查梳理国内外交通运输安全研究与发展现状，系统评估公路交通运输安全发展现状，分别从战略对策、规划对策、理论对策、总体对策、专项对策、推广示范对策六个部分对提升公路交通运输安全提出建议，通过基于风险管理理论的交通运输安全风险管理体系理论对策，研究了公路交通事故特点，从科技创新能力建设、系统安全、道路运输、交通设施、应急保障几个方面细化了交通运输安全专项对策。

本书可供公路交通安全领域设计、施工、科研及管理人员借鉴，也可供高等学校相关专业学生学习参考。

图书在版编目(CIP)数据

公路交通领域安全挑战与对策/张洪伟编著. —北京：人民交通出版社股份有限公司，2017.12
ISBN 978-7-114-14281-9

Ⅰ.①公… Ⅱ.①张… Ⅲ.①公路运输—交通运输管理—安全管理—研究—中国 Ⅳ.①U491

中国版本图书馆 CIP 数据核字(2017)第 260509 号

交通运输行业高层次人才培养项目著作书系

书　　名：	**公路交通领域安全挑战与对策**
著 作 者：	张洪伟
责任编辑：	尤 伟　潘艳霞
责任校对：	宿秀英
责任印制：	张 凯
出版发行：	人民交通出版社股份有限公司
地　　址：	(100011)北京市朝阳区安定门外外馆斜街 3 号
网　　址：	http://www.ccpress.com.cn
销售电话：	(010)59757973
总 经 销：	人民交通出版社股份有限公司发行部
经　　销：	各地新华书店
印　　刷：	北京市密东印刷有限公司
开　　本：	787×1092　1/16
印　　张：	10.5
字　　数：	240 千
版　　次：	2018 年 4 月　第 1 版
印　　次：	2018 年 4 月　第 1 次印刷
书　　号：	ISBN 978-7-114-14281-9
定　　价：	60.00 元

(有印刷、装订质量问题的图书，由本公司负责调换)

交通运输行业高层次人才培养项目著作书系
编审委员会

主　任：杨传堂

副主任：戴东昌　周海涛　徐　光　王金付
　　　　陈瑞生（常务）

委　员：李良生　李作敏　韩　敏　王先进
　　　　石宝林　关昌余　沙爱民　吴　澎
　　　　杨万枫　张劲泉　张喜刚　郑健龙
　　　　唐伯明　蒋树屏　潘新祥　魏庆朝
　　　　孙　海

书系前言
Preface of Series

进入21世纪以来,党中央、国务院高度重视人才工作,提出人才资源是第一资源的战略思想,先后两次召开全国人才工作会议,围绕人才强国战略实施做出一系列重大决策部署。党的十八大着眼于全面建成小康社会的奋斗目标,提出要进一步深入实践人才强国战略,加快推动我国由人才大国迈向人才强国,将人才工作作为"全面提高党的建设科学化水平"八项任务之一。十八届三中全会强调指出,全面深化改革,需要有力的组织保证和人才支撑。要建立集聚人才体制机制,择天下英才而用之。这些都充分体现了党中央、国务院对人才工作的高度重视,为人才成长发展进一步营造出良好的政策和舆论环境,极大激发了人才干事创业的积极性。

国以才立,业以才兴。面对风云变幻的国际形势,综合国力竞争日趋激烈,我国在全面建成社会主义小康社会的历史进程中机遇和挑战并存,人才作为第一资源的特征和作用日益凸显。只有深入实施人才强国战略,确立国家人才竞争优势,充分发挥人才对国民经济和社会发展的重要支撑作用,才能在国际形势、国内条件深刻变化中赢得主动、赢得优势、赢得未来。

近年来,交通运输行业深入贯彻落实人才强交战略,围绕建设综合交通、智慧交通、绿色交通、平安交通的战略部署和中心任务,加大人才发展体制机制改革与政策创新力度,行业人才工作不断取得新进展,逐步形成了一支专业结构日趋合理、整体素质基本适应的人才队伍,为交通运输事业全面、协调、可持续发展提供了有力的人才保障与智力支持。

"交通青年科技英才"是交通运输行业优秀青年科技人才的代表群体,培养选拔"交通青年科技英才"是交通运输行业实施人才强交战略的"品牌工程"之一,1999年至今已培养选拔282人。他们活跃在科研、生产、教学一线,奋发有为、锐意进取,取得了突出业绩,创造了显著效益,形成了一系列较高水平的科研成果。为加大行业高层次人才培养力度,"十二五"期间,交通运输部设立人才培养专项经费,重点资助包含"交通青年科技英才"在内的高层次人才。

人民交通出版社以服务交通运输行业改革创新、促进交通科技成果推广应用、支持交通行业高端人才发展为目的,配合人才强交战略设立"交通运输行业高层次人才培养项目著作书系"(以下简称"著作书系")。该书系面向包括"交通青年科技英才"在内的交通运输行业高层次人才,旨在为行业人才培养搭建一个学术交流、成果展示和技术积累的平台,是推动加强交通运输人才队伍建设的重要载体,在推动科技创新、技术交流、加强高层次人才培养力度等方面均将起到积极作用。凡在"交通青年科技英才培养项目"和"交通运输部新世纪十百千人才培养项目"申请中获得资助的出版项目,均可列入"著作书系"。对于虽然未列入培养项目,但同样能代表行业水平的著作,经申请、评审后,也可酌情纳入"著作书系"。

高层次人才是创新驱动的核心要素,创新驱动是推动科学发展的不懈动力。希望"著作书系"能够充分发挥服务行业、服务社会、服务国家的积极作用,助力科技创新步伐,促进行业高层次人才特别是中青年人才健康快速成长,为建设综合交通、智慧交通、绿色交通、平安交通做出不懈努力和突出贡献。

交通运输行业高层次人才培养项目
著作书系编审委员会
2014 年 3 月

作者简介
Author Introduction

张洪伟,教授级高级工程师,长安大学博士、同济大学博士后、美国佐治亚理工学院高级访问学者。目前担任内蒙古自治区交通建设工程质量监督局鉴定检测中心主任(副处级),同时兼任中国公路学会理事、中国公路学会青年专家委员会委员、内蒙古自治区道路结构与材料重点实验室主任、公路建设与养护技术内蒙古自治区工程实验室主任、内蒙古自治区公路建设与养护技术院士专家工作站负责人、长沙理工大学硕士研究生导师、《内蒙古公路与运输》杂志社副主编、第十二届内蒙古自治区青联委员等。

主要从事沥青混合料细观结构与细观力学、沥青材料性能表征与测试方法、沥青混合料性能优化、新型环保型沥青材料、抑制冻结铺装、公路冻土病害防治及绿色公路等方面的研究工作。主持或参与国家自然科学基金项目1项、省部级科技项目17项;参编交通运输行业标准2项,主持或参编内蒙古自治区地方标准编制项目5项;曾参与京新高速公路呼集段、好通高速公路等多个高等级公路项目的工程可行性研究、初步设计及施工图设计工作;参与荣乌高速公路呼市段、呼杀高速公路等多个高等级公路项目的竣(交)工验收检测工作。

先后被评为中国公路百名优秀工程师、交通运输部"青年科技英才"、交通运输部公路水运工程质量安全监管专家库专家,入选了2015年度、2017年度交通运输部"交通运输行业高层次人才培养项目";先后被评为内蒙古自治区"草原英才""自治区五一劳动奖章获得者""内蒙古自治区公路建设与养护技术草原英才科技创新人才团队"学术带头人、内蒙古自治区"新世纪321人才工程"第一层次人选、内蒙古自治区"青年创新拔尖人才"第一层次人选、第十一届内蒙古自治区青年科技奖、第十二届内蒙古自治区自然科学学术年会优秀论文一等奖、内蒙古自治区优秀科技工作者、内蒙古自治区标准化专家库专家、内蒙古自治区交通运输标准化技术委员会委员、内蒙古自治区智慧交通技术专家委员会委员、内蒙古自治区交通运输系统"16636工程"人才,入选2016年度内蒙古自治区人才开发基金项目。

编写的学术专著《抑制冻结沥青路面研究与应用技术》入选"十二五"国家重点图书出版规划项目"交通运输建设科技丛书";在国内外专业杂志社发表学术论文30余篇,其中核心期刊20篇,SCI检索4篇,EI检索3篇,ISTP检索1篇;获得省部级科学技术一、二、三等奖各1项;申报国家专利16项,获得国家计算机软件著作权2项。

前 言
Foreword

"居安思危,思则有备,有备无患。"——《左传·襄公十一年》

交通运输安全是国家安全生产工作的重中之重,交通运输安全生产工作事关人民群众生命财产安全,事关经济发展和社会稳定。随着我国经济社会的发展,人们对交通运输安全工作提出了新的更高要求。到2020年,我国多数家庭逐步从小康向富裕迈进,人民群众出行总量迅猛增加,人民对安全出行的愿望和诉求愈发强烈。因此,交通运输系统必须立足现实、着眼长远,研究切实可行的交通运输安全发展策略,构建科学完善的交通运输安全体系。

本书思路始于2014年12月开展的内蒙古交通运输安全发展"十三五"规划研究,后通过2015年度内蒙古自治区交通运输建设科技项目"内蒙古自治区交通运输安全对策研究"(项目编号:NJ-2015-25)研究成果对内容进行了整合提升。本书在系统评估我国交通运输安全发展现状的基础上,结合国内外研究现状,分析了新常态下交通运输安全形势,研究提出了多种对策体系,为交通运输行业转型发展、科学发展建言献策。

本书以完善交通运输安全风险管理技术体系为主线,以提升安全科技创新能力为基础,以技术研发与应用为支撑,为交通安全发展工作提供借鉴,为推进交通运输安全体系建设提供参考。通过调查梳理国内外交通运输安全研究与发展现状,系统评估公路交通运输安全发展现状,分别从战略对策、规划对策、理论对策、总体对策、专项对策、推广示范对策六个部分对提升公路交通运输安全提出建议。通过基于风险管理理论的交通运输安全风险管理体系理论对策,研究了公路交通事故特点,从科技创新能力建设、系统安全、道路运输、交通设施、应急保障几方面细化了交通运输安全专项对策。指导公路交通运输行业转型发展、科学发展,提高公路交通运输安全发展水平,为构建现代综合交通运输安全体系提供有力的技术支撑,为经济社会健康发展和人民群众出行提供可靠的交通运输安全保障。

作 者
2017年10月

目录
Contents

第 1 章　绪论 ··· 1
　1.1　研究背景 ·· 1
　1.2　国内外研究现状 ··· 2
第 2 章　研究思路与技术路线 ··· 19
　2.1　研究思路 ·· 19
　2.2　技术路线 ·· 21
第 3 章　公路交通领域安全挑战 ··· 22
　3.1　公路交通安全状况分析 ·· 22
　3.2　公路交通安全挑战分析 ·· 31
第 4 章　交通运输安全战略对策 ··· 37
　4.1　关联因素控制 ·· 37
　4.2　交通系统用户行为规范策略 ·· 38
　4.3　事故预防与控制 ··· 38
　4.4　伤亡控制与应急救援 ··· 39
第 5 章　交通运输安全规划对策 ··· 40
　5.1　交通运输安全宏观规划策略 ·· 40
　5.2　交通运输安全科技规划策略 ·· 41
　5.3　交通运输安全规划实施策略 ·· 44
第 6 章　交通运输安全理论对策 ··· 49
　6.1　理论对策概述 ·· 49
　6.2　理论对策发展历程 ·· 50
　6.3　风险管理 ·· 52
　6.4　交通运输安全风险管理对策 ·· 62
第 7 章　交通运输安全总体对策 ··· 68
　7.1　公路交通行业法律、法规、标准、规范体系建设 ···························· 68
　7.2　交通行业安全责任监管体系建设 ·· 75
　7.3　交通行业安全绩效评估体系建设 ·· 83
　7.4　交通安全信息化体系建设 ··· 88
　7.5　交通行业安全文化体系建设 ·· 91

7.6 交通行业安全科技人才培养体系建设 ··· 97

第8章 交通运输安全专项对策 ··· 103
8.1 安全科技创新能力建设方面 ··· 103
8.2 系统安全方面 ·· 105
8.3 道路运输安全方面 ·· 109
8.4 交通设施安全方面 ·· 111
8.5 应急保障安全方面 ·· 123

第9章 交通运输安全成果推广示范对策 ·· 128
9.1 一般路段交通运输安全科技成果 ·· 129
9.2 桥梁交通运输安全科技成果 ··· 137
9.3 长大下坡路段交通运输安全科技成果 ·· 142
9.4 隧道区域交通运输安全科技成果 ·· 146
9.5 交通运输安全信息技术成果 ··· 150

参考文献 ·· 152

第1章 绪 论

1.1 研究背景

交通运输是国民经济和社会发展的基础性、先导性产业,是国民经济和社会发展的血液,是民生改善的基本,为国家和人民创造了收入和就业机会,是资源合理配置、经济运行质量和效率提升的重要基础。近年来,经济社会迅速发展,人民出行需求不断增加,随之而来的交通运输安全事故呈上升趋势,给人民群众生命财产造成重大损失,给经济发展、社会稳定造成恶劣影响。因此,提高交通运输安全成为交通运输工作的重中之重。

我国交通运输行业由注重基础设施建设向建设与服务并重转变,服务于经济社会发展和人民群众便捷安全出行。面对交通运输发展的新阶段、新形势,国民经济发展、国土空间开发、国防安全保障、国家救灾应急体系构建等对交通运输安全的依赖性不断增强,国家、社会以及广大群众对交通运输安全工作也提出了更高、更严格的要求。

2011年,《国务院关于坚持科学发展安全发展促进安全生产形势持续稳定好转的意见》将"加大交通运输安全综合治理力度"作为六项"深化重点行业领域安全专项整治"工作之一;国务院副总理马凯强调将安全工作作为交通运输今后5年应重点抓好的首要任务。2013年,交通运输部党组研究提出当前和今后一个时期要全面深化改革,集中力量加快推进综合交通、智慧交通、绿色交通、平安交通(即"四个交通")的发展,首次把"平安交通"提升至全行业发展的高度。2014年,在全国交通运输工作会议上,交通运输部部长杨传堂指出加快发展平安交通,是以人为本的本质要求,是服务民生的最大前提,也是实现交通运输科学发展的基础条件。要把安全发展理念贯穿于各领域、全过程,需要强化安全治理体系和治理能力建设,提高交通运输安全发展的防、管、控能力;健全完善科学规范、运行有效的安全生产责任体系,焊牢企业主体和行业安全监管的责任链,加强督促检查、严格考核奖惩,对有章不循、有章不依的问题不放过、严查处,切实把安全责任落实到一线、落实到岗位、落实到人头;推进安全生产长效机制建设、建立隐患排查治理体系和安全预防控制体系,强化重点时段、重点地区、重点领域、重点环节的安全监管,不留死角、不留盲区、不打折扣、不走过场,确保安全监管全覆盖,安全隐患零容忍,有效防范和坚决遏制重特大事故的发生,实现交通运输的持续安全发展。2014年,交通运输部印发了《交通运输部关于科技创新促进交通运输安全发展的实施意见》(交科技发〔2014〕126号,以下简称《实施意见》)。《实施意见》指出:到2020年,实现交通运输安全关键技术创新取得新突破,先进、成熟、适用技术得到推广应用,安全风险管理技术体系基本建立,科技创新促进安全发展的工作机制更加完善,交通运输安全水平明显提高,应对突发事件能力显著提升,人员伤亡和经济损失显著降低,环境污染显著减轻,重大风险源可识、可防和基本可控。围绕上述目标,《实施意见》提出坚持目标导向、协同推进、整体谋划、分步实施以及"重点突破、示范引领,立足当前、着眼长远"四项基本原则。以完善交通运输安全风险管理技术体系为主线,以提升安全科技创新能力为基础,以技术研发与应用为支撑,加强交通运输系统安全、交通基础设施安全、运输安全、交通应急等技术攻关,加快科研成果推广应用,开展典型试点示范;交通运输部 2015 年 2 月 28 日发布了《交通运输部关于推进交通运输安全体系建设的意见》(交安监发〔2015〕20 号),指出"平安交通"的目标是到 2017 年年底,初步建成交通运输安全生产"法规制度、安全责任、预防控制、宣传教育、支撑保障、国际化战略"六个体系。交通运输安全生产法规制度和标准规范基本健全,责任更加明晰落实,监督管理能力明显加强,从业人员综合素质整体提高,保障实力显著增强,国际化水平有效提升,基本适应我国经济社会发展和"平安交通"建设的需要。

因此,根据交通运输工作的发展趋势,根据国家的相关意见建议,基于公路交通运输安全发展的需求,开展"交通运输安全对策研究":以完善交通运输安全风险管理技术体系为主线,以提升安全科技创新能力为基础,以技术研发与应用为支撑,为交通安全发展工作提供借鉴,为推进交通运输安全体系建设提供参考。通过调查梳理国内外交通运输安全研究与发展现状,系统评估公路交通运输安全发展现状,分析交通运输安全成果及问题,明确公路科技创新促进交通运输安全发展的目标、规划思路、重点任务、对策、实施计划及保障措施,指导公路交通运输行业转型发展、科学发展,提高公路交通运输安全发展水平,为构建现代综合交通运输安全体系提供有力的技术支撑,为经济社会健康发展和人民群众出行提供可靠的交通运输安全保障。

1.2 国内外研究现状

1.2.1 国外交通运输安全研究现状

1)交通安全战略及规划方面

美国《Developing a Transportation Safety Plan》指出,交通安全规划是一个可识别交通安全问题并解决问题的全面的综合的计划,是使用有关交通系统安全的数据和信息来指导交通决策,减少伤害和死亡。20 世纪 70 年代,发达国家就广泛制定了有关交通安全方面的规划,来改善交通安全状况。

1970 年 6 月,日本全国交通安全对策会议提出了第一个交通安全五年规划。自此以后,日本各级地方政府开始根据法律的规定制定相应的交通安全规划。在日本推行交通安全计划的过程中,从国家、县制定交通安全基本计划,到市、镇、村根据各地交通状况以及地区的实际条件制定具体的交通安全措施,日本的交通安全规划已经实现了系统化。其控制道路交通事故死亡人数的目标均得到实现,体现出日本交通安全规划策略,对于改善交通安全状况起到了积极的作用。正是在日本的带动下,许多国家开始效仿,研究制定交通安全规划,也都得到一定的成效。

每年全欧洲有超过 4 万人死于道路交通事故,约 140 万人在道路交通事故中受伤,为此欧盟在改善车辆和道路设施的安全性方面做了大量工作,1997 年 5 月在比利时首都布鲁塞尔召开的欧盟各成员国交通部长会议上,制定了欧盟 15 国《1998—2005 年交通安全规划》。内容主要有两方面:①从宏观上加强交通安全信息建设;②从微观上采取具体安全技术措施。欧洲安全规划将通过采取综合性措施改善道路交通安全,通过应用智能运输系统和服务改善与道路交通事故相关的各个环节。2001 年欧洲委员会提出了欧洲安全计划,主要内容是利用智能运输系统的技术预防和减少道路交通事故,并在交通白皮书中提出道路交通事故死亡人数减少的年度目标。

1996年末和1997年初,在美国联邦公路委员会、国家公路交通安全委员会和运输研究委员会的运输安全管理委员会的主持下,来自不同领域的交通安全专家对公路安全有突出影响的22个关键的重点范围制定了针对性的战略计划,以期在21世纪初实现"通过不断提高公路的安全性,减少与公路有关的碰撞事故,并使与碰撞事故有关的人员伤亡人数降下来"的战略目标。该计划建立在已有的安全记录国家议程、路边安全计划等基础之上,较为完善。美国2000年公路交通发展战略规划主要包括公路交通安全战略规划、公路机动能力发展规划、公路运输经济发展规划、公路交通环境保护发展规划等内容。美国运输部2000年交通安全规划中,公路交通安全主要集中在以下四个方面:①努力降低公路交通造成的相对伤亡率;②控制与饮酒有关的公路道路交通事故;③增进汽车安全带的使用比例;④提高大型载货汽车的交通安全性。根据规划,美国运输部与公路运输机动能力有关的规划具体包括以下方面:①增加国家高速公路系统人行道的里程比例;②改善公路桥梁条件,降低公路桥梁的缺陷;③降低公路交通拥挤;④推进智能运输系统及其技术的加速应用。

2)交通运输安全管理模式方面

由于危险事件的不确定性,所以安全问题本质上是一个风险问题,用风险定义安全,安全就是"免除了不可接受风险的状态",免除了风险或控制了风险就表明达到安全状态。安全管理变为风险管理时,是安全理念、安全科学、安全手段和安全保障的提升。国际学术界已对风险管理的理论达成了一致的看法,认为风险管理是一个系统工程,它涉及管理的各个方面,包括风险识别、评价和管理,其目的在于通过对项目环境的不确定性研究与防范,达成降低损失和成本的目的。

风险管理起源于20世纪50年代的美国,此后在欧洲、亚洲、拉丁美洲等国家广泛传播。风险管理是现代科学管理的一个重要分支,其基本原理来源于泰罗的《科学管理原理》(1911年)和"现代经营管理之父"法约尔的《工业管理与一般管理》(1916年)。

欧美学者提出了多种风险评估的方法,包括:①安全检查表评价法,根据实践中的经验和安全系统分析的结论,将被评价对象和其所处环境中潜在的风险进行汇总,列为检查清单逐项进行评定;②作业条件危险性评价法,由美国安全专家格雷厄姆和金尼提出,首先算出与系统风险率有关的三种因素指标值之积,然后利用算出的积来评价系统人员伤亡风险的大小,将其与系统内既有的作业风险性等级比较,从而确定作业条件的危险程度;③概率风险评价法,首先需预先知道系统发生风险的概率,然后估计风险发生的后果严重性,最后将两者结合来计算风险度,以风险度的大小来评价系统是否安全,按照这种方式来确定系统的风险程度达到什么程度。除了以上早期提出的道路风险评价方法外,国外学者近年来在该领域也提出了一些新的理论,例如:Krister Kristensen等研究了基于自然灾害的风险评价问题和突发自然灾害中的风险因素,以雪崩为例论证了如何计算突发自然灾害发生的概率及如何来量化在这种评价情况下的评价指标。Yongjun Shen,Elke Hermans等指出,在风险评价过程中采用不同的标准及影响因素会产生不同的结果,所以应当采用一种综合的评价方法,尽可能多地考虑影响因素,并且提出了DEA-RS模型。

国外在风险评估技术研究和应用方面起步较早,并取得了一系列的研究成果。

(1) 欧盟国家突发事件风险分析技术

欧盟国家目前所开展的风险分析工作多遵循成本-收益的逻辑，分析风险事件造成的损害或者伤害及其发生的可能性。

德国在联邦层面和州县层面相继开展了风险分析工作。德国联邦公民保护与灾难救助局(BBK)于2010年9月发布了《公民保护中风险分析的方法》，作为联邦和州县开展风险分析工作的指导性文件。该方法试图运用统一手段来评估各类风险事件的风险等级，从风险事件发生的可能性及损害规模两个维度衡量风险水平，将各类风险置于同一张风险矩阵图中，并基于地理信息技术绘制风险地图。《公民保护中风险分析的方法》认为风险事件可能会对人(死亡、受伤、需要救助等)、环境(生态保护区、农业用地、河流、地下水等)、经济(物质损失、后续损失、经济成果的损失、商业收入的损失等)、基础设施供应(供水、供电、燃气、通信等)、非物质(公共秩序、政治生活、社会心理、文化遗产等)五个领域造成损害，通过对每一领域分设相应的衡量指标，对每一指标设定五个等级并确定不同等级的界限值，从而分析风险事件对该指标可能造成的损害等级，最后将所有指标的损害等级进行加权汇总，确定风险事件可能造成的损害总水平。风险事件发生的可能性则依据历史数据进行概率推算或由专家进行经验判断来确定相应的等级。在联邦层面上，依据历史数据假想了一个席卷德国的飓风灾害场景，分析了飓风灾害在德国各地的风险水平，形成了德国飓风灾害风险地图。在州县层面上，下萨克森州的汉诺威地区、北威州的科隆市、巴伐利亚州的罗森海姆地区都在以《公民保护中风险分析的方法》作为指导，结合本地区的实际情况，对该方法进行调整与完善，开展风险分析工作。

荷兰于2009年10月发布了《荷兰国家安全战略下场景、风险评估与能力的综合运用》，该文件中所规定的风险分析方法与德国联邦公民保护与灾难救助局所发布的方法在框架上基本相似。该方法重点突出了如何确定不同类型的风险事件发生的可能性，对于有历史数据作为支撑或有历史事件作为参考的风险事件，可以依据历史数据或历史事件来确定其发生的可能性；而对于无依据可循的风险事件，则从突发事件的引发机制出发，区分蓄意行为与无意行为导致突发事件两种情形，分别运用图解法确定风险事件发生的可能性，这样的细分处理提高了确定风险事件发生概率的可操作性。同时，该方法从领土、人、经济、生态、社会与政治六个领域来评估风险事件可能带来的损害规模，对每一领域评价指标的等级界限值设定方法较德国设定方法更为细致。依据这一方法，荷兰对国家层面的各类风险进行了分析与评估，形成了2008年国家风险矩阵图。

奥地利蒂罗尔州所采取的风险分析方法与德国、荷兰有所不同，该州主要依托专家力量，通过组织专家依靠专家的风险评估经验进行会商，对风险事件发生的可能性及损害规模进行评级。该方法注重实效并具有较强的针对性，整个风险分析工作的人力与资金投入较小，风险分析结果同当地实际情况切合得较为紧密，具有很强的说服力。蒂罗尔州下属279个乡镇均采用标准化的专家评估方法，以确保分析结果可以相互比较。同时，蒂罗尔州还建立了风险信息系统，该系统集成了风险分析、风险评估、应急队伍分布、应急资源调度、应急策略生成等多方面内容，对各类数据进行定期更新，实现了动态风险管理。

英国较早地同时在国家层面与地方层面开展风险分析工作。英国在进行风险分析工作时主要采用定性分析方法，从人的健康、社会秩序、经济损失、环境影响四个角度评估风险事件可能带来的影响,采用专家打分方法评定风险事件的损害水平。英国每年都对国家层面所面临的各类风险进行分析评估,绘制风险矩阵图,并同上年度进行对比分析,就各类风险水平变动情况做出说明,依据风险分析结果提前做好应对措施。在地方层面上,风险分析工作主要由地方御灾力论坛(Local Resilience Forum,LRF)承担,其风险分析方法同国家层面所采用的风险分析方法相近,各个郡、自治市定期在辖区内开展风险分析工作,形成风险登记手册并不断更新,绘制风险矩阵图。

欧盟各国都建立了较为完备的风险信息数据库,对历年来的主要自然灾害(洪水、风暴、森林火灾、滑坡、地震、干旱等)和人为灾难(危险化学品泄漏、建筑物倒塌、爆炸、火灾、溢油等)进行了详细的记录分析,包括事件发生时间、影响范围、人员伤亡、经济损失等。欧盟国家依靠这些历史数据进一步开展风险分析工作,建立风险信息数据库,并依托地理信息技术尝试建立风险地图,使得各类风险、各级风险的分布情况更加直观化,利于风险管理者、政策制定者等利益相关人员进行决策。

(2) 美国国家基础设施保护计划

世界主要发达国家纷纷建立起国家重要基础设施安全保护计划,例如美国的《国家基础设施保护计划》(National Infrastructure Protection Plan,NIPP)、澳大利亚的国家关键性基础设施(CIP)安保战略、英国的关键性国家基础设施(CNI)安保预案。

以美国的 NIPP 为例,关于国家重要基础设施(Critical Infrastructure,CI),美国定义为:对国家具有重要意义的物理或虚拟的系统及资产的总和,其瘫痪或被摧毁将对国家国防、经济、卫生和安全领域产生破坏性影响。在重要基础设施概念下,美国还提出了关键资源(Key Resources,KR)的概念,并定义为:使政府和经济能够最低限度运行的由公共或者私人掌控的资源。在关键资源下,美国还衍生出关键资产(Key Assets)的子概念,并定义为:一旦遭受破坏将导致大规模死伤或财产的毁灭,或深层次损害国家声誉和公众信心的个体目标。

2003 年,7 号国家安全总统令(Homeland Security Presidential Directive 7,HSPD-7)发布,建立了一个由联邦政府部门和机构来识别和优先考虑美国的关键基础和关键资源,并对它们实施重点保护使之免受恐怖袭击的国家政策。同年,由美国总统办公室颁布保护重要基础设施和关键资产国家战略(The National Strategy for the Physical Protection of Critical Infrastructures and Key Assets),其中列明的国家重要基础设施共有 11 项,分别为农业和食品、水源、公共卫生、应急服务、国防工业基础、通信、能源、交通运输、银行与金融、化学工业和有害物质、邮政运输;5 项关键资产分别为标志性建筑物和历史文物、核电站、水坝、政府设施和重要商业资产。后经过调整和补充最终调整为 18 个领域,并且分别指定一个联邦行业机构负责基础设施的保护和重建项目和活动。

交通运输系统是 NIPP 的重要组成部分。在 NIPP 体系中,交通运输作为一个单独的部分,制定了行业专项安保计划,即运输系统行业计划(Transportation System Sector-Specific Plans)。该专项计划指出:国家运输网络是一个广阔的、开放的、由航空、海运、铁路、管道、公路以及公共交通组成的互通连接系统,提供人员、食物、水、药品、燃料和其他大宗商品的运输服务,保障国家重要公共卫生、安全、保障和经济。运输方式的多样性和交通运输行业的规模使它对经济和国家安全显得尤为重要。运输部门与其他经济部门之间相互依存,因此对交通运输部门构成的威胁可能会延伸到依赖它的其他行业,须与使用、依赖这些系统的多个方面进行沟通,协调解决。

NIPP 的首要目标是建立一个更安全、更可靠、更有弹性的美国。NIPP 提出了 R4ST 理论,即降低吸引力(Reducing Attractiveness)、冗余性(Redundancy)、可靠性(Reliability)、快速恢复弹性(Resiliency)、信息共享(Sharing Information)、培训演练(Training)几个要点,通过加强重要基础设施和关键资源的保护来预防、阻止、压制或减轻恐怖分子蓄意破坏的影响并摧毁和瓦解他们,并强化国家在面对攻击、自然灾害或其他紧急情况时的应急准备、及时响应和迅速恢复重建的能力。

NIPP 的基础是风险管理框架。这一框架通过对损失、弱点和威胁信息的综合处理程序来确立对国家或部门风险的全面、系统而且合理的评估。风险管理框架结构的改进和加强是对重要基础设施和关键资源的保护,具体履行:设置安全目标;确认资产、系统、网络和功能;评定风险级别;确定优先保护目标;实施保护方案;评定工作成效等六个步骤,促进风险管理并降低重要基础设施和关键资源的风险。国土安全部、部门专项机构和其他安全合作伙伴等根据此框架来设定各种方案规划以适用于战略威胁环境、特定的威胁或其他意外事件,为实施此风险管理框架分担应尽的责任。

国土安全部要协同其他安全合作伙伴,定期测评重要基础设施和关键资源保护工作的执行效果,并且根据测评结果提供《测评反馈报告》。通过不断改进国家重要基础设施和关键资源保护程序,使其处于一个动态更新的过程,从而有效地实现 NIPP 的目标。

3)交通运输安全机制方面

无论从体系上还是从内容上发达国家的道路交通安全法都比较完善,对于人、车、路、环境等相关因素的规定比较健全,特别是针对弱势人群的交通安全需求,交通安全法中都有专项内容,使得道路交通安全法中的因素比较齐备。美国主要的道路交通安全法规有:《道路交通法》《交通法庭组织法》《交通警察服务守则》《驾驶员教育规定》《行人安全策略》等;日本于 1970 年 6 月制定了《交通安全对策基本法》。

挪威在交通安全领域提出一项政策——"Vision Zero"计划。这个政策的原则是将道路使用者的失误纳入交通体系中,将道路事故的责任分配到多个参与者(道路使用者、国家道路交通管理部门、警察和挪威道路安全议会)。"Vision Zero"计划以道路交通优先,将多个主体纳入道路安全体系中,从交通安全政策的制定、执行和监管以及道路使用者的规范等方面,降低了交通风险。

在交通运输安全管理机制方面,主要分为"大部制"管理体制和"设立专门协调机构"的体制。"大部制"以美国、英国、德国等国家为代表,建立综合的交通运输部门,统管全国的各类运输事务和交通安全工作,警察主要负责道路交通安全方面的执法,与交通运输部门职责分工明确,彼此互相配合。以纽约、新泽西与康涅狄格三个州共建的 TRANSCOM 为例,由三州内的交通和公共安全机构联合组成,为区域交通运输管理提供合作和协调的途径,并负责制定该区域内的施工协调计划与技术开发计划。俄罗斯、加拿大与"大部制"体制类似,也是有综合的交通运输部门,但是警察部门的职责不同。"设立专门协调管理机构"的体制以法国、澳大利亚、日本、巴西等国为代表,主要特点是成立由道路交通安全相关部门共同组成的专门协调机构,负责制定全国的交通安全战略规划,协调各部门开展工作,监督和评估各部门的工作成效,警察部门主要负责道路交通安全执法和教育等工作。以日本为例,日本道路交通安全管理的最高机构是全国交通安全对策会议,由内阁总理大臣任会长,各都、道、府、县也设立相应机构,制定全国交通安全计划,并推进计划实施。美国在道路交通体制完善及改革后,1967~1977年,亿车公里事故死亡率从5.26%下降到3.26%,2008年降至1.25%;英国2000~2010年,十万人交通事故死亡率从6.1%下降到3.1%;日本、法国、澳大利亚等国在进行道路交通体制改革后,道路交通安全形势也明显好转。由此可知交通运输体制的完善是提高交通运输安全的重要手段。

4)交通安全设施方面

世界各国尤其是工业发达国家对道路交通安全设施开发及研究应用起步较早,制定了相应的道路交通安全设施设计规范及评价标准,还根据公路不同位置,研发了多种形式、材料、性能优良、安全适用的交通安全设施来满足国家交通运输安全发展的需求。

(1)标准规范

美国从1920年起就开始进行公路护栏的试验研究工作,美国高速公路与交通运输协会(AASHTO)编制了《高速公路路侧设计指南》及《安全设施评估手册》(Manual for Assessing Safety Hardware,MASH),将护栏及防撞垫实车足尺碰撞试验分级,同时规定了每个等级碰撞车型、质量、角度、碰撞能量,同时指出每种护栏研发必须按照规范规定的程序进行实车碰撞验证试验,达到规定防护等级标准的,并经联邦公路局认可后,才能在工程实际中应用,目前美国的MASH中规定的最高防护等级为TL5级和TL6级,其防护能量为548kJ;日本于1965年开始交通安全方面的研究工作,将护栏根据路侧、分离带、步行道界内三区域进行区分,分别划分等级,提出每个等级护栏碰撞试验条件(包括车辆质量、碰撞速度、碰撞角度),目前日本规范规定的护栏最大防护能量是650kJ;其他国家如法国、俄罗斯、意大利、德国等也都在20世纪六七十年代相继开展了护栏结构的研究工作,建立了相应的实车试验、研究体系,开发了适应各自国情的护栏结构和相关标准,目前欧盟EN1317将防护等级分为15个等级,规定的护栏最大防护能量为724kJ。

(2)防撞设施

国外在桥梁护栏方面的研究工作开展得较早,目前已形成了多种类型、不同防护等级的桥梁护栏系列装备,可供各种常规防护需求的桥梁应用。以美国为例,联邦公路署(FHWA)于1997年5月30日发布了一份备忘录,统一整理了各种防护等级的桥梁护栏种类,包含了双波梁、三波梁、金属梁柱式、组合式、改进型等几个类别。针对有特殊防护需求、需要采用新型护栏的情况,同样规定新型桥梁护栏均应通过实车足尺碰撞试验验证,碰撞试验标准必须满足美国国家高速公路和交通运输协会(AASHTO)于2009年发布的《安全设施评估手册》的要求。

互通区安全防护设施方面,国内外对分流三角端及双向行驶匝道路段进行了一系列研究。美国的《安全设施评估手册》和欧盟的EN 1317对互通区分流三角端防撞垫防护等级划分较细,给出了防撞垫的安全性能评价指标及试验方法。目前国外高速公路分流三角端常见的防撞垫产品如图1-1所示,其中ADIEM350型防撞垫通过自身解体实现消能,但仅适用于较窄的障碍物前;ABSORB350型防撞垫设置简单便捷,撞击后便于维修,但防护能力较低;TAU-II FAMILY型防撞垫防护能力较强,但占地大、加工成本高。

a) ADIEM350型防撞垫

b) ABSORB350型防撞垫

c) TAU-II FAMILY型防撞垫

图1-1 国外典型防撞垫

中分带开口安全防护设施方面,目前美国开发了安全装置门系统(SafeGuard ® Gate System)、安全装置连接系统(SafeGuard ® Link System)等符合美国《安全设施评估手册》要求的开口护栏产品;英国开发了SAB安全门系统(SAB Gate)等符合欧盟护栏评价标准EN 1317要求的开口护栏产品,如图1-2所示。

国外对施工区临时防撞设施进行了大量研究,生产出一种便携式充水塑料护栏[图1-3a)],可应用于临时施工作业区,具有成本低、运输方便、安装简单以及耐久的特点,防撞能力达到NCHRP 350 TL-2和EN1317 N1等级,且可实现100%回收利用;另一种快速移动护栏(QMB)[图1-3b)],护栏高815mm,宽460mm,采用销轴将混凝土护栏单元连接起来,可通过转运车从路面微微抬起并自由移动,3.2km的护栏,转运车可在20min内移动完毕;国外还研发了自重轻、防护能力高的钢质移动护栏[图1-3c)],可在1h内安装300m,该钢质护栏结构得到了欧洲认证,随后又研发了带轮子的可拆装式护栏,可以用于紧急事故、公路改扩建等需隔离交通的情况。

(3) 长下坡特殊安全设施

美国对避险车道的使用及研究较早,在1956年美国加利福尼亚就诞生了第一条用于救助失控车辆的避险车道,在避险车道的研究、应用等方面形成了相应的指导性文件。除美国外,国外许多国家对自救车道的设置也进行过相关研究,如澳大利亚昆士兰州的公路规划和设计指南,南非几何设计手册等研究成果中,都根据本国的实际情况,对于如何设置自救车道做出了相应规定。

a) 安全装置门系统

b) SAB安全门系统

图 1-2　国外开口护栏

a) 便携式充水塑料护栏

b) 快速移动护栏　　　　　　　　　c) 钢质移动护栏

图 1-3　国外临时护栏

在长下坡新型措施研究方面，国外已有通过局部加宽路基供制动失效车辆减速的设施应用。图1-4为西班牙某高速公路长下坡路段设置的紧邻主线的消能降速车道形式。

（4）标志标线

图1-4　西班牙某路段设置的减速车道

标志标线方面，美国普通指向标志牌为统一的玫瑰绿底色，字体和图案为白色，加一个白色的边框，均采用反光涂料。限速、弯道类标志牌为橙黄底色，黑字或黑图案。禁行类标志牌采用红底白字。美国特别强调标线的逆反射性能、视认性、防粘污性和防滑性以及通过标线时车辆的平顺性等，美国的联邦高速公路协会于2000年颁布标线法规，用计算机辅助的道路标线能见度测定仪来评定标线的能见度，并明确规定了标线的逆反射性能的最低要求。日本高速公路标志比美国的要小，标线方面，日本于1958年在东京警视厅的倡导下，从欧洲引进了热熔标线涂料的生产技术，率先在亚洲开始使用，现在日本近80%路面使用热熔标线涂料，另20%路面使用加热喷涂型及双组分涂料。欧洲各国的高速公路标志不仅指示去往周边国家的行驶方向、公路编号，有的还指示具体地点、距离以及出口距离预告等。欧洲于20世纪50年代中期就开发了热熔标线涂料，新制定的欧洲道路标线标准将标线分为Ⅰ型和Ⅱ型，Ⅰ型标线为传统标线，Ⅱ型标线指雨夜及潮湿环境下能反光的凸起型标线，欧洲现正大力推荐使用Ⅱ型标线。

5）交通运输应急管理方面

世界一些发达国家在交通运输应急管理方面积累了丰富经验，形成了一套完整的应急管理体系及应急救援系统，其中，日本、美国、欧洲取得了显著进展。

日本形成了城市以及区域的交通应急保障体系，该体系是日本应急保障体系中的一个子体系，纳入统一指挥调度，注重交通保障组织体制设计、道路基础设施、法律法规体系方面的建设。首先注重交通应急保障体系的应急组织体制设计，自上而下有中央一级的交通运输厅、地方交通局、市村镇级，中央一级形成了以首相为核心的全政府式危机管理组织体制，主要由首相主持召集的中央防灾会议与安全保障会议以及负责协调与实施具体措施的内阁官房组成，对首相负责。其次在地方上建立了知事直管型的全政府式危机管理组织体制，相应也有地方防灾会议；市村镇也基本沿用了此机制，这种组织体制有利于增加首相与地方长官的权力，增强信息传递速度，操作灵活。交通应急保障体系的组织设计也是由中央到地方，形成多级的应急管理模式，密切配合各项应急救援任务的开展。交通应急保障体系的基础设施体系建设从交通设施建设到应急演练都体现出"防患于未然"。地震是日本常见的灾害，灾后造成大量的交通基础设施瘫痪，通信中断，交通需求激增引发严重的交通问题，加剧各项灾害救援工作的难度。此后，日本灾害应急部门调整思路，将交通应急保障建作为重要的实施对象，特别是灾前的基础设施稳定性评估，信息资源的采集，平时的应急演练等，加强灾前的应急管理。最后是交通应急保障体系的法律法规建设，通过法律的形式明确在突发事件下包括交通应急系统在内的各个应急部门的职能。《灾害对策基本法》颁布于1961

年,它的出台标志着日本从单项灾害防灾向综合应急管理转变,里面针对交通部门在应急救援过程中的职能有明确规定,灾前完善交通基础设施建设以及抗震级别规定,资源合理配置,灾时及时发布交通信息、道路情况、车辆调度。

美国在突发事件的应急管理上走在世界的前列,它的应急管理体系特点为:①组织机构完备,职能明确;②极其重视基础信息系统和预警系统建设。美国的应急管理体系基本与其行政管理体制相对应,可以分为纵向和横向两部分。纵向来看,2003 年 3 月,由 22 个政府机构合并,共同组建国土安全部(U.S Department of Homeland Security,DHS)、国家安全委员会、联邦紧急事件管理局(Federal Emergency Management Agency,FEMA,1979 年成立)、联邦调查局、中央情报局及一些辅助机构,各州有灾害预防应对办公室、各郡县有应急通信指挥中心;横向来看,又有紧急救助服务系统、应急指挥中心、独立的消防和紧急救助机构、医疗救治中心等。同时,美国拥有较为完善的交通基础设施,丰富的道路资源,先进的交通管理控制技术,因此在交通应急保障方面的研究侧重于从微观和具体的保障措施交通应急管理上进行理论研究,比如突发事件下城市交通系统分析、数学分析和模拟仿真以及预案体系、运行机制体系以及制定和完善相应的法律法规。

德国的应急管理组织结构为分权化和多元化管理,多部门参与协作,一般由地方政府主要负责而不是依赖中央机构。其交通安全部门成立了专门的紧急救援机构(Allegemeiner Deutsche Automobile Club),投入大量资金,在各州、市、区、乡镇的配合下,经过多年的潜心研究和不断实践,形成了一套组织严密、结构严谨、装备科学、技术先进、机动灵活、人员配备齐全、网络覆盖全国各地的紧急救援系统,由 4 个子系统组成,包括第一时间自救与施救系统、紧急呼救系统、紧急救援服务系统、医疗救护系统,4 个环节紧密衔接,共同应对交通突发事件,据数据显示,德国的空中救援系统可保证在 8min 内让大多数交通事故的受害者得到紧急救助。同时,德国的交通法规规定,每个途经事故现场的车辆驾驶员及其乘客都有责任和义务对事故的受伤者进行救助并帮助发送呼救信号,为了使受害者能很快就近找到呼救电话,凡是有道路的地方都密集地布满了公用电话亭,配有专门的人员来对其进行定期监测和维护;德国的道路交通安全大纲要求每个申请考取机动车驾驶执照的人,在学习驾驶的同时必须接受由当地红十字会组织的至少 8h 的急救知识培训,掌握在交通事故现场对受伤人员的初步救护技能,如伤口包扎、移动到安全透风之处等。

1.2.2　我国交通运输安全研究现状

随着经济社会的迅速发展,安全生产事故的发生频率有上升趋势,这些事故给人民群众生命财产造成重大损失,给经济社会发展造成恶劣影响,严重干扰各级政府和相关部门的正常工作秩序,影响了社会的和谐稳定。党中央、国务院高度重视安全生产工作,确立了安全发展理念和"安全第一、预防为主、综合治理"的方针。交通运输行业是安全生产事故重点监察部门,交通运输安全是安全工作的重中之重,随着我国交通运输行业由注重基础设施建设向建设与服务并重转变,服务于经济社会发展和人民群众便捷安全出行,国家、社会以及广大群众对交通运输安全工作提出了更高、更严格的要求,目前我国交通运输安全研究现状如下:

1)交通安全战略及规划方面

交通安全规划的制定是交通安全管理、改善交通安全状况的基础,我国专门针对道路交通安全的战略及规划相对于国外起步较晚。随着经济社会的不断发展、交通事故研究的深入,我国已经开始认识到制定道路交通安全规划对于改善我国道路交通安全状况的重要性和紧迫性。2011年为贯彻落实党的十七大和十七届五中全会精神,根据《国民经济和社会发展第十二个五年规划纲要》《国务院关于加强道路交通安全管理工作情况的报告》和《安全生产"十二五"规划》,首次制定道路交通安全"十二五"规划。

道路交通安全"十二五"规划在总结归纳"十一五"期间道路交通安全现状与发展趋势的基础上,指出要坚持以人为本、安全发展的理念,以预防和减少重特大交通事故为核心,以解决影响和制约道路交通安全的基础性、源头性、根本性问题为重点,以落实道路交通安全责任为保障,以加强基础研究和科技应用为支撑,加强统筹规划、科学管理,加大安全投入,强化综合治理,努力创造具有中国特色的道路交通安全工作新模式,实现道路交通安全工作科学发展、协调发展,适应综合交通运输体系适度超前的发展需要,为经济社会发展、创建和谐社会营造更加良好的道路交通环境。规划提出"十二五"规划重点任务及重大工程,指出到2015年,道路交通安全工作机制健全,责任体系完善,法规规章进一步完善,基础条件明显改善,监管能力和保障能力明显提升,全民交通安全意识明显增强,道路交通安全形势总体平稳,道路交通事故死伤人数有所减少,重特大交通事故和万车死亡率明显下降。力争实现:全国道路交通事故万车死亡率不超过2.2%下降1.0%以上;营运车辆肇事导致的一次死亡10人以上特大交通事故下降15%以上的规划目标。

在交通安全规划相关理论的探索方面,国内的许多科研院所的相关专家与科研团队也正在致力于研究适合中国国情的道路交通安全规划,包括清华大学、中国科学院、交通部智能交通研究中心、东南大学、同济大学、哈尔滨工业大学、吉林大学、天津大学、长安大学、北京工业大学、武汉理工大学以及北京交通大学在内的交通科研单位和大专院校等,并取得了一些进展。例如,张殿业教授等以《中华人民共和国道路交通安全法》为依据,针对道路交通安全管理规划的概念、目的、理论方法、道路及交通环境等方面对道路交通事故的成因进行了深入分析,从治理与预防的角度讨论了政府行为与道路交通安全的关系及其影响,并分别从教育、工程、执法和急救四个不同方面讨论了治理和预防道路交通事故的四大对策——教育策略、工程策略、执法策略和急救策略。姜华平等特别针对调整公路安全管理体制、高速公路道路交通事故特征、安全行车特征、交通安全法规、交通安全的影响因素、安全管理设施、安全管理办法、事故处理、安全管理评价进行了相应的研究等。

2)交通运输安全管理模式方面

我国真正将风险理论引入道路交通中始于20世纪末21世纪初,伴随着科学研究领域的发展,我国对道路交通安全风险评价的研究经历了从无到有、由简入繁的发展过程。

经过多年的发展,已从学习和借鉴国外经验,逐步发展到理论创新、实践创新。目前,国内风险管理研究方向主要集中在项目风险识别、项目风险分析与评价、项目风险控制与应对以及保险等方面。孙大志、沈化荣、郭忠印等1999年提出道路安全评价可以有效分析道路存在的潜在风险,为评判道路安全状况、解决道路安全隐患提供参考依据,我国也应当结合国情,对道路交通安全评价进行研究,为我国的交通安全领域做出贡献。陈艳艳、刘小明等将风险评价与管理引入交通路网灾害影响分析;交通运输部公路科学研究所在世界银行管理的道路安全委员会的资助下,与国际道路评估组织(IRAP)开展了大量的中国道路风险评估(ChinaRAP)研究和应用工作;在此基础上,交通运输部公路科学研究所从2004年开始持续开展了事故预测模型和安全管理技术等相关研究,并在三部委一期项目建立了适合我国国情的山区二、三级双车道公路网交通安全风险评估模型;彭建华、金哲龙对道路交通风险进行了定性分析,道路交通的不安全因素包括人、车辆和道路的不安全因素,并针对这些不安全因素,提出了提高人、车、路的安全性的管理措施,并强调了碰撞事故后有效救治的重要性;唐洪认为风险理论对事故的超前认识,产生了比早期事故学理论更为有力的方法和对策,分析了风险控制理论在道路交通安全研究中的应用,在对人、车、路进行风险识别的基础上,提出了风险控制和安全措施;此外,同济大学、北京工业大学、东南大学、吉林大学、长安大学、北京交通大学等高校也在事故成因分析、事故预测模型和措施效果分析等方面取得很多成果。具体包括基于简单统计和经验的分析、灰色关联分析法等的道路交通事故成因分析,应用负二项等的双车道公路事故预测模型研究等。

3)交通运输安全机制方面

近20年来,我国交通运输事业取得了很大的发展,交通运输管理正逐步走向法制化、规范化。国家先后制定了大量管理交通运输、保障交通安全的法律法规和标准。这些法律法规和标准的颁布实施,对保障交通运输安全,强化运输生产管理,维护运输生产秩序都起到了积极作用。

2003年10月28日,十届全国人大五次会议审议通过了《中华人民共和国道路交通安全法》(以下简称《道路交通安全法》),自2004年5月1日起施行。2004年4月30日,国务院颁布了《中华人民共和国道路交通安全法实施条例》(以下简称《道路交通安全法实施条例》),明确了贯彻落实道路交通安全法的实施细则。2004年7月1日,交通部在《关于完善公路、水路交通法规体系框架的实施意见》中明确指出,到2010年年底,我国要基本形成公路、水路交通法规体系。之后,国务院、各地区、各部门围绕实施《道路交通安全法》先后制定、修订了50多个地方法规、规章,60多个部门规章,150多个国家和行业技术标准。2011年,交通运输部实施新出台的《公路安全保护条例》和《危险化学品安全管理条例》,出台了《公路超限检测站管理办法》《集邮市场管理办法》等13部规章。目前,在道路运输方面,我国基本建立了以《道路交通安全法》为龙头、一个行政法规和多个部门规章为主体,地方性法规、政府规章及技术标准为补充的道路交通安全法规体系。

为了进一步推进公路交通运输发展,2013年,交通运输部党组研究提出当前和今后一个时期要全面深化改革,集中力量加快推进综合交通、智慧交通、绿色交通、平安交通(即"四个交通")的发展,首次明确把"平安交通"提升至全行业发展的高度。作为"四个交通"有机体系的重要组成部分,"平安交通"是基础,推进交通安全体系建设,必须要以建设"平安交通"为目标,以科技创新为动力。明确指出要把安全发展理念贯穿于各领域、全过程,强化安全治理体系和治理能力建设,依靠科技创新提高交通运输安全发展的防、管、控能力。

2014年4月9日,交通运输部与科技部举行了会商会议,就交通运输安全科技问题进行深入交流并达成共识,双方签订了《科学技术部与交通运输部关于科技创新促进平安交通发展合作协议》。作为落实两部会商精神、推进交通运输安全科技创新的指导性文件,交通运输部下发了《交通运输部关于科技创新促进交通运输安全发展的实施意见》(交科技发〔2014〕126号),文件中提出了加快完善安全风险管理技术体系,加强交通运输系统安全、设施安全、运输安全及交通应急技术攻关,加快科研成果推广应用的任务要求。之后下发了《交通运输部关于推进交通运输安全体系建设的意见》(交安监发〔2015〕20号),对交通运输安全体系建设提出了目标和重点任务。

为响应交通运输部"平安交通"的目标,全国各省市也相应提出交通运输安全发展策略及计划。例如:江苏省被选为创新工程实施的首批试点省份,开展科技创新示范区试点工作,在深入调研的基础上,组织编制了《江苏省科技创新促进交通运输安全发展实施方案(2014—2020年)》,方案确定了安全风险管理技术体系构建、安全科技创新能力建设与五大方面关键技术攻关等三项重点任务,同时委托江苏省交通科学研究院成立了"江苏省交通运输安全与应急科技研究中心",主要进行交通运输安全政策咨询、安全科技技术支持、安全信息分析预测、安全应急技能培训、事故评估鉴定、企业安全标准化建设指导等工作。浙江省建立的综合交通应急指挥中心属于应用技术手段支撑的虚拟中心,在重大节假日和恶劣自然天气条件下作为工作平台,整合资源、联合办公,实现应急反应、应急指挥与应急保障功能。湖北省建立了全省高速公路应急指挥中心,能够对各收费站道口和互通枢纽车流通行情况进行监控,充分发挥信息流转、资源整合的中枢作用,切实提升道路综合应急功能。河南省建立了交通运输安全应急管理服务平台,并发布了《河南省交通运输安全应急工作考核标准》。安全应急管理服务平台包括安全应急法规学习系统、安全隐患排查治理系统、安全培训管理系统、重点监管对象管理系统、安全应急管理系统五个子系统,对安全隐患排查、培训学习、应急管理等方面进行了信息化管理;安全应急工作考核标准从组织机构、安全管理工作、应急管理、安全教育与培训、举报与奖励、事故报告与处理六方面进行打分考核。

4)交通安全设施方面

(1)标准规范

我国对交通安全设施的系统研究开始于20世纪80年代,初期主要结合我国国情和道路特点,对交通安全设施的材料、结构形式和设计原则等展开了全面的研究。我国道路交通安全设施设置规模的确定及技术标准等主要是参照国外标准,借鉴了美国、欧洲以及日本等的有关技术规范。随着实践探索,我国逐步形成了自己的标准体系,先后编制了《高速公路交通工程及沿线设施设计通用规范》(JTG D80—2006)、《公路交通安全设施设计规范》(JTG D81—2006)、《公路交通标志和标线设置规范》(JTG D82—2009)、《公路护栏安全性能评价标准》(JTG B05-01—2013)等,目前我国《公路护栏安全性能评价标准》(JTG B05-01—2013)中规定的最高防护等级为HA级,其防护能量为760kJ。

(2)防撞设施

我国从"七五"期间就开始进行针对高速公路护栏的设计、生产、施工等方面的研究工作,多次进行各种护栏的实车足尺碰撞试验,现行规范中规定的桥梁护栏分为以下四种形式:钢筋混凝土墙式、梁柱式刚性护栏、金属梁柱式半刚性护栏和组合式护栏。其中钢筋混凝土墙式护栏因造价相对较低,较容易达到高防护等级,得到广泛应用,且多采用全现浇施工工艺。在护栏研究开发方面国内专业研究工作者也开展了大量工作,取得了一些成果,研发了高防护等级钢护栏、组合式桥梁护栏、高防护等级桥梁混凝土护栏等,并开展了桥梁护栏景观研究工作,目前国内已研发出特高等级HA级桥梁护栏,碰撞能量超过760kJ。

第1章 绪 论

互通区防撞设施方面,我国《高速公路交通工程及沿线设施设计通用规范》(JTG D81—2006)对防撞垫设置原则做了一般性规定,但没有提出防撞垫等级及性能要求;《公路交通安全设施设计规范》(JTG D81—2006)正在进行修订,其中增加了防撞垫设置原则及防护等级适用条件;《公路护栏安全性能评价标准》(JTG B05-01—2013)给出了防撞垫的安全性能评价指标及试验方法。目前国内高速公路互通区分流三角端经常应用的防护设施如图 1-5 所示,其中标志标线仅起到交通疏导作用;防撞桶起到一定警示作用,但基本不具备防护能力;可导向防撞垫具备一定防护能力,但其防护能力未达到现行评价标准的要求。

a) 标志标线

b) 防撞桶

c) 可导向防撞垫

图 1-5 国内典型防撞垫

中分带开口安全防护设施方面,我国高速公路上开口护栏的研究应用基本可分为三个阶段:①第一阶段大量应用了基本没有防护能力的开口护栏;②第二阶段研发的符合《高速公路护栏安全性能评价标准》(JTG/T F83—2004)的 A 级(防护能量 160kJ)钢管预应力索开口护栏逐渐成为主流;③第三阶段是在《公路护栏安全性能评价标准》(JTG B05-01—2013)颁布后,开展了符合标准的新型 A 级(防护能量 160kJ)开口护栏装备研究工作。

施工区临时防撞设施方面,国内用于改扩建及养护作业区临时隔离的设施主要是水马,但其基本不具备防护车辆碰撞的功能。2012 年河北石家庄市和平路采用了可移动式水马和可移动护栏(图 1-6),可移动式水马采用航空塑料,具有一定强度,可采用专用车辆上路摆放,可移动护栏可通过遥控器控制移动,但这两种隔离设施都基本不具备防撞功能。对具有防护等级的临时护栏研究还处于起步阶段,研究成果较为匮乏。

图1-6 可移动护栏

（3）长下坡特殊安全设施

与国外相比，国内在自救车道研究方面起步较晚，现行的《公路工程技术标准》(JTG B01—2014)、《公路路线设计规范》(JTG D20—2006)、《高速公路交通工程及沿线设施设计通用规范》(JTG D80—2006)等规范中仅对自救车道的设置等进行了原则性规定，对几何参数、长度、填充集料选择等方面没有给出明确的取值及计算方法。我国从2002年以来逐渐开展了关于自救车道的专项研究，交通部西部交通建设科技项目先后于2004年开展了"连续长下坡路段安全保障技术研究"，其中重点针对我国货车的实际情况建立了制动毂温升模型，用以预测货车制动失灵的位置；2008年由云南省公路开发投资有限责任公司、北京中路安交通科技有限公司等单位共同开展的交通部西部交通建设科技项目"山区高速公路危险路段交通安全设施系统的研究"中，建立了连续长下坡路段车辆制动失效概率和事故预测模型，并研发了消能减速护栏、橡胶空腔减速垄等安全设施，并针对网索自救车道的网索拦截装置开展了相关研究，研发了搅拌式阻尼器网索自救车道。

在新型措施研究方面，2007年兰州交通大学开展了一种减速下坡车道研究，并在G212国道K227+900处应用，设置在路侧，与主线平行接续，用来供失控或者超速车辆减速。该减速下坡车道在实际应用中对失控车辆起到了一定的制动作用，但其仅适用于二级公路。此外，云南保龙高速公路长下坡路段在避险车道引道设置阻尼材料，以降低失控车辆驶入避险车道的速度，但该措施也设置在避险车道内，未从根本上解决传统避险车道的设置问题，如图1-7所示。

a) 甘肃降速车道　　　　　　　　　　　b) 云南降速车道

图1-7 新型长下坡安全防护设施

(4) 标志标线

1986年,交通部组织编制完成了第一个全国统一的《道路交通标志和标线》(GB 5768—1986)国家标准,使全国实现了统一的交通标志和路面标线。1999年,《道路交通标志和标线》(GB 5768—1999)新标准重新公布,将标志分为主标志和辅助标志两大类,共有 327 种。目前,我国加强了对高亮度反光膜、吸能型自发光标志等新产品的研发;在标线方面,注重了新型涂料的应用。

5) 交通运输应急管理方面

2003 年以前,由于历史等原因我国没有单独设立应急管理组织机构,采取分部门、分灾种的单一应急模式。一般情况下,根据紧急事件的类别由对应的部门垂直管理。2004 年,《国务院有关部门和单位制定和修订突发公共事件应急预案框架指南》和《省(市、区)人民政府突发公共事件总体应急预案框架指南》相继颁布出台,要求以突发事件的事发地为主、统一领导、分级响应、权重明确、分工协调的原则,并要求各地市等行政部门制定相关的应急预案。2006 年颁布了《国家突发公共事件总体应急预案》,2007 年 8 月,全国人大常委会上审议并通过《中华人民共和国突发事件应对法》,要求从中央到地方政府部门必须制定针对各种可能发生的突发事件制定总体预案、专项预案和各个部门应急预案,这表明我国的应急管理已经进入了以应急预案为主体的预防和实施阶段。随着应急保障的不断完善,近些年,逐步构建和完善了从基础设施到运行机制和法律法规对应的应急保障体系。

我国的应急组织机构一般分成国家和地方两个层次。对国家紧急事件管理的最高行政机构是国务院。在地方层面上,各省情况不同,大部分采用的是分部门、分类别的单一应急模式。纵向实行垂直管理,各级之间是上下级之间领导与被领导的关系,下级向上级汇报信息情况,上级决策指挥,以行政命令形式要求下级贯彻执行。

应急体系的运行机制方面,首先对交通事故进行分类分级,然后由相应级别的应急机构来实施。在事故灾情扩大时立即报请上一级应急机构负责实施。这其中既会有行政命令,又会有协调联动。我国现有应急管理机制主要存在两方面的不足:①管理组织结构横向、纵向缺乏统一又强有力的综合协调机构。地方上,多采用分部门、分类别的单一化应急模式,横向职责关系不十分明确,过多注重事件发生后的"救灾",而缺乏配套的应急法制、应急保障资源配置、预警机制和灾后恢复机制。②在运行机制中,既应强调统一指挥、协调联动,还应建立事故前和事故后的运行机制,在不断总结经验的基础上,做好应急准备,因此,明确职责、落实责任、促进协调合作是形成强有力的应急组织网络体系的关键。

总体看来,我国交通运输安全研究较国外起步晚,但随着经济社会的不断发展、交通运输安全相关研究的不断深入,我国已经开始认识到提升交通运输安全的重要性和紧迫性。国内外交通安全战略及规划均提出了针对本国交通安全发展的指导思想、目标、重点任务、保障措施等,给交通运输安全研究提供了思路和方向;交通运输安全管理方面,国外在风险评估技术研究和应用方面起步较早,我国学习和借鉴国外经验,并进行了理论和实践创新,将风险评估作为交通运输安全管理的重点;交通运输安全机制方面,国内外均把"交通安全"提升至全行业发展的高度;交通安全设施方面,国外配套的道路交通安全设施齐全,相关技术较为成熟,但由于道路交通条件以及相关标准规范的不同,无法使用于国内,目前我国学习国外先进技术,逐步改进创新,已研究开发出部分先进交通安全设施,并将逐步在各国推广应用;交通运输应急管理方面,我国大多城市已逐步开展应急保障研究。相比发达国家,我国交通运输安全方面研究还存在一定差距,并未形成一整套系统完整的交通运输安全体系,需要进行更深入的研究,制定完善的交通运输安全对策,以提升我国道路交通运输安全。

第 2 章 研究思路与技术路线

2.1 研究思路

本书以完善交通运输安全风险管理技术体系为主线,以提升安全科技创新能力为基础,以技术研发与应用为支撑,为交通安全发展工作提供借鉴,为推进交通运输安全体系建设提供参考。通过调查梳理国内外交通运输安全研究与发展现状,系统评估了公路交通运输安全发展现状。基于风险管理理论的交通运输安全风险管理体系理论对策,研究了公路交通事故特点,从科技创新能力建设、道路运输、交通设施、应急保障几个方面细化了交通运输安全专项对策。指导公路交通运输行业转型发展、科学发展,提高公路交通运输安全发展水平,为构建现代综合交通运输安全体系提供有力的技术支撑,为经济社会健康发展和人民群众出行提供可靠的交通运输安全保障。

目前我国交通运输安全对策研究处于发展阶段,随着日益发展及健全的路网结构以及日益增长的道路运输比重,对于交通运输安全的需求也不断提升,因此,本书对策体系研究提出系统全面性的道路交通运输安全对策,分别从战略对策、规划对策、理论对策、总体对策、专项对策、推广示范对策六个部分对提升公路交通运输安全提出建议。

(1)战略对策是其他对策制定的基础及根本,指出要从交通运输安全的根源——事故入手,提高交通运输安全的关键是事故关联因素控制、事故防治、伤亡控制及应急救援。

(2)规划对策是在战略对策的基础上,提出公路交通运输安全提升的宏观方向及重点,交通运输安全规划对策应该涵盖道路交通建、管、养、运各个环节。

(3)理论对策主要确定交通运输安全管理模式,是交通运输安全管理的核心,要将交通运输安全管理方式从事故理论支持的事后型管理方式和隐患理论支持的缺陷型管理方式向风险管理理论支持的风险型管理方式转变。

(4)总体对策是针对交通运输安全机制方面提出的建议,为后续专项对策及推广示范对策的实施提供基础支撑及保障。

(5)专项对策则基于"交通运输关于科技创新促进交通运输安全发展的实施意见",以战略对策及规划对策为指导,分别针对创新能力建设、系统安全、道路运输安全、交通设施、应急保障五个方面提出交通运输安全重点攻关方向。

(6)推广示范对策主要是总结梳理目前国内先进、适用的交通运输安全科技成果,促进国家相关科技成果在交通运输行业的转化应用,并形成安全科技创新典型示范效应,促进科技成果公开共享。

本对策体系提出的公路交通运输安全对策总览如表2-1所示。

公路交通运输安全对策总览表 表 2-1

公路交通运输安全对策	战略对策	交通安全关联因素控制	
		交通系统用户行为规范策略	
		事故防治	
		伤亡控制及应急救援	
	规划对策	建立交通运输安全风险管理体系	
		加强交通运输安全体制机制建设	
		开展交通运输安全发展先进成果的应用推广	
		加强交通运输安全发展科技人才培养	
		开展交通运输安全试点示范	
		打造交通运输安全科技创新平台	
		开展交通运输安全发展重大专项课题研究	
		交通运输安全规划实施策略	
	理论对策	建立交通运输安全风险管理体系架构	
		确定安全风险管理重点领域	
		交通运输安全风险管理试点	
	总体对策	公路交通行业法律、法规、标准、规范体系建设	
		交通行业安全责任监管体系建设	
		交通行业安全绩效评估体系研究	
		交通安全信息化体系建设研究	
		交通行业安全文化体系建设研究	
		交通行业安全科技人才培养体系建设研究	
	专项对策	创新能力建设	明确安全科技创新能力建设的指导思想与目标任务
			完善交通科技创新体制机制
			编制科技创新促进交通运输安全发展实施方案
			打造交通运输安全发展科技平台
			建立交通运输安全技术研究中心
			开展交通运输安全发展重大专项课题研究
			开展交通运输安全发展科研成果的应用推广
		系统安全	高速公路改扩建施工期交通组织成套技术研究
			桥梁结构健康监测成套技术研究
		道路运输安全	运输企业交通安全监管体系建设研究
			营运车辆在途实时监测与预警系统建设
			面向社会公众的交通安全信息化服务平台建设
		设施安全	公路安全性评价工作流程化标准化建设
			国省干线危险路段排查与安全整治
			公路安全防护设施性能提升
		应急保障	面向大数据的交通安全实时预警与应急处置平台建设
			重大自然灾害下公路交通生命线应急保障决策支持系统建设
			应急管理装备配套系统开发
			全天候智能交通事故预防及救援成套技术

续上表

公路交通运输安全对策	推广示范对策	一般路段交通运输安全科技成果
		桥梁交通运输安全科技成果
		长下坡路段交通运输安全科技成果
		隧道区域交通运输安全科技成果
		交通运输安全信息技术成果

2.2 技术路线

技术路线如图 2-1 所示。

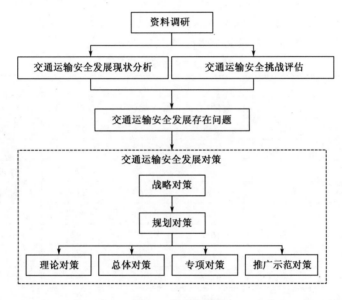

图 2-1 技术路线图

第3章 公路交通领域安全挑战

3.1 公路交通安全状况分析

1) 1994~2015年全国道路交通事故总体情况

1994~2015年的22年间,我国高速公路发展迅速,通车里程由1603km增长到123523km。随着我国公路通车里程及所承担交通量的不断增长,道路交通事故总量依然居高不下,我国1994~2015年的道路交通事故情况如表3-1、图3-1所示。

1994~2015年事故数据　　　　表3-1

年份(年)	事故 数量(起)	事故 百分比(%)	死亡 数量(人)	死亡 百分比(%)	受伤 数量(人)	受伤 百分比(%)	通车里程(km)
1994	2877	1.14	538	0.81	1157	0.78	1603
1995	4590	1.69	616	0.86	1600	1.00	2141
1996	6797	2.40	864	1.20	2215	1.30	3422
1997	9035	3.00	1182	1.60	3190	1.70	4771
1998	10574	3.05	1487	1.91	4034	1.81	8733
1999	12634	3.06	1687	2.02	4921	1.72	11605
2000	16916	2.74	2162	2.30	6442	1.54	16314
2001	24565	3.25	3147	2.97	9978	1.83	19437
2002	29611	3.83	3927	3.59	12253	2.18	25130
2003	36257	5.43	5269	5.05	14867	3.01	29745
2004	24466	4.72	6235	5.82	15213	3.16	34288
2005	18168	4.04	6407	6.49	15681	3.34	41005
2006	14432	3.81	6647	7.43	17116	3.97	45339
2007	12364	3.78	6030	7.39	14628	3.85	53913
2008	10848	4.09	6042	8.22	13768	4.52	60302
2009	9147	3.84	6028	8.90	12780	4.65	65056
2010	9700	4.42	6300	9.66	13739	5.41	74113
2011	9583	4.55	6448	10.33	13007	5.48	84946
2012	8896	4.36	6144	10.24	12298	5.48	96200
2013	8693	4.38	5843	9.98	11169	5.23	104438
2014	8531	4.34	5681	9.71	11280	5.32	111936
2015	8525	4.39	5477	9.44	11515	5.76	123523

第 3 章 公路交通领域安全挑战

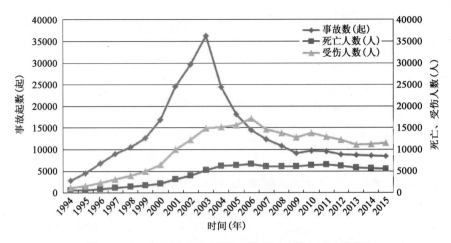

图 3-1 1994~2015 年道路交通事故数、死亡人数、受伤人数统计

根据数据变化趋势可以看出,我国道路交通事故发生有两个阶段:1994~2003 年,道路交通事故数逐年增加,死亡人数及受伤人数随之呈上升趋势;2004~2015 年,道路交通事故数逐年减少,死亡人数及受伤人数总体呈下降趋势。虽然近几年道路交通安全形势总体趋于平稳,但总量仍然处于高位,道路交通安全形势依然严峻。

图 3-2 和图 3-3 显示我国省际道路交通安全状况差别很大。例如,就万车死亡率来说,数值最小的是河南,为 0.87%,而数值最大的是西藏,为 9.29%,后者是前者的 10 倍多。

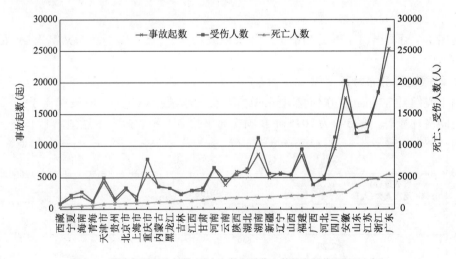

图 3-2 道路交通事故起数、死亡人数和受伤人数的省际状况(2013 年)

2)交通事故分布特征

(1)事故时间分布

交通事故时间分布特征,可以通过交通事故月分布和交通事故时段分布特征来进行分析。

① 事故月分布特征

根据 2015 年全国道路交通事故统计资料,用折线图绘出各月交通事故分布情况,如图 3-4 所示。

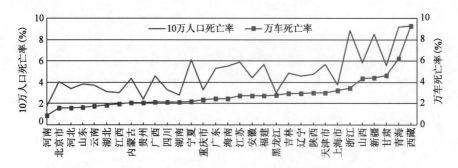

图 3-3 事故起数、万车死亡率、10 万人口死亡率的省际状况（2013 年）

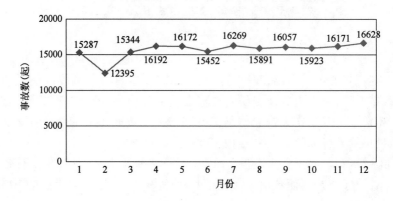

图 3-4 事故月分布

由图 3-4 可看出，3～10 月事故数总体来说波动不大，11～12 月为事故高发期，而 1,2 月事故数最少。

② 事故时段分布特征

由于人们日常生活、工作作息时间的原因，交通事故指标在某一时段相比于一天当中的其他时间格外显著。图 3-5 为 2015 年我国交通事故 24h 平均分布示意图。

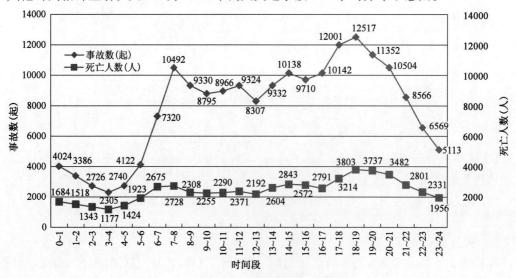

图 3-5 事故时段分布

由图 3-5 可以明显看出,一天当中在 7~8 点和 16~21 点这些时段上,交通事故发生次数较多,占一天交通事故总数的 35.68%,交通形势非常严峻;交通状况相对较好的时间段为夜间 24 点到凌晨 6 点,这是由于人们的日常作息习惯决定的,这段时间内,人们大都处于休息或睡眠状态,道路上的车流量相对较少,故发生的交通事故数不大,但正是由于道路上车流量较少,交警等监管力量薄弱,驾驶员行车时容易放松警惕,本能地将车速提高,一旦发生交通事故后果都比较严重,这个时间段,死亡人数达到 9069 人,平均死亡率达 33.25%,远远高于白天,图 3-6 是交通事故 24h 死亡率分布示意图。

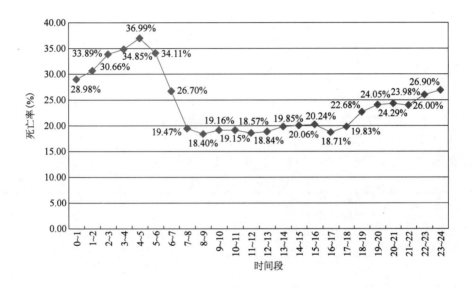

图 3-6 事故时段死亡率

死亡率的高低反映了交通事故性质的恶劣程度,从图 3-6 中可以看到,一天中死亡率较高的是凌晨 2~6 点,基本维持在 30% 以上。这主要是由于人们追求最大效益,驾驶员往往疲劳驾驶,精神萎靡,容易失去对车辆的控制,这个时候发生车祸,伤员很难有生还的机会,因此,交管部门应该有针对性地加强这一时段的管理力度。

(2) 事故空间分布

交通事故时间分布特征,可以通过交通事故月分布和交通事故时段分布特征进行分析。

① 事故在道路线形的分布特征

如表 3-2 所示为事故在不同道路线形的数据,平直路段是道路最常见形式,死亡率最高的道路线形依次是:急弯陡坡、连续下坡、一般坡急弯。究其原因:道路纵坡较大时,对车辆机械性能要求比较高,造成车辆速度差异较大,上坡易熄火,下坡易速度过快,诱发交通事故;一定的曲线半径会使驾驶员摆脱长直线造成的困倦和麻木,驾驶更为谨慎,但是若半径过小过急,驾驶员不能对曲线半径的突然变化及时反应,造成事故;连续下坡路段,驾驶员慢慢适应连续下坡路段,产生疲劳,车辆速度在下坡后半段逐渐提高,易引发事故。因此,需要重点加强急弯陡坡、连续下坡、一般坡急弯路段的交通安全管理。

事故道路线形分布 表3-2

道路线形	事故数(起)	死亡人数(人)	受伤人数(人)
平直	150876	42922	157687
一般弯	21594	8127	24134
一般坡	4292	1587	4998
急弯	895	348	1213
陡坡	271	117	313
连续下坡	316	191	459
一般弯坡	7263	3562	8440
急弯陡坡	981	575	1064
一般坡急弯	615	330	773
一般弯陡坡	678	263	799

②事故在路段、路口分布特征

由表3-3可知，普通路段具有车流量大的特点，基数大造成交通事故数量多。除了普通路段之外，分叉口交通事故数较多，这是由于分叉口障碍物较多，易引起驾驶员视线盲区，因为避让、躲闪不及发生交通事故。可见平交路口也是事故多发区域。

事故路段、路口分布 表3-3

路段、路口分布	事故		死亡		受伤	
	数量(起)	百分比(%)	数量(人)	百分比(%)	数量(人)	百分比(%)
三支分叉口	16246	8.65	3893	6.71	17583	8.80
四支分叉口	23307	12.41	5379	9.27	24145	12.08
多支分叉口	2879	1.53	905	1.56	3083	1.54
环形交叉	474	0.25	115	0.20	484	0.24
匝道口	1667	0.89	804	1.39	2083	1.04
普通路段	136169	72.51	44151	76.09	144299	72.19
高架路段	942	0.50	503	0.87	1161	0.58
变窄路段	114	0.06	47	0.08	126	0.06
窄路	1113	0.59	361	0.62	1271	0.64
桥梁	1294	0.69	518	0.89	1526	0.76
隧道	504	0.27	238	0.41	628	0.31
路段进出处	1376	0.73	369	0.64	1516	0.76
路侧险要路段	249	0.13	173	0.30	400	0.20
其他特殊路段	1447	0.77	566	0.98	1575	0.79
合计	187781	100.00	58022	100.00	199880	100.00

(3) 事故形态分布

交通事故形态主要为车辆间碰撞、刮擦、撞静止车辆、撞行人、碾压行人、翻车、坠车、失火、撞固定物、其他类型等。从表3-4可以看出，相撞事故不论是在事故总量上还是死亡人数上，都是交通事故的主体。其中坠车事故由于较高的死亡率，也是事故最为严重的事故形态。

事故形态分布　　　　　　　　　　　　　　　　　　　表3-4

事故形态		事故		死亡		受伤	
		数量(起)	百分比(%)	数量(人)	百分比(%)	数量(人)	百分比(%)
车辆间事故	碰撞运动车辆 正面碰撞	2846	7.43	1581	8.47	3270	8.77
	侧面碰撞	15782	41.19	6425	34.41	15812	42.42
	追尾碰撞	4138	10.80	2232	11.95	4576	12.28
	同向刮擦	562	1.47	237	1.27	483	1.30
	对向刮擦	239	0.62	119	0.64	284	0.76
	其他角度碰撞	1636	4.27	731	3.91	1673	4.49
	碰撞静止车辆	2154	5.62	1380	7.39	2574	6.90
	其他车辆间事故	736	1.92	265	1.42	681	1.83
	小计	28093	73.32	12970	69.46	29353	78.74
车辆与人事故	刮撞行人	6176	16.12	2849	15.26	4004	10.74
	碾压行人	934	2.44	671	3.59	325	0.87
	碰撞后碾压行人	398	1.04	354	1.90	129	0.35
	其他车辆与人事故	99	0.26	50	0.27	81	0.22
	小计	7607	19.85	3924	21.01	4539	12.18
单车事故	侧翻	898	2.34	663	3.55	1299	3.48
	滚翻	222	0.58	231	1.24	401	1.08
	坠车	207	0.54	222	1.19	247	0.66
	失火	11	0.03	0	0.00	2	0.01
	撞固定物	1050	2.74	578	3.10	1251	3.36
	撞非固定物	30	0.08	15	0.08	28	0.08
	自身折叠	21	0.05	13	0.07	15	0.04
	乘员跌落或抛出	177	0.46	57	0.31	144	0.39
	小计	2616	6.83	1779	9.53	3387	9.09
合计		38316	100.00	18673	100.00	37279	100.00

(4)事故车辆类型分布

根据表3-5统计资料分析可知,事故主要车辆类型为客车、货车、摩托车,其中客车占24.2%,大货车占65.36%。这与道路交通量的车辆类型构成比例有一定关系。通过计算上述三种车型交通事故死亡率:货车占81.52%,客车占16.06%,究其原因,货车大多超限超载,一旦发生事故易造成群死群伤。

事故车辆类型分布　　　　　　　　　　　　　　　　　表3-5

车辆类型	事故		死亡		受伤	
	数量(起)	百分比(%)	数量(人)	百分比(%)	数量(人)	百分比(%)
大型客车	3017	7.87	1291	6.91	4849	13.01
中型客车	529	1.38	246	1.32	889	2.38

续上表

车辆类型	事故 数量(起)	事故 百分比(%)	死亡 数量(人)	死亡 百分比(%)	受伤 数量(人)	受伤 百分比(%)
小型客车	5697	14.87	1449	7.76	5935	15.92
微型客车	31	0.08	13	0.07	36	0.10
重型货车	16846	43.97	9639	51.62	14683	39.39
中型货车	2384	6.22	1307	7.00	2061	5.53
轻型货车	5708	14.90	2369	12.69	5167	13.86
微型货车	102	0.27	39	0.21	97	0.26
拖拉机	728	1.90	387	2.07	612	1.64
摩托车	647	1.69	343	1.84	587	1.57
半挂车	125	0.33	99	0.53	121	0.32
全挂车	1	0.00	0	0.00	1	0.00
专项作业车	44	0.11	18	0.10	32	0.09
电车	1	0.00	0	0.00	1	0.00
牵引车	1126	2.94	754	4.04	1028	2.76
其他	1330	3.47	719	3.85	1180	3.17
合计	38316	100.00	18673	100.00	37279	100.00

随着货运车辆重型化日趋明显,对道路交通安全特别是安全设施的防护能力也提出了新挑战,除需要对其防护能力进行评价和提升外,还应继续开展与现有运输状况相匹配的新型防护设施的验证和开发。

(5)事故的气候分布

对事故而言,影响最大的交通环境因素就是不良气候条件。不良气候条件是指影响车辆正常行驶的除晴天和阴天外的其他天气条件,包括雾天、雨天、雪天等。在不良天气条件下,能见度降低,留给驾驶员的反应时间缩短,车辆的可控性下降,易引发交通事故。表3-6为2015年各种气候条件下道路交通事故发生数据,从表中数据分析可以获知,每年道路不良气候条件下事故死伤人数约为1.47人/起,正常气候条件下事故死伤人数约为1.36人/起,不良气候条件事故死伤人数大于正常气候条件。

事故气候分布　　表3-6

气候	事故 数量(起)	事故 百分比(%)	死亡 数量(人)	死亡 百分比(%)	受伤 数量(人)	受伤 百分比(%)
晴	139422	74.25	42229	72.78	146497	73.29
阴	26860	14.30	8529	14.70	29072	14.54
雨	19291	10.27	6254	10.78	21695	10.85
雪	1067	0.57	462	0.80	1285	0.64

续上表

气　候	事　故		死　亡		受　伤	
	数量(起)	百分比(%)	数量(人)	百分比(%)	数量(人)	百分比(%)
雾	857	0.46	443	0.76	977	0.49
大风	63	0.03	32	0.06	65	0.03
沙尘	38	0.02	6	0.01	61	0.03
冰雹	1	0.00	0	0.00	4	0.00
其他	182	0.10	67	0.12	224	0.11
合计	187781	100.00	58022	100.00	199880	100.00

3) 事故特点分析

(1) 高速公路交通事故死亡率高、经济损失大

高速公路车辆行驶速度较快,一旦发生交通事故往往伴随着巨大的能量交换,造成车物的严重损害以及人员的重大伤亡。更严重的是高速公路交通事故还易诱发二次事故,进一步造成人员伤亡(表3-7)。据悉高速公路交通事故直接经济损失巨大,占全国交通事故经济损失的31.69%。

事故道路等级分布　　　　　　　　　　　　　　　　　　表3-7

道　路　分　布		事　故		死　亡		受　伤	
		数量(起)	百分比(%)	数量(人)	百分比(%)	数量(人)	百分比(%)
公路	高速	8252	4.39	5477	9.44	11515	5.76
	一级	14119	7.52	5385	9.28	14045	7.03
	二级	31150	16.59	12987	22.38	32853	16.44
	三级	20508	10.92	7390	12.74	22221	11.12
	四级	16245	8.65	5233	9.02	18007	9.01
	等外	12007	6.39	3558	6.13	13322	6.66
	小计	102281	54.47	40030	68.99	111963	56.02
城市道路	城市快速路	6142	3.27	1480	2.55	6529	3.27
	一般城市道路	66878	35.61	13275	22.88	68221	34.13
	单位小区自建路	482	0.26	55	0.09	474	0.24
	公共停车场	79	0.04	8	0.01	63	0.03
	公共广场	46	0.02	4	0.01	51	0.03
	其他路	11873	6.32	3170	5.46	12579	6.29
	小计	85500	45.53	17992	31.01	87917	43.98
合计		187781	100.00	58022	100.00	199880	100.00

(2) 事故主要发生在未设置交通安全设施的路段

根据表3-8,有隔离设施的道路交通事故明显少于无隔离设施道路,同时设置中心隔离和机非隔离的道路事故及死伤比例最低,这是由于设置中心隔离的道路可降低车辆驶入对

向车道与对向车辆发生碰撞的严重事故;机非隔离可以有效避免非机动与机动车之间由于速度差及行驶路线造成的相互干扰。根据表3-9,对于路侧有防护设施的道路,其事故数及严重程度明显低于无防护道路,且当防护设施是柔性、缓冲功能较好时,对于乘员伤害较小。综合表3-8和表3-9,可知合理的交通安全设施对道路交通安全至关重要。

道路隔离方式时光分布　　　　　　　　　　　　　　　　　　　　　　　　表3-8

隔离方式	事故		死亡		受伤	
	数量(起)	百分比(%)	数量(人)	百分比(%)	数量(人)	百分比(%)
无隔离	123084	65.55	37904	65.33	130724	65.40
中心隔离	41280	21.98	14789	25.49	45436	22.73
机非隔离	12106	6.45	2731	4.71	12202	6.10
中心隔离加机非隔离	11311	6.02	2598	4.48	11518	5.76
合计	187781	100.00	58022	100.00	199880	100.00

路侧防护设施事故分布　　　　　　　　　　　　　　　　　　　　　　　　表3-9

防护设施	事故		死亡		受伤	
	数量(起)	百分比(%)	数量(人)	百分比(%)	数量(人)	百分比(%)
无防护	97941	52.16	29090	50.14	103544	51.80
行道树	24939	13.28	7858	13.54	24919	12.47
绿化带	29411	15.66	7229	12.46	30696	15.36
混凝土护栏	4206	2.24	1543	2.66	4597	2.30
防护墩(柱)	5737	3.06	2193	3.78	6111	3.06
波形护栏	6747	3.59	3594	6.19	9429	4.72
金属护栏	12208	6.50	4553	7.85	13500	6.75
柔性护栏	430	0.23	65	0.11	460	0.23
其他护栏	78	0.04	25	0.04	95	0.05
避险车道	143	0.08	37	0.06	154	0.08
其他	5941	3.16	1835	3.16	6375	3.19
合计	187781	100.00	58022	100.00	199880	100.00

4)事故原因分析

道路交通事故除了受天气条件、交通安全设施等因素影响外,大多数交通事故均是由于机动车驾驶人违反道路交通安全管理法律、法规造成。

按事故原因分析,造成道路交通事故的主要原因分为机动车违法或过错、非机动车违法、行人或乘车人违法、道路原因等,2015年由于机动车违法行为造成的事故和死亡人数分别占82.37%和88.96%(表3-10)。而在各种机动车违法行为中,未按规定让行、无证驾驶、操作不当、逆向行驶、超速行驶及酒后驾驶等是交通事故的主要原因,而未按规定让行、无证驾驶、超速行驶是事故死亡率最高事故原因,说明这三个情况造成的事故危害性更大,尤须加强防范。

事故原因 表3-10

违法类型		事故		死亡		受伤	
		数量(起)	百分比(%)	数量(人)	百分比(%)	数量(人)	百分比(%)
机动车违法	超速行驶	6533	3.29	3382	5.78	6605	3.09
	酒后驾驶	6380	3.22	2600	4.44	6065	2.84
	逆向行驶	6456	3.25	2327	3.98	8744	4.09
	疲劳驾驶	1276	0.64	612	1.05	1575	0.74
	违法变更车道	3646	1.84	596	1.02	3876	1.81
	违法超车	3819	1.92	1176	2.01	4884	2.29
	违法倒车	2253	1.14	628	1.07	1702	0.80
	违法掉头	2453	1.24	322	0.55	2875	1.35
	违法会车	4809	2.42	1448	2.47	6522	3.05
	违法牵引	39	0.02	23	0.04	34	0.02
	违法抢行	1685	0.85	522	0.89	1624	0.76
	违法上路行驶	4427	2.23	2148	3.67	4587	2.15
	违法停车	1026	0.52	267	0.46	989	0.46
	违法占道行驶	3792	1.91	1141	1.95	3913	1.83
	违法装载	1130	0.57	822	1.40	1130	0.53
	违法装载超限及危险品运输	212	0.11	128	0.22	198	0.09
	违反交通信号	5360	2.70	1445	2.47	6274	2.94
	未按规定让行	25582	12.89	5940	10.15	26969	12.62
	无证驾驶	13417	6.76	5065	8.65	15453	7.23
	不按规定使用灯光	221	0.11	76	0.13	217	0.10
	其他影响安全行为	68905	34.73	21407	36.57	69999	32.75
	小计	163421	82.37	52075	88.96	174235	81.52
机动车违法过错	制动不当	519	0.26	133	0.23	599	0.28
	转向不当	311	0.16	80	0.14	399	0.19
	油门控制不当	70	0.04	23	0.04	76	0.04
	其他操作不当	7204	3.63	2169	3.71	7761	3.63
	小计	8104	4.08	2405	4.11	8835	4.13
合计		198394	100.00	58539	100.00	213724	100.00

3.2 公路交通安全挑战分析

3.2.1 国家对安全生产方面的要求

党中央、国务院高度重视安全生产,确立了安全发展理念和"安全第一、预防为主、综合治理"的方针,采取一系列重大举措加强安全生产工作。

《国务院关于进一步加强企业安全生产工作的通知》(国发〔2010〕23号)指出要深入贯

彻落实科学发展观,坚持以人为本,牢固树立安全发展的理念,切实转变经济发展方式,调整产业结构,提高经济发展的质量和效益,把经济发展建立在安全生产有可靠保障的基础上;坚持"安全第一、预防为主、综合治理"的方针,全面加强企业安全管理,健全规章制度,完善安全标准,提高企业技术水平,夯实安全生产基础;坚持依法依规生产经营,切实加强安全监管,强化企业安全生产主体责任落实和责任追究,促进我国安全生产形势实现根本好转。

《国务院关于坚持科学发展安全发展促进安全生产形势持续稳定好转的意见》(国发〔2011〕40号)强调安全生产事关人民群众生命财产安全,事关改革开放、经济发展和社会稳定大局,事关党和政府形象和声誉。为深入贯彻落实科学发展观,实现安全发展,促进全国安全生产形势持续稳定好转,要做到充分认识坚持科学发展安全发展的重大意义,坚持安全生产的指导思想和基本原则,进一步加强安全生产法制建设,全面落实安全生产责任,着力强化安全生产基础,深化重点行业领域安全专项整治,大力加强安全保障能力建设,建设更加高效的应急救援体系,积极推进安全文化建设以及切实加强组织领导和监督。本意见还提到交通行业尤其应注意加大交通运输安全综合治理力度以及加强建筑施工安全生产管理,并给出具体指导意见。

《安全生产"十二五"规划》在肯定"十一五"期间安全生产工作取得积极进展和明显成效的同时,指出"十二五"时期安全生产进入关键时期和攻坚阶段,并提出了"六个完善,六个提高"的要求,即完善安全保障体系,提高企业本质安全水平和事故防范能力;完善政府安全监管和社会监督体系,提高监察执法和群防群治能力;完善安全科技支撑体系,提高技术装备的安全保障能力;完善法律法规和政策标准体系,提高依法依规安全生产能力;完善应急救援体系,提高事故救援和应急处置能力;完善宣传教育培训体系,提高从业人员安全素质和社会公众自救互救能力。

按照党和国家对安全生产的要求,结合行业管理的实际需求,交通运输部在《交通运输"十二五"发展规划》中把安全与应急保障工作作为一项重要任务,指出一要加强安全生产管理,二要加强交通安全监管体系建设,三要加强交通运输应急体系建设,并分别做出具体要求。

2014年第十二届全国人民代表大会常务委员会第十次会议表决通过了关于修改《中华人民共和国安全生产法》的决定,新的安全生产法于2014年12月1日正式实施。新法的条款在原法基础上新增17条、修改63条。通过修订,进一步明确了有关行业、领域的安全监管职责,强化了生产经营单位的主体责任,赋予了行业安全监管执法权和相应执法手段,加大了违法行为的责任追究和处罚等。新法的出台对交通运输行业安全生产工作提出了新的更高要求,也提供了克难攻坚的有利条件和机会。

"十三五"时期,我国经济社会发展面临着难得的发展机遇,也面临着诸多风险挑战,各类不确定因素将对我国经济社会发展产生深刻影响,交通运输安全生产面临新挑战。深入实施科技强交战略,不断提高自主创新能力,加强科技研发,促进成果转化,充分发挥科技进步与创新的支撑和引领作用,建设便捷、安全、经济、高效的综合运输体系,切实保障人民群众出行安全,转变交通运输发展方式,促进国家经济又好又快发展。

3.2.2 交通运输部近期相关重要部署

《中共中央关于全面深化改革若干重大问题的决定》提出建立安全预防控制体系,交通运输系统把推进安全生产风险管理工作作为落实党中央国务院决策部署、实现平安交通的重要途径。为推进安全生产风险管理工作，交通运输部印发了《关于推进安全生产风险管理工作的意见》(交安监发〔2014〕120号，简称《意见》)。

《意见》借鉴发达国家交通运输业和国内民航、电力等行业的经验，全面系统地将"风险管理理论"引入交通运输安全管理之中，加快交通运输安全管理方式从事故理论支持的事后型管理方式和隐患理论支持的缺陷型管理方式向风险管理理论支持的风险型管理方式转变。

此次出台的《意见》以安全风险管理理论为指导，以完善安全发展技术体系为主线，以安全风险防控技术研发与应用为支撑，提出要坚持目标导向、协同推进，整体谋划、分步实施，重点突破、示范引领，立足当前、着眼长远四项基本原则；到2020年，实现交通运输安全关键技术创新取得新突破，先进、成熟使用技术得到推广应用，安全风险管理技术体系基本建立，科技创新促进安全发展的工作机制更加完善，交通运输安全水平明显提高，应对突发事件能力显著提升，人员伤亡和经济损失显著降低，环境污染显著减轻，重大风险源可识、可防和基本可控。

《意见》明确，围绕上述目标，将着力加快完善安全风险管理技术体系，加强交通运输系统安全、交通基础设施安全、运输安全、交通应急等技术攻关，加快科研成果推广应用，开展典型试点示范，加强安全科技创新能力建设。

《意见》提出2015年年底前基本建立安全生产风险管理规章制度、标准规范并开展试点工作；2017年底前规模以上客运和危险货物运输企业，工程施工总承包特级和一级企业，国家重点建设项目，在役特大桥及长隧道全面实施安全生产风险管理；到2020年交通运输系统全面实施安全生产风险管理。

《意见》指出，实施安全生产风险管理，应建立健全完善的制度和标准、有效的运行管理机制、可靠的资源保障和科学的技术支撑。制度标准方面，要建立安全生产风险源辨识、评估、控制、教育培训、检查考核以及重大风险源报备等制度，制定安全生产风险分类分级标准。运行机制方面，要建立内部审查机制，着力构建自我检验、自我修复、自我优化的安全生产风险管理工作持续改进机制，着力建立健全社会监督、中介服务、专家咨询等全社会参与的合作机制。资源保障方面，要积极引导将安全生产风险管理体系建设相关的制度标准制定、科技攻关、宣传教育、设施装备和信息化建设等资金纳入各级政府财政预算。技术支撑方面，要开展关键技术攻关，加强信息系统和监测监控平台建设，分级分类建立安全生产风险源数据库。

《意见》明确了交通运输安全生产风险管理的内容，包括：开展风险源辨识、评估和控制，加强公路水运工程建设和在役基础设施风险管理，加强道路运输、水路运输、城市客运风险管理，加强应急演练和处置能力建设。

为贯彻落实《意见》的有关要求，加强交通运输安全科技创新，集中攻克安全风险关键技术瓶颈，加快交通运输安全风险管理技术体系建设，提高风险防控和突发事件应对能力，促进交通运输安全发展，交通运输部又印发了《关于科技创新促进交通运输安全发展的实施意见》(交科技发〔2014〕126号，简称《实施意见》)。

《实施意见》以安全风险管理理论为指导，以完善安全发展技术体系为主线，以安全风险防控技术研发与应用为支撑,提出要坚持目标导向、协同推进、整体谋划、分步实施、重点突破、示范引领、立足当前、着眼长远四项基本原则;到2020年,实现交通运输安全关键技术创新取得新突破,先进、成熟使用技术得到推广应用,安全风险管理技术体系基本建立,科技创新促进安全发展的工作机制更加完善,交通运输安全水平明显提高,应对突发事件能力显著提升,人员伤亡和经济损失显著降低,环境污染显著减轻,重大风险源可识、可防和基本可控。

《实施意见》明确,围绕上述目标,将着力加快完善安全风险管理技术体系,加强交通运输系统安全、交通基础设施安全、运输安全、交通应急等技术攻关,加快科研成果推广应用,开展典型试点示范,加强安全科技创新能力建设。

为了推进交通运输安全体系建设,实现"平安交通"总目标,2015年2月10日下发了《交通运输部关于推进交通运输安全体系建设的意见》(交安监发〔2015〕20号),要实现到2017年"平安交通"五年建设阶段,初步建成交通运输安全生产"法规制度、安全责任、预防控制、宣传教育、支撑保障、国际化战略"六个体系。到2020年全面建成小康社会阶段,建成系统完备、科学规范、运行有效的交通运输安全体系,全面适应我国小康社会和现代交通运输事业发展需要。

为了推进交通运输安全体系建设,提升安全生产预防控制能力,2015年2月13日下发了《交通运输部安全委员会关于开展安全生产风险管理试点工作的通知》(交安委〔2015〕1号),交通运输部决定于2015~2017年,在全国交通运输系统开展安全生产风险管理试点工作,形成可复制、可推广的风险管理机制、制度、方法、标准等,推进行业全面实施安全生产风险管理。

为了推进全面深化交通运输改革,2015年2月18日下发了《交通运输部关于印发全面深化交通运输改革试点方案的通知》(交政研发〔2015〕26号),九个试点方案的最后一项就是《"平安交通"安全体系建设试点方案》,试点目标是到2017年年底,初步建成交通运输安全生产"法规制度、安全责任、预防控制、宣传教育、支撑保障、国际化战略"六个体系。交通运输安全生产法规制度和标准规范基本健全,责任更加明晰落实,监督管理能力明显加强,从业人员综合素质整体提高,保障实力显著增强,国际化水平有效提升,基本适应我国经济社会发展和"平安交通"建设的需要。

3.2.3 "平安交通"的内涵

"平安交通"概念起初是作为各级交通运输管理部门和企业抓好安全生产工作的载体而提出的,涵盖了平安公路、平安车船、平安港站、平安渡口、平安工地等内容。

2013年,交通运输部党组研究提出了当前和今后一个时期要全面深化改革,集中力量加快推进综合交通、智慧交通、绿色交通、平安交通(即"四个交通")的发展,首次明确把"平安交通"提升至全行业发展的高度。作为"四个交通"有机体系的重要组成部分,"平安交通"是基础。在2014年的全国交通运输工作会议上,交通运输部部长杨传堂从行业发展的高度,详细阐述了"平安交通"的内涵,要求全行业防止目前阶段安全事故"不可避免论",牢固树立加快发展平安交通,是以人为本的本质要求,是服务民生的最大前提,也是实现交通运输科学发展的基础条件。

加快发展平安交通,要义是把安全发展理念贯穿于各领域、全过程,特别是基层和一线,坚持底线思维和红线思维并不断拧紧螺丝扣,把保障人民群众出行安全放在首位,坚决守住安全是底线、安全是红线的思想防线和责任防线,强化安全治理体系和治理能力建设,提高交通运输安全发展的防、管、控能力;核心是坚持管行业必须管安全、管业务必须管安全,重心下移、工作下沉,健全完善科学规范、运行有效的安全生产责任体系,焊牢企业主体和行业安全监管的责任链,加强督促检查、严格考核奖惩,对有章不循、有章不依的问题不放过、严查处,切实把安全责任落实到一线、落实到岗位、落实到人头;关键是坚持常、长二字,夯实基础、补强短板,推进安全生产长效机制建设,建立隐患排查治理体系和安全预防控制体系,强化重点时段、重点地区、重点领域、重点环节的安全监管,不留死角、不留盲区、不打折扣、不走过场,确保安全监管全覆盖,安全隐患零容忍,有效防范和坚决遏制重特大事故的发生,实现交通运输持续安全发展。

3.2.4 交通运输安全发展面临的形势

《国务院关于坚持科学发展安全发展促进安全生产形势持续稳定好转的意见》中,将"加大交通运输安全综合治理力度"作为六项"深化重点行业领域安全专项整治"工作之一;国务院副总理马凯强调将安全工作作为交通运输今后五年应重点抓好的首要任务。

交通运输是国民经济和社会发展的血液。国民经济发展、国土空间开发、国防安全保障、国家救灾应急体系构建等对交通运输安全的依赖性增强。交通运输还是民生改善的基本。人们出行、快递业快速发展对安全、便捷、舒适出行需求越来越高,安全是第一位的需求。

因此,交通运输既是生产性服务业,也是生活性服务业,人们对交通运输的安全要求越来越高,同时,恶性重特大事故时有发生,供需矛盾仍然突出。综上所述,国家与交通运输部对交通安全的发展日趋重视,交通运输安全发展所面临的形势可以概括如下:

1) 我国道路交通系统安全技术远不能适应现代化交通的新需要

我国道路交通运输行业在应对自然灾害、重大社会事件活动、重大运输生产事故、公共卫生事件时,总体上处于单一、分散的应对状态,出现问题后,再启动应急处置程序。灾害多发地区交通运输网络抗灾安全性能、战略性交通运输通道畅通稳定性能、重要交通运输枢纽的正常运转的可靠性能、重点物资保障的安全性,在很大程度上影响经济社会运行的稳定性,难以做出客观评估。而从微观、中观、宏观系统工程层面,专门针对道路交通系统安全保障的手段、工具,例如规划设计、运输组织、风险预测和事故模拟工具等,还基本缺乏或不成系统。

从国家层面,还没有像发达国家那样建立国家重要基础设施的安保计划;从行业层面,各种规划、指导性意见中,缺乏对道路交通系统安全的明确表述和发展目标规定。

此外,信息数据采集与分析是安全服务水平保障的基础,但目前关于系统安全的基础数据还不成系统,也没有专门设计统计,如基础设施安全技术状况、运输装备安全技术状况、重要物资运输数据库、分类运力规模与分布。建立在数据基础上的分析处理、预测则无法深入进行,如危机模拟、趋势分析、风险预警等。安全技术标准规范是交通系统管理工作的另一项重要基础,目前专门针对系统安全设计的标准和规范基本是空白,有待系统开发。

2) 我国道路交通系统安全面临新的形势和更高要求

由灾害天气和地质灾害引起的区域性公路网络系统安全的战略需求。如2008年汶川地震导致交通运输设施大面积瘫痪,2008年低温雨雪冰冻灾害,战略性通道严重受阻,重要公路和桥梁等出现毁坏、阻塞,对区域经济社会正常运转产生重大影响的战略需求,如2010年京藏通道大拥堵。关键枢纽性节点功能丧失,导致大规模的物资、人员滞留,影响经济社会正常运行。

从国家层面加快建设道路交通系统安全战略体系是提升安全水平的根本途径,道路交通安全战略体系涵盖道路交通建、管、养、运各个环节,涉及安全水平提升的目标制定、政策调整、制度建设、监督检查及培训教育等各方面工作。

3)安全发展是国家现代综合交通运输体系的核心目标

经过30年的大规模建设,我国初步解决了交通运输对国民经济的"瓶颈制约",进入科学发展转型发展的关键阶段。人民群众日益增长的交通运输安全需求与我国相对落后的交通运输安全管理方式之间的矛盾已经成为我国交通运输发展的主要矛盾,必须通过更现代的安全管理理念、更先进的安全管理方式来解决交通运输安全水平不高的主要矛盾。过去,通过加快基础设施的建设解决运输能力严重不足的突出矛盾,今后,将主要通过提高管理和技术水平解决运输服务水平不高的突出矛盾。而运输服务水平的核心就是"安全和高效",因此安全发展是国家现代综合交通运输体系的核心目标。

第4章　交通运输安全战略对策

交通运输是一个复杂的系统,交通运输安全战略旨在对道路交通事故进行全面分析,综合考虑人、车、路、环境对交通运输安全的影响,提出宏观的事故预防和控制对策,为后续规划对策、理论对策、总体对策、专项对策、推广示范对策的提出提供依据。

交通运输安全战略对策主要从减少事故发生概率及降低事故严重程度两个方面进行考虑,对策包括事故发生前的关联因素控制、交通系统用户行为规范策略、事故防治以及事故发生后的伤亡控制及紧急救援三个方面。

4.1　关联因素控制

交通运输安全战略对策首先需要降低交通事故的死伤人数,即从源头上减少事故的可能性——关联因素控制。关联因素是指道路交通系统内部或系统外部直接或间接地影响交通安全的因素,交通事故的发生涉及道路使用者、机动车、道路、环境等,因此从这四个方面进行关联因素控制。

1) 道路使用者

交通事故的绝大多数与人有直接关系。道路使用者的生理特征(性别、年龄、视力等)、心理特征(情绪、是否疲劳等)、技能特征(驾龄、操作熟练程度等)等均对事故的发生存在影响。道路使用者来自不同的地区和社会环境、阶层,具有不同的性格与行为特征。特性复杂的用户群体共用道路交通设施,占有路域时空,必须采取措施(包括强制性和教育措施等)约束和指导道路用户在使用道路时的行为。因此,针对道路使用者的控制措施包括:

(1) 交通安全法规制度完善。

(2) 强化道路使用者的安全教育与培训(安全意识、心理状况、安全技能等)。

(3) 安全交通方式诱导(如铁路、航空等)。

(4) 增强违法驾驶惩处力度及手段。

(5) 驾驶员限制(如申领驾驶执照的年龄限制、初学者夜间行车的限制等)。

2) 机动车

机动车的制动性能(制动距离、制动跑偏和策划、制动协调时间等)、车辆行驶里程与时间、运行速度均对事故的发生存在影响。因此,针对机动车的控制措施包括:

(1) 完善相关的机动车法规条例。

(2) 强化机动车进行安全技术检验。

(3) 特殊路段车型限制措施(如限制重载货车、危险运输车辆等)。

(4) 研发特殊车辆智能识别设施。

(5) 特殊路段车速限制措施。

(6)合理设置先进测速减速设施(电子警察、雷达测速仪、强制减速设施等)。

3)道路

道路的平纵断面线形(半径、坡长、坡度等)、行车视距、路面状况(平整度、路面附着系数等)均对驾驶员驾驶状况产生影响,因此,针对道路的控制措施包括:

(1)建立道路安全体系(改善道路安全管理机构、建立道路安全信息数据库系统、加强执行道路安全审计工作、培训道路安全专家等)。

(2)根据相关的标准规范,加强道路运营期安全性评价。

(3)改善道路安全措施、研发先进安全设施。

4)环境

广义的环境不仅包括天气气候状况,还包括区域交通及人口分布等情况(交通量、饱和度、大车比例、车辆保有量及运输周转量等),因此,需要对汽车保有量进行控制、人口布局调整、出行(次数)进行控制与诱导、交通安全设施完善等。

4.2 交通系统用户行为规范策略

道路交通事故的绝大多数与人有直接关系。道路用户来自不同的地区和社会环境、阶层,具有不同的性格与行为特征。特性复杂的用户群体共用道路交通设施,占有路域时空,必须采取措施(包括强制性和教育措施等)约束和指导道路用户在使用道路时的行为。一般地,规范交通系统用户的行为措施主要有:

(1)制定科学、合理的交通法规。

(2)完善交通设施。

(3)强制性执法与教育相结合。

4.3 事故预防与控制

事故的预防及控制是交通运输安全领域的工作重点。广义来说,事故防治的范围及内容如表4-1所示,包括:事故研究及预防、整治措施、评价、路侧安全、道路设计、交通管理、交通控制设施、运输与交通规划、交通标志、交通标线及施工区等。

事故防治工作范围　　　　　　　表4-1

分 类	内 容	分 类	内 容
事故研究及预防	及时准确地处理数据	交通管理	明确的意义
	分析人、车、路的影响		良好的可视性
	事故前、中、后的防治措施		有效的监控
整治措施	经济合理的措施	交通控制设施	最合适的设施
	减少伤亡的措施		考虑所有道路用户的利益
	长效的措施		减少冲突和相对速度
评价	全面的历史数据	运输与交通规划	人车分离或改变道路环境
	合适的评价对象		公交优先
	合理的统计方法		道路功能分级与土地开发利用

续上表

分 类	内 容	分 类	内 容
路侧安全	视距范围障碍物的清除	交通标志	设置必要的标志
	固定物防护设施		给道路用户明确信息
	易折杆(柱)的采用		标志自身无安全问题
道路设计	良好的视线诱导	交通标线	在任何条件下都可见
	均衡的几何线形		特别要考虑不符合标准的位置
	安全的路面表面		保证高标准的养护
	视距的保证	施工区	引导道路用户安全通过
	减少、分离或消除冲突点		提前给出警告和指示
	防止炫光和驾驶人分心		特别注意设置临时标志标线

所有措施都具有双重性,在改善交通安全状况的同时,其他一些社会价值也受到限制,如生活、工作地点的选择自由、出行方式的选择自由、城市的布局等,因此制定这些关联因素控制措施需要在整个社会、经济发展规划中进行。

4.4 伤亡控制与应急救援

伤亡控制与应急救援不能降低事故率,但可以有效降低人员伤亡和事故损失。应确定安全优先理念,设立伤亡控制总体目标;系统化伤亡控制与应急救援管理计划;根据国内外先进管理理念及救援方法,不断更新最佳应急救援策略;同时,依据救援策略需求,在公路沿线配备满足要求的通信设备、信号指示设施、医疗设施等。

第5章 交通运输安全规划对策

交通运输安全规划具有保证交通安全建设、监督、管理的科学性,避免决策失误的前瞻性作用,交通运输安全规划制定是结合区域道路交通安全特性,提高区域道路交通安全水平、改善道路交通运行环境的一个重要途径,规划制定得合理与否也是交通参与者评价该道路交通安全水平的一个重要指标。交通运输安全规划对策是在战略对策的基础上,提出区域交通运输安全提升的宏观方向及重点,为交通运输安全管理模式、交通运输安全机制、交通运输安全管理措施的制定提供思路及指向。

5.1 交通运输安全宏观规划策略

5.1.1 建立交通运输安全风险管理体系

交通运输安全管理是降低交通事故发生、促进交通运输畅通、安全、有序进行的有效手段,是公安机关交通管理部门根据国家的有关法律、法规、规范和标准,对道路交通运输事务进行的管理活动的总和。

十八届中央委员会第三次全体会议研究了全面深化改革的若干重大问题,通过了《中共中央关于全面深化改革若干重大问题的决定》,提出建立安全预防控制体系,交通运输系统要把推进安全生产风险管理工作作为落实党中央国务院决策部署、实现平安交通的重要途径。2014年,交通运输部也发布了《关于推进安全生产风险管理工作的意见》,要求充分认识推进安全生产风险管理工作的重要性和必要性,将风险管理应用到交通运输各个领域。意见指出,实施安全生产风险管理应建立健全完善的制度和标准、有效的运行管理机制、可靠的资源保障和科学的技术支撑。制度标准方面,要建立安全生产风险源辨识、评估、控制、教育培训、检查考核以及重大风险源报备等制度,制定安全生产风险分类分级标准。运行机制方面,要建立内部审查机制,着力构建自我检验、自我修复、自我优化的安全生产风险管理工作持续改进机制,着力建立健全社会监督、中介服务、专家咨询等全社会参与的合作机制。资源保障方面,要积极引导将安全生产风险管理体系建设相关的制度标准制定、科技攻关、宣传教育、设施装备和信息化建设等资金纳入各级政府财政预算。技术支撑方面,要开展关键技术攻关,加强信息系统和监测监控平台建设,分级分类建立安全生产风险源数据库。因此,首先需要根据交通运输管理趋势、国家相关意见建议以及公路交通运输现状及特点,建立交通运输安全风险管理体系,为交通运输安全发展提供理论基础。

5.1.2 加强交通运输安全体制机制建设

交通运输安全工作的执行要以体制机制建设为支撑,要建立健全交通运输安全法规制度,明晰安全管理层级责任,建立交通运输安全责任体系及风险防控体系,强化宣传教育、科技建设及人才培养,提高安全管理力量及设备储备,推动交通运输信息化建设,进行绩效评估体系建设等,使公路交通运输安全向着标准化、规范化方向积极稳步发展。

5.1.3 开展交通运输安全发展先进成果的应用推广

国内外交通运输行业在风险管理、系统安全、设施安全、运输安全和应急保障等方面开展了大量专项技术研究,形成了一批成熟的科研成果,但这些优秀成果在我国的应用较少。因此,以公路交通运输安全发展工程技术研究中心为依托,大力开展交通运输安全发展先进成果的应用推广。

5.1.4 加强交通运输安全发展科技人才培养

通过交通运输安全发展科技平台建设,以道路交通运输安全领域技术攻关及技术转化、集成、创新为核心,开展国际合作与交流,在对促进国内外先进技术的消化、吸收、创新和推广应用的基础上,培养具备交通运输安全专业知识的科技创新人才及管理人才。

5.1.5 开展交通运输安全试点示范与成果应用推广

基于交通运输安全对策、先进交通运输安全成果,依托公路建设工程、特大桥梁建设工程、改扩建工程及公路营运重点项目,开展交通运输安全试点示范,编制《科技创新促进交通运输安全发展实施方案》,包括技术攻关方向及示范成果,形成覆盖重点领域的风险辨识、评估与控制技术、实施计划及保障措施的示范规划,依托交通安全科技创新使公路交通运输安全水平显著提升,突发事件应急处置能力明显增强,重大风险源可识、可防和基本可控。

5.2 交通运输安全科技规划策略

5.2.1 交通运输安全科研纵览

"十二五"期间,我国通过国家道路交通安全科技行动计划项目和交通运输部西部交通建设科技项目等专项研究计划的持续支持,在公路系统安全、设施安全、运输安全和应急保障等方面开展了大量交通安全技术研究,形成了一批成熟的科研成果,经过科技示范和在全行业的推广应用,有力地支撑了交通运输安全保障水平的提升,显著促进了我国道路交通安全的持续改善。在道路运输安全领域我国已开展的相关研究工作如图5-1所示。

1) 运输安全方面

"十二五"期间,形成了危险驾驶行为辨识技术、驾驶意图识别技术、职业驾驶员的智能监督技术、复杂交通环境下的驾驶员监管技术、基于模拟驾驶的客货运输驾驶员培训技术、基于北斗系统的车辆定位导航、GNSS数据跨区域交换共享、重点营运车辆动静态数据融合、海量车辆卫星定位数据存储、城乡客运安全及公路大件运输监管体系等技术。

目前,在驾驶人状态监测系统、道路环境检测系统、车道偏离预警/避免系统、前向碰撞预警/避免系统、联网联控系统的服务功能等方面,我国与发达国家仍有较大差距。

2) 系统安全方面

"十二五"期间,在公路基础设施运行状态检测技术、路网交通运行状态监测技术、公路交通气象环境监测技术、路网运行监测体系、路网运行监测标准化等方面取得了重大技术突破。

目前,在车与车、车与其他基础设施间信息交互,实时动态的基础设施健康状况监测,基

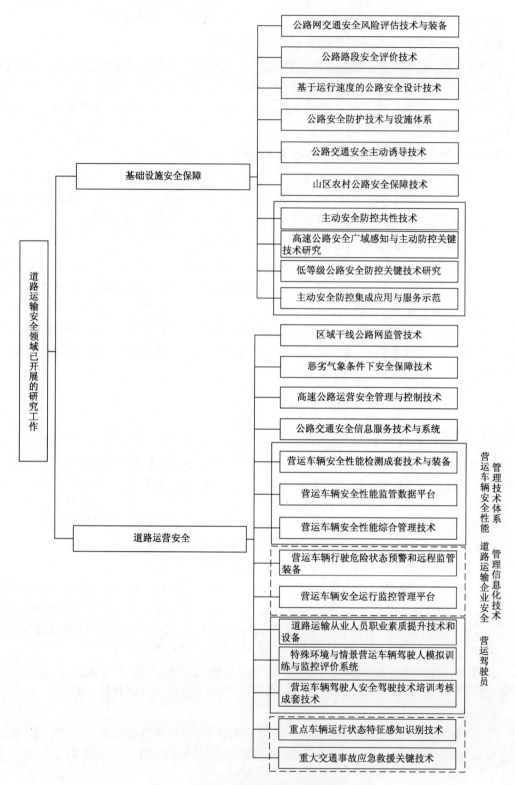

图 5-1　国家道路运输安全领域已开展的研究工作

于高分遥感、DSRC、GPS定位、手机定位等大数据的交通运行状态监测技术等方面,我国与发达国家仍有较大差距。

3) 设施安全方面

"十二五"期间,在基于人因分析的交通安全保障、公路交通安全评价和设计、恶劣气象下的公路运行安全管理与保障、公路路侧安全保障、农村公路安全保障、公路高风险路段交通安全保障、基于诱导设施的交通安全保障等方面取得了重大技术突破。

目前,在驾驶人主动干预技术、交通事故风险因素辨识和风险识别技术、气象感知预警与安全保障技术、公路基础设施主动安全提升技术、公路基础设施与行车安全辅助系统和自动驾驶系统的适应性提升技术等方面,我国与发达国家仍有较大差距。

4) 应急保障方面

"十二五"期间,在客货运枢纽安全应急方面形成了客货运枢纽规划设计、运营协调、安全保障、监测预警和应急处置技术;在抗灾抢险与应急救援方面形成了我国公路管理特点的应急管理机制、我国公路交通应急救援成套装备的配置方案、跨区域交通协调组织、应急指挥和保障系统、重大灾害条件下交通组织保障技术、高速公路突发事件应急指挥系统及速调事故车辆快速救援成套装备等;在公路交通应急装备与物资管理方面,形成了适合应急资源布局模型、应急资源调度系统、应急指挥系统、应急抢通与应急资源保障设备技术;在城市客运安全应急方面,形成了城市轨道交通运营监测预警和应急处置关键技术、大城市客运交通应急指挥决策支持等技术。

目前,在货运视频监控技术、环境风险源监控技术、客运安全防范技术、公路应急救援指挥系统建设、交通抗灾抢险与应急救援管理体系、公路应急救援装备、公路抗灾抢险和应急救援软件、公路交通突发事件及自然灾害条件下的应急物资管理研究、城市轨道交通应急处置技术体系等方面,我国与发达国家仍有较大差距。

综上所述,我国公路交通安全科技上取得了明显的技术进步,有力促进了"平安交通"的发展。但与发达国家相比,部分技术和领域仍有较大差距,亟待在"十三五"时期取得突破。

5.2.2 打造交通运输安全科技创新平台

科技创新为交通运输安全发展的动力,《交通运输部关于推进安全生产风险管理工作的意见》提出要深入贯彻党的十八大和十八届二中、三中全会精神,积极落实国务院关于进一步加强安全生产工作的各项要求,坚持开放创新和协同创新,以完善交通运输安全风险管理技术体系为主线,以技术研发与应用为支撑,以提升安全科技创新能力为基础,提高科技创新对促进安全发展的贡献率,显著提升交通运输安全与应急管理技术水平。

因此,亟须与交通运输安全科研领域知名研究机构建立合作关系,依托区内科研机构打造公路交通运输安全科技创新平台,成立公路交通运输安全发展工程技术研究中心。依托工程技术研究中心进行交通运输安全政策咨询、知名研究机构科研成果应用推广、安全科技技术支持、安全信息分析预测、安全应急技能培训、事故评估鉴定、企业安全标准化建设指导等工作,为交通运输安全发展提供智力支撑。

5.2.3 开展交通运输安全发展重大专项课题研究

在国家科技体制改革完成前,抓住机遇将交通运输安全科技重大项目纳入相关科技发展规划和计划,予以持续稳定支持,支持开展交通运输安全科技创新。支持科研机构和科技企业技术成果转化,提升科技研发和技术集成应用能力。交通运输安全发展重点任务有以下几点:

(1)开展交通运输系统安全重大专项课题研究。提升综合交通运输网络应对自然灾害和突发事件能力,提高交通运输系统可靠性,保障国家运输安全,研究自然灾害、突发事件对交通运输网络的影响机理与模拟仿真技术,路网建设施工的风险评估与防控技术等。

(2)加强运输安全专项课题研究。提升交通运输安全水平,重点研究人的交通出行行为、驾驶行为规律,运输企业、车辆监测和安全预警技术,城市客运网络监测、预警等。

(3)强化交通基础设施安全。提高交通基础设施建设和运营安全水平,开展基于全寿命周期成本设计和可靠度设计技术研究,在役公路安全性评价,灾变防治及修复、加固成套技术研究,基于交通安全设施的公路性能提升技术研究等。

(4)提高交通运输安全应急保障技术攻关。重点研究灾变事件下公路事故预防及应急救援技术方案、与紧急救援信息平台以及相关配套系统及保障技术装备开发等。

5.3 交通运输安全规划实施策略

5.3.1 实施计划

基于公路交通运输安全行业现状,根据提出的创新能力建设、系统安全、道路运输安全、交通设施安全、应急保障五个方面的专项对策及研究内容,分别从近期(1~3年)、中期(4~5年)和远期(5年之后)对实施计划进行规划(表5-1)。

5.3.2 保障措施

1)健全交通运输法规体系

加快完善交通运输安全发展配套的法规。加强对运输企业、车辆的管理,加大交通运输安全治理力度,采取有效手段保证市场秩序,加强交通运输行业的立法工作,全面推进依法行政,提高行业公信力和执行力,为保障交通运输安全发展提供法律支撑。

2)改革交通运输安全体制机制

根据《交通运输部关于科技创新促进交通运输安全发展的实施意见》,进行交通运输安全管理体制机制改革。加强组织协调,建立部省联动机制,建立健全工作协调机制,逐步落实各级交通运输管理部门职责,进一步建立和完善交通运输安全发展协调机制。

(1)加强组织领导,完善管理制度

加强组织领导,明确交通运输安全管理层级责任,科学界定政府和企业、部门之间的职责分工。建立符合实际、操作性强、科学规范的管理制度,突出交通运输安全重点领域,推进安全生产管理制度制定工作。

(2)建立规划方案监测、评估及调整机制

长期监测规划实施的外部环境和内部情况,建立规划评估机制,认真开展规划的中期评估和后评价工作。当内外环境发生重大变化或其他重要原因需要调整规划目标和重点时,要按法定程序及时调整。

第5章 交通运输安全规划对策

实施计划

表 5-1

专项对策分类	研究方向	近期(1~3年)	中期(4~5年)	远期(5年之后)
交通运输安全科技创新能力建设	专项能力建设	明确安全科技创新能力建设的指导思想与目标任务;完善交通安全科技创新体制机制;编制科技创新促进交通运输安全发展方案;开展科技创新促进交通运输安全发展课题研究	培养交通运输安全发展科技人才;打造交通运输安全发展科技平台;全面推动交通运输安全信息化智能化应用;推动交通运输安全发展科研成果的应用推广	交通运输安全技术研究中心建设任务
系统安全	高速公路施工重大风险点安全监督控制成套技术研究	建立高速公路施工区重大风险点监督管理制度;开展施工区危险源辨识研究;针对高速公路施工区进行风险评估	高速公路施工风险处理专家数据库;高速公路施工重大风险点安全监督控制系统研发;完善施工重大风险点防控技术	研究确定基于现代传感器技术的改扩建施工重大风险点安全监督控制系统研发和建设任务
	高速公路改扩建施工期交通组织成套技术研究	制定高速公路改扩建施工期安全管理办法;高速公路改扩建路段安全风险评估;改扩建施工区交通组织方案设施研究;改扩建施工与运营应急组织预案	建立高速公路改扩建路段应急救援体系	研究确定基于现代信息技术的改扩建施工区交通组织智能控制系统建设任务
	桥梁结构健康监测成套技术研究	确定桥梁健康智能监测及评估重点攻关方向	建立桥梁结构智能健康监测体系;桥梁损伤处置方案研究	研究确定基于现代传感器技术的桥梁结构健康监测软件系统建设任务
道路运输安全	运输企业交通安全监管体系建设研究	完善运输企业交通安全监管体制机制,建立运输企业安全监管体系及组织架构,确定各主体的职责分工;完善交通运输从业人员职业资格制度	制定运输企业安全生产及监管标准体系;制定安全生产及教育及考核体系;驾驶员管理体系	运输企业安全考核平台建设任务

续上表

专项对策分类	研究方向	近期（1～3年）	中期（4～5年）	远期（5年之后）
道路运输安全	营运车辆在途实时监测与预警系统建设	制定营运班线审批和监管标准；制定道路营运车辆动态监督管理办法；基于GPS、3G/4G通信技术、RFID、数据库等技术研究营运车辆在途监测技术；基于物联网的不同类型危险品运输车辆在途实时风险评价模型；危险品运输车辆在途实时预警决策模型等	研究确定基于三方（营运车辆、路和监控中心）实时交互通信的营运车辆安全保障系统；针对一类危险品的公路运输安全，应用基于物联网技术的公路危险品运输在途监测与预警模型系统建设任务	研究确定各级监控平台、监控中心、网络结构、信息采集、传输、分析、发布设施布局，应用基于物联网技术的公路运输在途监测与预警系统建设任务
	面向社会公众的交通信息智能化服务平台建设	制定交通安全信息化服务平台建设标准；路网交通状况信息（如交通拥堵、路段超速）、交通气象信息、交通占路施工信息、次灾害阻断信息等与公众出行密切相关的信息获取技术；基于互联网平台、手机终端平台的信息服务技术	公共交通动态信息采集系统、数据处理系统；交通安全信息发布系统，交通安全信息服务平台内的服务公众安全保障的交通安全信息化服务系统研究开发集成	面向社会公众的交通安全信息化服务平台建设任务
	公路安全性评价工作流程化标准化建设	建立基于公路交通条件及道路安全现状的安全性评价技术	路段安全性提升改造研究；特殊为线安全性评价，路网质量评价、公路运营管理对策、安全运营的管理研究，路网运营安全管理系统研究	公路网运营安全管理平台建设任务
交通设施安全	国省干线危险路段排查与安全整治	编制国省干线危险路段安全管理排查与整治办法；提出国省干线安全管理政策和管理制度体系；完成全区国省干线不良线形路段等危险路段的排查；提出应解决低成本的安全整治技术的研究任务	完成试点国省干线危险路段的安全整治工作任务	国省干线危险路段的安全整治工作任务
	公路安全防护设施性能提升	根据交通事故率确定全区高风险路段；研究确定高风险路段性能提升攻关方向	高风险路段安全防护设施性能提升研究；相应的交通安全设施研发	成果实施应用

续上表

专项对策分类	研究方向	近期（1~3年）	中期（4~5年）	远期（5年之后）
应急保障	面向大数据的交通安全实时预警与应急处置平台建设	制定应急联动制度；建设专业应急救援队伍；确定重点攻关技术与设施布局，如高速公路主干网运营安全监控与信息发布标准；基于大数据分析、物联网技术、发布技术的突发事件风险分析与评估技术；制定高速公路主干网交通事件下应急救援对策	开发智能化交通安全实时预警与应急处置软件，拟采用C#等编程语言，包括基于GIS和数据库技术的全网交通安全实时管控的监控信息实时接收和存储模块，多源交通运营监控信息分析模块，重点监控路段路网视频模块，重点营运车辆影响快速分析模块，交通事件路网影响快速分析模块，应急救援预案决策支持模块，交通诱导信息发布模块的功能性开发和示范应用任务	检测设施或信息发布设施等硬件和软件件联合调试；全网集成安全实时管控预警与应急处置系统平台建设工作
	重大自然灾害下公路交通生命线应急保障决策支持系统建设	建立组织机构，创新管理机制；确定重点攻关技术难题，如重大自然灾害下多源信息的交通线状态获取；交通线状态快速诊断技术及自然灾害下公路通行管理技术；重点路段应急管理预案	从应急救援快速决策的需要出发，以GIS技术为平台的交通生命线网络应急管理系统包括系统功能模块设计、基础信息入库数据库结构	应急物资库布局及物资配置与重大自然灾害下公路交通生命线应急保障决策支持系统平台建设工作
	应急管理装备配套系统开发	应急管理装备配套工程建设，包括：基于物联网技术的高速公路网应急救援站点布局和资源配备	应急管理资源调配系统开发；监控设施（固定监控设施与移动监测与预警车）的逐步实施计划	有效耦合相关系统，应响应多级联动，信息共享的应急管理平台建设任务
	全天候智能交通事故预防及救援成套技术研究	提出重点攻关的技术难题任务，如提出基于典型安全性能评价方法和安全标准和评价典型灾害事件预警应急响应技术；建立实时公路交通安全风险评估体系	拟定重要基础路段全天候行车安全智能预警系统的计划、内容和目标；研发交通事件预报通知联动预制预警系统；制定完善各类交通事故应急救援预案	重要基础路段运营期建设工作，覆盖范围90%以上全预警系统建设工作

(3) 建立责任及监督机制

强化企业交通运输安全主体责任,构建交通运输企业安全生产责任网络,规范履职行为,研究建立考核评价机制;明晰交通运输管理部门安全监督管理工作职责,加强基层安全管理岗位和监管执法队伍建设。

(4) 建立考核与奖惩机制

建立公路交通运输安全考核与奖惩机制。通过对交通运输行业现有安全绩效指标、评估办法等进行调研,研究探索合适的、操作性强的、动态考核与奖惩体系。调动实施主体主导力量,充分发挥绩效考核评估的导向作用和奖惩激励的约束作用。

3) 加强人才培养及科技创新

完善选人用人机制,建立一整套交通运输行业人才选拔、任用、考核、监督的制度体系,选拔和培养交通运输专业学术和技术带头人,建立高水平的交通运输科技人才队伍,做好行业人力资源储备;全面提升交通运输行业科技文化素质,发展交通运输行业继续教育,加强行业科技创新工作,针对我区交通运输发展中存在的重大技术难题,组织科技攻关,大力研究、开发和推广先进适用的交通运输安全新技术、新材料、新工艺、新设备,努力提高科技在交通运输发展中的作用。

4) 加强宣传培训

加强宣传引导。采取多种形式,组织开展公路交通运输安全风险管理宣传、教育和培训工作,加强安全生产及安全风险管理及意识,营造安全风险管理氛围。

强化行业从业人员教育培训,制定实施教育培训计划,加强一线从业人员岗前、在岗、转岗教育培训;提高安全监督管理人员业务素质,强化综合安全监督管理、路政、质监等人员的教育培训,切实提高综合素质和业务能力;按照相关应急预案开展应急演练,提高安全意识、实操技能和应对突发事件的能力。

5) 加强资金保障

政府主导,坚持"争取国家投资、加大地方筹资、利用银行贷款、加强社会融资"的良好机制,实现多元化投入,确保公路科技创新促进交通运输安全发展实施所需资金。

积极争取国家投资。充分利用国家西部大开发、东北振兴等战略的优惠政策,积极争取国家加大投资力度;加大地方筹资力度。拓宽渠道,巩固和加强财政支持力度;引导鼓励地方财政加大对交通运输安全设施建设的投入力度;积极拓展融资渠道,继续发挥银行贷款等间接融资渠道的功能,继续发挥直接利用外资和国际金融组织贷款促进交通安全基础设施建设的作用;继续加强社会融资,鼓励民营和社会资本进入交通安全基础设施建设领域。

第6章 交通运输安全理论对策

现代社会需要现代化交通,现代化交通需要符合现代需求的安全管理理念、技术,交通运输安全管理的核心是行之有效的交通运输安全管理模式。交通运输安全理论对策就是确定公路交通运输安全管理模式,并据此提出相应对策,保证交通运输安全管理模式的应用。

6.1 理论对策概述

随着经济的发展、技术的进步,安全管理的理念和技术一直在不断提升。纵观国际上安全管理方式大致有四种类型,即事故理论支持的事后型安全管理方式、隐患理论支持的缺陷型安全管理方式、风险管理理论支持的风险型管理方式、系统原理支持的目标管理方式。四种安全管理方式程序如图6-1所示。管理方式的区别如表6-1所示。

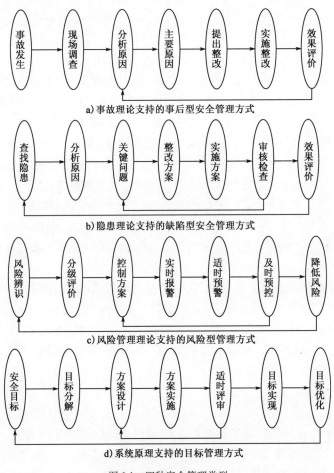

a) 事故理论支持的事后型安全管理方式

b) 隐患理论支持的缺陷型安全管理方式

c) 风险管理理论支持的风险型管理方式

d) 系统原理支持的目标管理方式

图6-1 四种安全管理类型

安 全 管 理 区 别　　　　　表6-1

序号	理论支持	管理模式	管理对象	特点	缺点
1	事故理论	事后型管理	事故	经验型	事后整改,成本高,处于被动接受状态,不符合预防原则
2	隐患理论	缺陷型管理	隐患	超前管理 标本兼治	缺乏定量分析,系统科学性有限,控制效果难有保障
3	风险理论	风险型管理	风险	超前预防 辨识系统 分级管理 预警控制	定量分析难度大,实施效果标准高
4	系统理论	目标型管理	安全目标	基础性 预防性 系统性 科学性	成本高,技术性强

提升安全管理的理念和方法,总体上是一个不断由低级走向高级、由简单走向复杂的过程。我国交通运输行业主要实施的还是事故理论安全管理方式及隐患理论安全管理方式,只在个别领域引入了风险管理的方法。事故理论安全管理是事后整改,成本高,处于被动接受状态,不符合预防原则;隐患理论安全管理缺乏定量分析,系统科学性有限,控制效果难有保障。面对日益严峻的局面,这两种管理方式显然已经不适应新的形势,亟须转变和提升。风险与事故发生的可能性和严重程度密切相关,风险管理是安全管理发展到一定阶段的产物,是现行安全管理工作的延伸和系统化的提升,针对人在生产、生活过程中的安全问题,通过持续的危险识别和风险管理过程,将人员伤害和财产损失的风险降至并保持在可接受的水平或其以下状态的一种管理技术,其根本目的是在对风险源辨识、评估的基础上,优化组合各种风险管理方法、技术和手段,对风险实施有效控制,妥善处理风险所造成的不利后果,以最小成本达到最大安全保障。风险管理的核心目标是消除管理的缺陷,减少人的不安全行为,减少物的不安全状态,改变环境的不安全条件,实现减少事故发生和事故损失。风险型管理方式,其管理的对象是风险,可事前通过加强管理、提高技术、加大投入对风险实施综合管理,克服缺乏定量分析、系统科学性有限、往往抓不住重点、控制效果难有保障等不足,解决制约交通运输科学发展安全发展突出问题、防范和减少交通运输安全生产事故发生,减轻风险损害。

因此,为全面提升交通运输安全管理水平,需要在全面、准确把握当前交通运输安全生产形势和深入研究的基础上,将交通运输安全管理方式从事故理论支持的事后型管理方式和隐患理论支持的缺陷型管理方式向风险管理理论支持的风险型管理方式转变。依靠科技创新,加快构建交通运输安全风险管理技术体系,全面将风险管理理论引入交通运输各领域。

6.2 理论对策发展历程

我国交通运输行业主要实施的还是以隐患理论支持的安全管理方式,只在个别领域(国际海运)引入了风险管理的方法。其特点是经验型,事后整改,不仅成本高、代价大而且总处于被动接受状态,不能实现事故的超前控制。面对日益严峻的局面,这种管理方式显然已经不适应新的形势,亟须转变和提升。风险与事故发生的可能性和严重程度密切相关。风险管理是一种通过持续的危险识别和风险管理过程,将人员伤害和财产损失的风险降至并保持在可接受的水平或其以下状态的一种管理技术。风险管理涵盖了风险识别、风险评价、风险控制的全过程。风险管理的核心目标是消除管理的缺陷,减少人的不安全行为,减少物的不安全状态,改变环境的不安全条件,实现减少事故发生和事故损失。目前安全风险管理的方法在发达国家已经得到普遍应用,瑞典之所以敢提出交通"零死亡"的目标、美国提出"零死亡"的交通安全发展战略,都是基于这一更先进的安全管理理念和方法。一直以来,我国民航、电力、食品等行业都是将安全风险管理作为提高行业安全的重要手段。铁路行业也在吸取"7·23"重大事故惨痛教训后,将"全面推行安全风险管理"作为2012年六大重点工作之首。当前我国完全有条件、也是时候,通过引入风险管理的理念和方法,来推动行业安全管理方式的转变,快速提升行业安全管理的水平,以应对日益复杂的形势。

从国家层面加快建设交通运输安全风险管理体系是提升安全水平的根本途径。交通运输安全风险管理涵盖交通运输建、管、养、运各个环节,涉及安全管理的目标制定、政策调整、制度建设、监督检查及培训教育等各个方面工作以及各种运输方式。总体看,交通运输安全风险管理体系是由保证体系、运行体系、监督体系、促进体系组成的一项系统性和持续性工作。其中,保证体系包括体制机制、文件体系、教育培训、信息系统、资金保障等;运行体系包括风险管理、应急响应处置和事故处理等;监督体系包括评估审核和安全监督体系;促进体系包括目标提升政策改进和反馈体系。从交通运输子系统组成角度看,安全风险管理包括交通运输系统、公路基础设施、水运基础设施、道路运输、水路运输、城市公共交通的风险管理。交通运输安全风险管理体系是以交通运输风险为管理对象,通过对风险的识别、评估和处理,把安全管理措施贯穿于战略规划、建设管理、运输服务、应急保障等各个环节,把安全风险防范落实到各层级、各主体、各岗位,从而把安全风险管理变成一种可量化的、具体的、可以考核的工作,不断提高交通运输安全发展的水平。

当前交通运输"系统安全"风险防控技术发展趋势主要围绕风险识别、风险分析和评价和风险控制三个方面。

(1)风险识别技术

识别实施过程中可能遇到的(面临的、潜在的)所有风险源和风险因素,对它们的特性进行判断、归类,并鉴定风险性质,目的是减少结构的不确定性,亦即发现引起风险的主要因素,并对其影响后果做出定性估计,明确风险来自何方(确定风险源),并对风险事项进行分类;对风险源进行初步量化。常用的风险识别技术有故障树分析法。

(2)风险分析和评价技术

风险分析和评价技术是对识别出的风险采用定性分析和定量分析相结合的方法,估计风险发生的概率、风险范围、风险严重程度(大小)、变化幅度、分布情况、持续时间和频度,从而找到影响安全的主要风险源和关键风险因素,确定风险区域、风险排序和可接受的风险基准。目的是将各种数据转化成可为决策者提供决策支持的信息,进而对各风险事件后果进行评价,并确定其严重程度排序。在确定风险评价准则和风险决策准则后,可从决策角度评定风险的影响,计算出风险对决策准则影响的度量,由此确定可否接受风险,或者选择控制风险的方法降低或转移风险。

(3)风险控制技术

通过对风险识别、估计和评价,把风险发生的概率、损失严重程度以及其他因素综合起来考虑,就可得出发生各种风险的可能性及其危害程度,再与公认的安全指标相比,就可确定危险的等级,从而决定采取什么样的措施以及控制措施应采取到什么程度。有效处理风险可以从改变风险后果的性质、风险发生的概率或风险后果大小三个方面提出多种策略。

6.3 风险管理

6.3.1 安全与风险

从现代安全理论来看,安全是相对的,风险是绝对的,安全和风险是一对互为存在前提的术语。安全是一种可接受的风险状态,而风险是事故发生的可能性和严重程度的组合。安全工程学界认为安全性与风险是相互对立的两个概念。安全性是衡量系统安全程度的客观量;风险又称为危险性,是描述系统危险程度的客观量。安全性越强,则危险性越小;安全性越弱,则危险性越强。假设系统的安全性为 S,危险性为 R,则 $S = 1 - R$。安全与风险、危险的关系可以用图 6-2 表示。

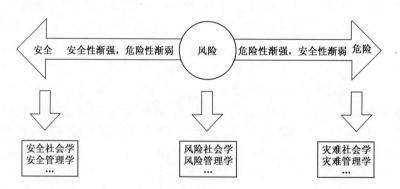

图 6-2 安全与风险、危险的关系图

风险的本质是指构成风险特征,影响风险的产生、存在和发展的因素,可归结为风险因素、风险事件和损失,一般来说,损失概率和损失幅度是度量风险的两个指标。

1) 风险因素

风险因素指促使和增加损失发生的频率或严重程度的条件,它是事故发生的潜在原因,是造成损失的内在或间接原因。

(1)有形风险因素(又称实质风险因素)指直接影响事物的物理化学性质的因素,如船舶结构及灭火设施分布等对于火灾来说就属于有形风险因素。

(2)无形风险因素(又称人为风险因素)指文化、习俗和生活态度等非物质的因素,又细分为:道德风险因素(故意违规)和心理风险因素(疏忽或过失)。

2) 风险事件

风险事件指造成生命财产损失的偶发事件,是造成损失的直接的或外在的原因。它是使风险造成损失的可能性转化为现实性的媒介,是风险因素到损失的中间环节。风险只有通过风险事件的发生,才可能导致损失,如船舶舵机失灵造成碰撞事故与人员伤亡,其中舵机失灵就是风险因素,碰撞事故就是风险事件,人员伤亡就是损失。

3) 损失

损失指非故意的、非预期的和非计划的经济价值减少或消失,包括经济损失和精神伤害。损失概率是指损失发生的可能性;损失幅度是指损失的严重程度,它是指一定时期内,某一次事故一旦发生时,可能造成的最大损失的数值。

6.3.2 风险管理基本理论

1) 风险管理定义

风险管理是研究风险发生规律和技术的一门新兴管理科学,由于风险管理的应用极为广泛,涉及经济、金融、工业、交通、环境保护,灾害防治、社会管理等多个领域,各个领域中管理的目标也不尽相同,所以对风险管理的定义如同风险的定义,有许多不同的理解:

(1) 刘新立著《风险管理》(2006年版)中的定义为:风险管理是一种全面的管理职能,用以对某一组织所面临的风险进行评价和处理。

(2) 许瑾良主编《风险管理》(2011年第四版)中的定义为:风险管理是应用一般的管理原理去管理一个组织的资源和活动,并以合理的成本尽可能减少灾害事故损失和对组织及环境的不利影响。

(3) 刘钧著《风险管理概论》中的定义为:风险管理是指风险管理单位通过风险识别、风险衡量、风险评估、风险决策等管理方式,对风险实施有效控制和妥善处理的过程。

(4) 刘茂编著《事故风险分析理论与方法》(2011年版)中的定义为:风险管理是指各组织机构通过风险辨识、风险分析和风险评价,在此基础上优化组合各个风险管理技术,对风险实施妥善处理、有效控制,从而降低和减缓风险所导致损失的后果,以最小的成本获得最大安全保障的目标。

① 风险管理的主体是各组织机构,即个人、家庭、企事业单位、社会团体和政府部门以及跨国集团和国际联合组织等。

② 风险管理过程中,风险辨识、风险分析和风险评价是基础,而选择合理的风险处理手段则是关键。

③ 风险管理的目标是以最小的成本达到最大的安全保障。

(5) 国际标准化组织(ISO)和国家标准(GB)的定义为:指导和控制某一组织与风险相关问题的协调活动。

2) 风险管理基本原则

风险管理指在保证组织机构恰当地应对风险,提高风险控制的效率和效果,增强行动的合理性,风险管理原则如下:

(1) 控制损失,创造价值

以控制损失、创造价值为目标的风险管理有助于组织机构实现目标,取得具体可见的成绩和改善各方面的业绩。

(2) 融入组织的管理过程

风险管理不是独立于组织机构主要活动和各项管理过程的单独活动,而是组织机构综合管理的一个重要组成部分,为此,风险管理必须融入组织机构综合管理过程之中。

(3) 支持决策过程

组织机构的所有决策都应该考虑风险和风险管理。风险管理旨在将风险控制在组织机构可接受的范围内,有助于判断风险控制是否充分、有效,有助于决定行动优先顺序,并选择可行的行动方案,从而帮助决策者做出合理的决策。

(4) 明确风险管理涉及的不确定性

风险的不确定性是指发生与否不确定;发生的时间不确定;发生的状况不确定;发生的后果严重程度不确定。风险管理就是要确定这些不确定性,做出决策,降低风险的影响,确保目标的实现。

(5) 应用系统化、结构化的方法

风险管理是一个过程,因此符合过程的管理原则。风险管理是由许多子系统组成的,要将这些子过程按照统一的风险管理系统来管理,才能够取得最优的效率和结果。建立系统化、结构化的组织管理系统是风险管理的保障。

(6) 以信息为基础

风险管理过程要以有效的信息为基础。各组织机构应该建立获取风险有效信息的渠道,可以通过各种渠道,包括经验、反馈、观察、预测和专家判断等获取有效信息,在利用收到的各种信息时,要充分考虑各种信息来源的局限性,确保信息对风险管理决策的充分性和有效性。

(7) 依赖于内外部环境

风险管理不仅取决于组织机构的外部环境,应保持与外部环境对象的风险管理水平相适应;还取决于内部环境,受组织机构的文化、地域、历史、信仰、人员等人文因素的影响,不同的组织机构的风险偏好不一样,风险标准不相同,风险管理的决策和实施不一样。

(8) 考虑人文因素

组织机构应该在内部营造一种风险管理文化,树立正确的风险管理理念,增强员工牢固树立风险无处不在、风险无时不在的意识,将风险管理意识转化为员工的共同认识和自觉行动,以建立系统、规范、高效的风险管理机制。

(9) 广泛参与,充分沟通

在组织机构的风险管理过程中,利益相关方的广泛参与有助于其观点在风险管理过程中得到体现。风险管理的决策者要参与风险管理的子过程,要与风险管理过程的人员进行充分沟通。要在风险管理的各个环节明确要求和准则,及时掌握风险动态,做出准确决策。风险管理过程要进行充分的协商和沟通,确保各方的观点能被采纳,确保决策的有效化和合理性,确保各方利益得到保证。

(10) 对变化保持敏感并做出相应反应

由于内部和外部事件的发生,环境和知识的改变以及监视和评审的实施,有的风险会发生变化,一些新的风险可能会出现,另一些风险可能会消失。组织机构应持续不断地对各种变化保持敏感,并做出恰当的反应。

(11) 持续改进

风险管理过程是一个持续改进、动态更新的过程。组织机构应制定和实施战略,不断改善各个方面的风险管理水平,以增强持续发展的能力。

3)风险管理流程

刘钧著《风险管理概念》指出:风险管理的程序主要包括风险识别、风险衡量、风险评价、选择风险管理技术、风险决策管理、风险管理方案实施和风险管理绩效评价七个阶段,如图6-3所示。

(1)风险识别

风险识别是风险管理的第一个环节,是对风险的感知和发现。识别风险有助于风险管理单位及时发现风险因素、风险源,减少风险事故的发生。

(2)风险衡量

在风险识别的基础上,通过对大量过去的损失资料进行定性和定量分析,估测出风险发生的概率和造成损失的幅度。

(3)风险评价

在衡量风险的基础上,对引发风险事故的风险因素进行综合评价,以此为依据确定合适的风险管理技术,风险评价也是风险管理部门对风险综合考察的结果。

(4)选择风险管理技术

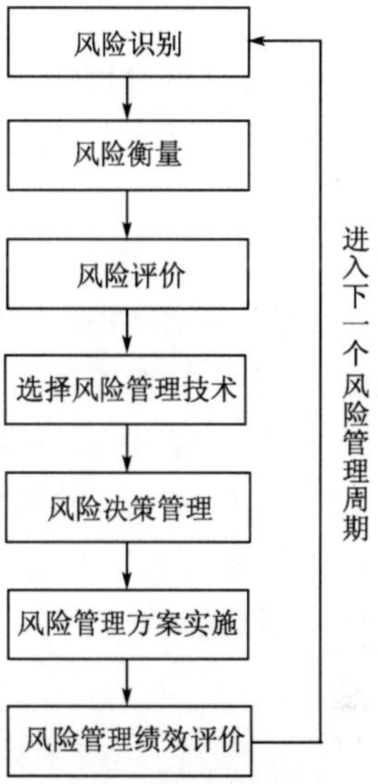

根据风险评价的结果来选择风险管理技术,一般来说,主要有四种技术可供风险管理单位选择。主要包括风险规避、风险控制、风险自留和风险转移。

图6-3 风险管理流程

(5)风险决策管理

风险决策管理是风险管理的重要步骤,是风险管理者众多风险管理方案中最佳选择方案。

(6)风险管理方案实施

风险管理方案的实施是风险管理的重要步骤,也是风险管理理论付诸实践的过程。风险管理方案的有效实施需要完善的受理制度和工作程序,需要在实施过程中进行检查和监控,以便发现问题及时解决。

(7)风险管理绩效评价

由于风险管理的过程是动态的,风险是不断变化的,新的风险可能产生,原有的风险可能降低或者消失,原来选择的风险管理技术,制定的风险管理方案就会发生偏差,就会不适用。定期进行风险管理绩效评价,可以及时发现新的风险,调整风险管理方案,并付诸实施,可以提高风险管理工作的效率,确保风险管理单位人员和财产的安全。

6.3.3 风险评估方法

风险评估方法一般针对能否在评估中对评估指标进行量化处理来分类,可分为定性评估、定量评估和综合评估。常用的风险评估方法有专家调查法、故障树分析法(FTA)、层次分析法、风险矩阵法等。

1)专家调查法

这是一种最常用、最简单易用的方法。它的应用由两步组成:①辨识某一特定项目可能遇到的所有风险,列出风险调查表(Checklist);②利用专家经验对可能的风险因素的重要性进行评价,综合成整个项目风险。例如以下为某种专家调查法的具体步骤:确定每个风险因素的权重,以表征其对项目风险的影响程度;确定每个风险因素的等级值,按可能性很大、比较大、中等、不大、较小这五个等级,分别以 1.0、0.8、0.6、0.4 和 0.2 打分;将每项风险因素的权数与等级值相乘,求出该项风险因素的得分;再求出该项目风险因素的总分,总分越高说明风险越大。

2) 故障树分析法(FTA)

故障树分析法(FTA)是一种评估复杂系统可靠性与安全性的方法,20 世纪 60 年代初期由美国贝尔研究所首先提出,并成功运用于对民兵式导弹发射控制系统的随机失效概率问题的预测上,并逐步在各个工业领域得到推广应用。

故障树就是将系统的失效事件(称为顶部事件)分解成许多子事件的串、并联组合。在系统中各个基本事件的失效概率已知时,沿故障树图的逻辑关系逆向求解系统的失效概率。故障树是一种特殊的树状逻辑因果关系图,它用规定的逻辑门和事件符号描述系统中各种事物之间的关系。故障树的编制要求分析人员十分熟悉工程系统情况,包括工作程序、各种参数、作业条件、环境影响因素及过去常发事故情况等。故障树解决问题的步骤大致如图 6-4 所示。

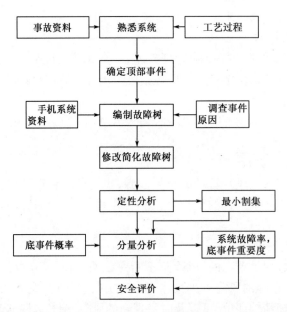

图 6-4 故障树分析流程图

3) 层次分析法

美国著名数学家萨蒂教授在 20 世纪 70 年代提出了层次分析法。该方法能把定性因素定量化,并能在一定程度上检验和减少主观影响,使评估更趋于科学化。该方法通过风险因素间的两两比较,形成判断矩阵,从而计算同层风险因素的相对权重。分析过程如下:

(1) 确定判断矩阵

首先明确分析问题,划分和选定有关风险因素,然后建立风险因素分层结构,假设同层共有 n 个因素 $A_1, A_2, \cdots, A_n$,对所有因素进行成对比较,如将 A_i 和 A_j 比较,使用 1~9 的比例标度 a_{ij} 来反映相对的重要性,标度的含义参见表 6-2。若 A_i 和 A_j 相比得 a_{ij},则 A_j 与 A_i 相比

的判断为 $a_{ji} = 1/a_{ij}$,从而可以得到一个 $n \times n$ 的判断矩阵 $\boldsymbol{A} = (a_{ij})_{n \times n}$。标度的含义如表 6-2 所示。

标 度 的 含 义　　　　　　　　　　　　　　　表 6-2

1	表示 A_i 与 A_j 相比,A_i 与 A_j 同等重要
3	表示 A_i 与 A_j 相比,A_i 比 A_j 稍微重要
5	表示 A_i 与 A_j 相比,A_i 比 A_j 明显重要
7	表示 A_i 与 A_j 相比,A_i 比 A_j 强烈重要
9	表示 A_i 与 A_j 相比,A_i 比 A_j 极端重要
2、4、6、8 为上述相邻判断的中间值	

(2) 计算矩阵 $\boldsymbol{A}$ 的最大特征值和对应的特征向量

对于矩阵 $\boldsymbol{A}$,先算出其最大特征值 $y_{\max}$,然后求出其相应的特征向量 $\boldsymbol{W}$,即 $\boldsymbol{AW} = y_{\max} \boldsymbol{W}$,这时的 $\boldsymbol{W}$ 分量即为相应 n 个因素的权重。计算矩阵特征值和特征向量的方法很多,在精度要求不高的情况下,往往采用简单的近似方法,本文限于篇幅只介绍一种方法——方根法。

先求出 W_i,$\overline{W} = \sqrt[n]{\prod_{j=1}^{n} a_{ij}}$,$i = 1,2,\cdots,n$,然后将 $\boldsymbol{W}$ 规范化,即 $W_i = \dfrac{\overline{W}_i}{\sum_{i=1}^{n} \overline{W}_i}$,$i = 1,2,\cdots,n$,再计算最大特征值 $y_{\max} = \sum_{i=1}^{n} \dfrac{(\boldsymbol{AW})_i}{n W_i}$,通过以上的计算可以得到各层次风险因素的相对权重向量 $\boldsymbol{W}$。

(3) 一致性检验

对判断矩阵的一致性检验的步骤如下:

① 计算一致性指标 CI:

$$\mathrm{CI} = \dfrac{\lambda_{\max} - n}{n - 1}$$

② 查找相应的平均随机一致性指标 RI。对不同的 n,RI 的值如表 6-3 所示。

n 与 RI 关 系 表　　　　　　　　　　　　表 6-3

n	1	2	3	4	5	6	7	8	9
RI	0	0	0.58	0.90	1.12	1.24	1.32	1.41	1.45

③ 计算一致性比例 CR:

$$\mathrm{CR} = \dfrac{\mathrm{CI}}{\mathrm{RI}}$$

当 CR < 0.10 时,认为判断矩阵的一致性是可以接受的,否则应对判断矩阵作适当修正。

把所求出的各子因素相对危害程度统一起来,就可求出该工作风险处于高、中、低各等级的概率值的大小,由此可判断该工作包的风险程度。

工程风险的分析和评估是个主观、客观结论相结合的过程,而对某些过程中潜在风险因素的评估也很难用定量数字来描述,而层次分析法则可以恰当地解决这个问题。它处理问题的程序与管理者的思维程序、分析解决问题的思路一致。在考虑过程中采用专家评判,并用定量原则检验这一评判的重要性,最后综合成整个项目的风险,既有定性分析又有定量结果,为管理者提供了一个全面了解项目全过程中风险情况的机会,使其决策更为科学。

4) 风险矩阵法

风险矩阵法出现于 20 世纪 90 年代中后期,由美国空军电子系统中心最先提出,并在美国军方武器系统研制项目风险管理中得到广泛的推广应用。

风险矩阵法是通过定性分析和定量分析综合考虑风险影响和风险概率两方面的因素,对风险因素对项目的影响进行评估的方法。风险矩阵作为一种简单、易用的结构性风险管理方法,在项目管理实践中具有以下优点:

① 可识别哪一种风险是对项目影响最为关键的风险;
② 加强项目要求、技术和风险之间相互关系的分析;
③ 允许工业部门在项目风险管理前期加入;
④ 风险矩阵方法是在项目全周期过程中评估和管理风险的直接方法;
⑤ 为项目风险和风险管理提供了详细的可供进一步研究的历史记录。

6.3.4 交通运输安全风险评估案例

根据风险管理流程,将风险评估作为重点,对某隧道交通安全风险进行评估应用。首先采用风险评价矩阵方法组合交通状态和隧道危险等级,风险等级分为五类,如表 6-4 所示。

系统风险评价基准表　　　　　　　　　　　　　　　　　表 6-4

危险等级	交 通 状 态				
	好(0,1]	较好(1,2]	一般(2,3]	较差(3,4]	差(4,5]
一(0,1]	风险低	风险低	风险较低	风险较低	风险中等
二(1,2]	风险低	风险较低	风险较低	风险中等	风险较高
三(2,3]	风险较低	风险较低	风险中等	风险较高	风险较高
四(3,4]	风险较低	风险中等	风险较高	风险较高	风险高
五(4,5]	风险中等	风险较高	风险较高	风险高	风险高

1) 隧道交通状态分析模型

收集整理隧道工程相关资料,包括工程背景、施工图设计文件、实施性施工组织设计,交通事故状态下和一般状态下的交通量、车型比例、车速、照明、通风、能见度、道路平纵线形等敏感性因素。

采用层次-模糊综合评价法对隧道交通状态进行评估,通过分析建立隧道交通状态风险因子层次结构,如图 6-5 所示。

系统风险评价是建立在各个单因子风险估计基础上的,因此建立单因子风险估计基准对各个系统进行风险估计。隧道交通状态单因子风险估计基准如表 6-5 所示。

根据图 6-4 隧道交通状态风险因子层次结构,以及专家对风险因子两两相对重要度判断,采用层次分析法求取评价权重,如表 6-6 所示。

第 6 章 交通运输安全理论对策

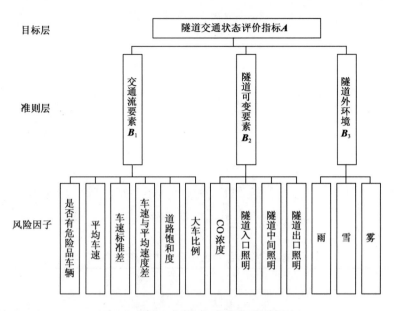

图 6-5 隧道交通状态风险因子层次结构图

隧道交通状态单因子风险估计基准表　　　表 6-5

风险因子	评 价 及 赋 值				
	好	较好	一般	较差	差
	1	2	3	4	5
危险品车辆	无	—	—	—	有
平均车速 v（km/h）	$60 < v \leq 70$	$70 < v \leq 75$	$75 < v \leq 80$	$80 < v \leq 100$	$100 < v$
车速标准差 r（km/h）	$r \leq 10$	$10 < r \leq 20$	$20 < r \leq 25$	$25 < r \leq 30$	$30 < r$
平均车速差 t（km/h）	$0 \leq t \leq 20$	$20 < t \leq 40$ $-30 \leq t < 0$	$40 < t \leq 60$ $-40 \leq t < -30$	$-60 \leq t < -40$	$t \leq -60$
饱和度 d	$0.6 \leq d \leq 0.8$	$0.8 < d \leq 1$ $0.4 \leq d < 0.6$	$0.2 \leq d < 0.4$	$0.1 \leq d < 0.2$	$d < 0.1$
大车比例 q（%）	$0.9 < q \leq 1.0$	$0.7 \leq q \leq 0.9$	$0.4 \leq q \leq 0.7$	$0.3 \leq q < 0.4$ $q < 0.1$	$0.1 \leq q \leq 0.3$
CO 浓度 T（ppm）	$T \leq 16$	$16 < T \leq 50$	$50 < T \leq 100$	$100 < T \leq 500$	$500 < T$
入口段照明折减系数 k	$0.070 < k$	$0.045 < k \leq 0.07$	$0.035 < k \leq 0.045$	$0.022 < k \leq 0.035$	$0.012 < k \leq 0.022$
中间段亮度 L_{in}（cd/m²）	$10.0 < L_{in}$	$6.5 < L_{in} \leq 10.0$	$3.5 < L_{in} \leq 6.5$	$2 < L_{in} \leq 3.5$	$L_{in} \leq 2.0$
出口段亮度 L_{ex}（cd/m²）	$50 < L_{ex}$	$32.5 < L_{ex} \leq 50$	$17.5 < L_{ex} \leq 32.5$	$10 < L_{ex} \leq 17.5$	$L_{ex} \leq 10$
降雨量 l（mm/min）	$l < 0.8$	$0.8 \leq l < 1.2$	$1.2 \leq l < 2.0$	$2.0 \leq l < 3.0$	$3.0 < l$
积雪厚度 h（cm）	$h \leq 0.1$	$0.1 < h \leq 1.0$	$1.0 < h \leq 2.9$	$2.9 < h \leq 4.9$	$4.9 < h$
雾的能见度 L（m）	$500 < L$	$200 < L \leq 500$	$100 < L \leq 200$	$50 \leq L \leq 100$	$L \leq 50$

隧道交通状态风险因子权重　　　　　　　　　　　表 6-6

判断矩阵	权重值						一致性指标
	W_1	W_2	W_3	W_4	W_5	W_6	
A	0.540	0.163	0.297	—	—	—	0.0088
B_1	0.109	0.158	0.227	0.334	0.075	0.097	0.0451
B_2	0.066	0.520	0.081	0.333	—	—	0.0167
B_3	0.097	0.569	0.334	—	—	—	0.0236

2) 隧道安全等级分析模型

隧道安全等级风险因子主要包括：坡度、平曲线半径、视距、隧道长度、附着系数、是否隧道群。建立单因子风险估计基准对各个系统进行风险估计，隧道安全等级单因子风险估计基准如表 6-7 所示。

隧道安全等级单因子风险估计基准表　　　　　　　　表 6-7

风险因子	评价及赋值				
	好	较好	一般	较差	差
	1	2	3	4	5
坡度 $\alpha(\%)$	$0.5<\alpha\leq1$ $-1<\alpha\leq-0.5$	$1<\alpha\leq2$ $-2<\alpha\leq-1$	$2<\alpha\leq3$ $-3<\alpha\leq-2$	$3<\alpha\leq4$ $-3.5<\alpha\leq-3$	$4<\alpha$ $\alpha<-3.5$
平曲线半径 $R(m)$	$4000<R$	$3350<R\leq4000$	$2500<R\leq3350m$	$500<R\leq2500$	$R\leq500$
视距 $D(m)$	$600<L$	$210<L\leq600$	$160<L\leq210$	$110<L\leq160$	$L\leq110$
隧道长度 $L(m)$	$L<500$	$500\leq L<1000$	$1000\leq L<3000$	$3000\leq L<10000$	$10000\leq L$
路面附着系数 F_p	$0.6<F_p$	$0.4<F_p\leq0.6$	$0.35<F_p\leq0.4$	$0.3<F_p\leq0.35$	$F_p<0.3$
是否隧道群	否	—	—	—	是

根据专家对风险因子两两相对重要度判断，采用层次分析法求取隧道安全等级评价权重，如表 6-8 所示。

隧道安全等级风险因子权重　　　　　　　　　　　表 6-8

判断矩阵	权重值						一致性指标
	W_1	W_2	W_3	W_4	W_5	W_6	
隧道安全等级	0.121	0.265	0.108	0.322	0.031	0.153	0.0146

3) 某隧道交通安全风险评估

某隧道长度 3000m，坡度 1.3%，平曲线半径 3600m，视距 200m，路面附着系数为 0.55，不属于隧道群。某一时刻，该隧道存在危险品车辆，平均车速 77km/h，车速标准差为 23km/h，车速与平均车速差为 21km/h，道路饱和度 0.6，大车比例 33%，CO 浓度 30×10^6，隧道入口段亮度折减系数 0.065，中间段照明亮度 $3.4cd/m^2$，出口段照明亮度 $20cd/m^2$，降雨量 1.1mm/min。

(1) 隧道交通状态值计算

选取评价指标的隶属函数，采用梯形分布函数，如图 6-6 所示。

$$\mu(x) = \begin{cases} 0 & 0 \leq x \leq a \\ \dfrac{x-a}{b-a} & a < x < b \\ 1 & b \leq x \leq c \\ \dfrac{d-x}{d-c} & c < x < d \\ 0 & x \geq d \end{cases}$$

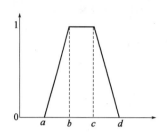

图 6-6 梯形隶属函数

按照模糊数学隶属函数，计算准则层三个子因素集的评判矩阵 R_1, R_2, R_3：

$$R_1 = \begin{pmatrix} 0 & 0 & 0 & 0 & 1 \\ 0 & 0 & 1 & 0 & 0 \\ 0 & 0 & 0.8 & 0.2 & 0 \\ 0.9 & 0.1 & 0 & 0 & 0 \\ 0 & 1 & 0 & 0 & 0 \\ 0 & 0 & 0 & 0.6 & 0.4 \end{pmatrix}$$

$$R_2 = \begin{pmatrix} 0 & 1 & 0 & 0 & 0 \\ 0.6 & 0.4 & 0 & 0 & 0 \\ 0 & 0 & 0.87 & 0.13 & 0 \\ 0 & 0 & 1 & 0 & 0 \end{pmatrix}$$

$$R_3 = \begin{pmatrix} 0 & 0.5 & 0.5 & 0 & 0 \\ 1 & 0 & 0 & 0 & 0 \\ 1 & 0 & 0 & 0 & 0 \end{pmatrix}$$

三个因子的计算权重如表 6-6 所示，因此计算得到三个子因素的一级综合评估 R：

$$R = \begin{pmatrix} B_1 \\ B_2 \\ B_3 \end{pmatrix} = \begin{pmatrix} W_1 \times R_1 \\ W_2 \times R_2 \\ W_3 \times R_3 \end{pmatrix} = \begin{pmatrix} 0.3006 & 0.1084 & 0.3396 & 0.1036 & 0.1478 \\ 0.312 & 0.274 & 0.40347 & 0.01053 & 0 \\ 0.903 & 0.0485 & 0.0485 & 0 & 0 \end{pmatrix}$$

隧道交通状态的二级模糊综合评估向量 B：

$$\begin{aligned} B &= W \times R \\ &= (0.540 \quad 0.163 \quad 0.297) \times \begin{pmatrix} 0.3006 & 0.1084 & 0.3396 & 0.1036 & 0.1478 \\ 0.312 & 0.274 & 0.40347 & 0.01053 & 0 \\ 0.903 & 0.0485 & 0.0485 & 0 & 0 \end{pmatrix} \\ &= (0.4814 \quad 0.1176 \quad 0.2636 \quad 0.0577 \quad 0) \end{aligned}$$

因为此二级综合评判向量已进行了归一化，采用加权平均法可以得到隧道交通状态指标值为：

$$v = \sum_{j=1}^{5} v_j \times b_j = 1 \times 0.4814 + 2 \times 0.1176 + 3 \times 0.2636 + 4 \times 0.0577 + 0 = 1.7378$$

根据表 6-5 系统风险评价基准表，可知隧道交通状态为：较好(1,2]。

(2) 隧道等级评估

同理，对隧道等级进行评估，计算得到隧道等级综合评估向量 B：

$$B = W \times R$$

$$= (0.121 \quad 0.265 \quad 0.108 \quad 0.322 \quad 0.031 \quad 0.153) \times \begin{pmatrix} 0 & 1 & 0 & 0 & 0 \\ 0 & 1 & 0 & 0 & 0 \\ 0 & 0.6 & 0.4 & 0 & 0 \\ 0 & 0 & 0 & 1 & 0 \\ 0.5 & 0.5 & 0 & 0 & 0 \\ 1 & 0 & 0 & 0 & 0 \end{pmatrix}$$

$$= (0.1685 \quad 0.4663 \quad 0.0432 \quad 0.322 \quad 0)$$

因为此二级综合评判向量已进行了归一化，采用加权平均法可以得到隧道等级值为：

$$v = \sum_{j=1}^{5} v_j \times b_j = 1 \times 0.1685 + 2 \times 0.4663 + 3 \times 0.0432 + 4 \times 0.322 + 0 = 2.5187$$

根据表6-4系统风险评价基准表，可知隧道等级为：三级(2,3]。

（3）小结

综合交通状态和隧道等级，依据表6-4对该隧道此时风险进行评价，隧道风险中等。

4）安全风险控制

依据评估论，提出相应的风险控制措施，具体措施略。

6.4 交通运输安全风险管理对策

推进交通运输安全风险管理有利于推动安全风险管理方式革新，有利于建立健全交通运输安全长效机制，防范和遏制重特大事故的发生。因此，需要立足于公路交通运输行业特点，"以需求为导向、以应用为根本、以创新为核心"，将风险管理理念作为理论基础，全面引入公路运输安全管理中。

从国家层面上说，建立交通运输安全风险管理体系是提升安全水平的根本途径。交通运输安全风险管理体系以交通运输风险为管理对象，通过对风险的识别、评估和处理，把安全管理措施贯穿于战略规划、建设管理、运输服务、应急保障等各环节，把安全风险防范落实到各层级、各主体、各岗位，从而把安全风险管理变成一种可量化的、具体的、可以考核的工作，提高交通运输安全发展的水平。因此，为建立省级风险管理体系，首先加快构建起涵盖系统安全、道路运输安全、交通设施安全、应急保障安全的交通运输安全风险管理体系架构；其次确定安全风险管理重点领域，开展风险辨识、风险评估、风险控制和应急保障等研究工作；再次攻克核心关键技术，围绕交通运输安全发展总体目标，结合交通运输科技发展现状及国外最新发展趋势，通过协同创新、开放创新，解决交通运输安全发展中的关键技术难题，从科技创新、系统安全、运输安全、设施安全、应急保障五个方面，加强科技需求梳理，提出专项对策任务；最后开展风险管理试点，巩固和深化交通运输安全成果的转化应用，并形成一系列操作性强、可复制推广的指导行业安全发展的风险辨识手册、风险评估技术指南和应急预案，并逐步将风险管理理念引入公路交通运输全行业，形成可供行业复制推广的安全风险管理经验。

6.4.1 建立交通运输安全风险管理体系架构

总体看，交通运输安全风险管理体系是由保证体系、风险管理（运行体系）、监督体系等组成的一项系统性和持续性工作。其中,保证体系包括组织架构、制度标准、运行机制、技术支撑、资金保障等;风险管理(运行体系)包括风险防控、应急响应处置和事故管理等;监督体系包括监督机制和问责机制,如图6-7所示。

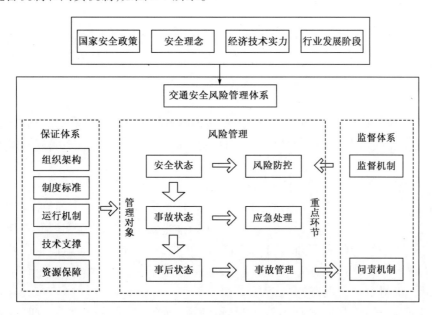

图6-7 交通安全风险管理体系

1)基本原则

(1)需求引导

交通运输安全要以需求为导向,应用为驱动,结合交通运输安全风险管理对科技的新需求,注重对交通运输安全各重点领域重大技术需求的分析凝练,真正解决交通运输安全发展遇到的实际技术难点问题。

(2)重点突破

抓住当前制约交通运输安全的主要矛盾,围绕高风险领域和环节有针对性地开展研究。根据轻重缓急,集中力量突破制约交通运输安全的重大关键技术问题与行业急需解决的共性技术问题。

(3)推进共享

加强成果的推广应用,使科技成果尽快转化为现实生产力;在推广应用中对出现的新问题开展深入研究,提高研究的理论性、创新性和实用性,提升科研水平;调动社会资源,加强产学研相结合,实现优势互补。

(4)选优择强

建立有效的竞争和激励机制,使优秀的科研力量、人才脱颖而出,使新理念、新技术、新材料能够在重大项目中得到普遍应用,全面提升交通运输安全管理水平。

(5)示范推广

选择典型路段、典型区域、典型工程,开展示范应用,发挥重要的示范带动作用,引领相关适用技术的标准化、规模化、普及化运用,推动成熟可行的科研成果在全行业的转化应用。

2) 保证体系

(1) 组织架构

组织架构包括：领导小组、组织机构、执行机构、日常管理机构、咨询专家组。

(2) 制度标准

实施交通安全风险管理首先要有完善的法规制度、标准规范作保障，要按照风险管理的内涵和要求，修订完善现行有关交通安全风险管理的制度和标准，健全交通运输安全风险管理规章制度和标准规范体系，明确领导小组、组织机构、执行机构、日常管理机构、咨询专家组的责任、程序、内容和法律责任。

①修订完善安全风险分类分级标准，按照各领域风险源基本特性和管控措施特点，确定风险源分类方法，并根据风险源发生风险事件的概率和可能导致的后果明确风险源级别划分标准。

②建立风险源信息报送和管控机制，明确信息报送要求和管控、监管责任。

③编制风险辨识手册和评估指南，把风险评估纳入重大政策和重大项目决策程序。

④制定推进安全生产风险管理实施方案，明确推进安全生产风险管理的实施步骤和工作任务，细化安全生产风险管理相关制度和辨识、评估细则，指导交通运输企业开展安全风险管理。

(3) 运行机制

建立交通运输安全风险管理运行机制，包括事故前风险防控机制、事故时应急处置机制、事故后事故管理机制、内部审查机制，监督与问责机制，自我检验、自我修复、自我优化的风险管理工作持续改进机制，跨行业跨部门跨地区重大风险的沟通协调、联防联控机制等。

企业根据相关要求建立安全生产风险管理体系，制定有效的风险管控措施和风险事件的应急处置措施，强化监测、预警和动态管控，切实防范安全生产事故的发生；基层从业人员树立安全生产风险管理意识，严格按照风险源管理制度和规程要求，及时报送风险源状态和动态信息，落实风险源管控措施，确保风险源处于可测、可控状态。

(4) 技术支撑

开展风险管理关键技术攻关，建立交通运输安全生产风险管理技术支撑体系，加快推进安全生产风险管理的实施。依托部省两级行业信息化重大工程，加强安全生产风险管理信息系统和监测监控平台建设，分级分类建立安全生产风险源数据库；加强基础信息管理，实现交通运输安全生产风险监测预警、科学评估、统计分析、分级管理和动态管控等功能。

(5) 资源保障

加快安全风险管控支撑保障体系建设，积极引导安全生产风险管理体系建设相关的制度标准制定、提高通信与信息保障、风险管理人力保障、设施装备保障、资金保障、宣传及培训保障等。加大政策扶持力度和人财物的投入，将科技攻关、宣传教育、设施装备和信息化建设等资金纳入各级政府财政预算。交通运输企业应将开展安全生产风险管理工作的相关投入纳入安全生产专项费用。

3) 风险管理过程 (图 6-8)

(1) 风险规划

风险规划是前期准备，是规划和设计如何进行项目风险管理的过程。风险规划是项目风险管理的一整套计划,主要包括定义项目组及成员风险管理的行动方案及方式,选择适合的风险管理方法,确定风险判断的依据等。

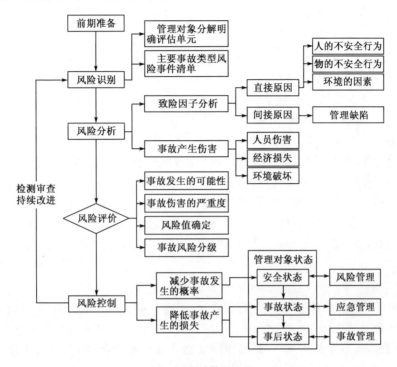

图 6-8　风险管理过程

风险规划的目的在于:尽可能消除风险、隔离风险并使之尽量降低、制定若干备选行动方案、建立时间和经费储备以应对不可避免的风险。

(2)风险识别

风险识别是风险管理的基础,直接影响风险管理的决策质量和最终结果。风险识别的内容包括:识别出可能对项目进展有影响的风险因素、性质以及风险产生的条件;记录具体风险的各方面特征,并提供最适当的风险管理对策;识别风险可能引起的后果。风险识别的方法有头脑风暴法、德尔菲法、层次分析法、故障树分析法、等级全息建模法、贝叶斯网络法等。

(3)风险分析

风险分析包括:致险因子分析和事故后果分析。

从直接原因和间接原因两类分析致险因子(如人、车、路、环境、管理等);从人员伤害、经济损失、环境破坏等方面分析事故产生的后果。

(4)风险评估

风险评估包括风险估计和风险评价两个部分。

风险估计的重点是估计单个风险事件发生的可能性和后果的严重程度。风险估计目的包括:加深对项目自身和环境的理解,进一步寻找实现项目目标的可行方案;使项目所有的不确定性和风险都经过充分、系统而又有条理的考虑;明确不确定性对项目其他各个方面的影响;估计和比较项目各种方案或行动路线的风险大小,确定各个方案的风险值。

风险评价就是对单个的风险事件和项目的总体风险进行评价的过程。首先应对风险进行分级,再进行风险评价,对单个风险的大小给出相应的等级评价。风险评价还能够系统分析和权衡项目风险的各种因素,综合评定项目风险的整体水平。

风险评估的方法有统计法、风险值法、模拟法、专家判断、层次－模糊综合评价等。

（5）风险控制

风险控制是针对风险评估的结果,为消除或者减少风险造成的不良后果而制定的风险应对措施。包括减少事故发生的概率和减少事故造成的损失。

风险控制的方法：回避风险、转移风险、减轻风险、接受风险。

（6）风险监控

项目风险监控就是要跟踪已识别的风险,完成风险管理计划,可根据项目执行情况、已出现的风险和可能风险,对风险管理计划进行调整,保障风险管理计划的实施,并评估消减风险的效果。通过对风险规划、识别、估计、评价、应对全过程的监控,从而保证风险管理能达到预期的目标。风险监控的目的是考察各种风险控制行动产生的实际效果,确定风险减少的程度,检测残留风险的变化情况,进而考虑是否需要调整风险管理计划以及是否启动相应的应急措施。

4）监督体系

交通运输安全风险管理工作是否能有成效,关键是责任能否落实到位,因此需要建立风险管理监督体系。监督体系包括监督机制和问责机制,要形成完善的监督网络和责任链条,明确责任部门,落实到岗位和人员,抓好风险管理工作的推进和实施,切实构建"权责一致、分工负责、齐抓共管、综合治理"的机制。

企业履行安全生产风险防控的主体责任,主要负责人或实际控制人要承担风险管理工作的第一责任,安全管理部门要负责风险管理工作的组织实施和风险源管控工作的监督落实,基层一线具体实施风险源动态监测和管控。

6.4.2 确定安全风险管理重点领域

根据公路交通运输安全生产现状,结合交通运输发展规划,重点针对公路运输,亟须开展安全风险防控的重点领域如下：

1）公路工程建设

重点对在建高速公路、深基坑、高边坡、长大桥隧等大型构造物工程,易受洪水、山体滑坡和泥石流等自然灾害影响的施工区域,桥梁挂篮施工、临崖临水高边坡作业、各类起重机械、支架脚手架、大型模板支撑体系等作业环节,进行风险源辨识、评估和控制；在可行性研究和设计、施工全过程实施风险管理。

2）道路运输

重点对长途客运、旅游包车、危险化学品运输、客货站场以及营运环境、运输线路、车辆安全性能、车辆动态监管等进行风险源辨识、评估,优化管理,有效控制。完善道路运输车辆安全技术规范,提升道路运输站场安全生产条件,建立健全不同经营形式道路运输企业安全管理制度,强化道路运输企业全程动态监管责任落实。

3）在役基础设施

重点针对在役长大桥隧和临崖临水、连续长大急弯陡坡路段以及易受自然灾害影响的路段的公共基础设施,进行风险源辨识、评估和控制;在维护和运营管理全过程实施风险管理。

6.4.3 交通运输安全风险管理试点

确定交通运输安全风险管理试点工作的领导机构,负责试点工作的统筹、协调、部署及指导。按照"突出重点、先行先试"的原则,针对各领域工作特点,选择交通运输管理部门、行业领域和企业交通运输安全风险管理试点建设单位。

依托公路建设工程、特大桥梁建设工程及重点营运公路,开展公路建设与道路运输安全风险防控示范项目建设。对安全风险源辨识、评估,并定期对实施情况进行评估、改进;依托大型旅客或危货运输企业、高速公路运营企业等进行示范企业建设。开展营运车辆驾驶员安全管理系统示范、高速公路运营安全与服务智能化系统示范及在役长大桥梁运营安全风险防控示范等工作,编制《车辆驾驶员驾驶行为安全评价指南》《高速公路运营安全风险辨识手册与评估技术指南》《高速公路运营企业安全风险管理规范》《在役长大桥梁运营系列安全风险辨识手册与评估技术指南》等文件,形成安全科技创新典型示范效应。

以基层和一线为重点,分步骤、分对象逐级对交通运输安全生产风险管理相关政策和制度进行宣贯,在全行业牢固树立风险管理理念。定期开展从业人员培训教育、交流、研讨,提升风险防控意识和技能,启动安全生产风险辨识和评估,科学有效地实施风险源管控,全面推进行业实施交通运输安全风险管理。总结试点地区和单位安全生产风险管理经验,形成可复制、可推广的风险管理机制、风险辨识手册、风险评估指南、交通运输安全风险评估管理办法等。

第7章 交通运输安全总体对策

总体对策是针对交通运输安全机制总体框架方面提出建议,为后续专项对策及推广示范对策的实施提供基础支撑及保障。

7.1 公路交通行业法律、法规、标准、规范体系建设

交通安全法规标准不是与生俱来的,它是人类社会发展到一定阶段的产物,也是人类从事安全生产,控制事故,减少生命财产损失,促进经济、社会不断蓬勃发展的必由之路。各国的交通安全法规体系的建设都经历了一个较为漫长的过程,少则几十年、多则上百年。

随着人类社会的发展,交通安全法律法规体系不断更新、不断充实、不断完善。交通安全立法由分散、单一、适应面窄的法律、法规发展到综合、全面、适应面宽的法律、法规系统,是一个国家交通安全法规体系从不成熟走向成熟的显著标志,是交通安全发展的必然要求和立法工作本身发展的必然结果。

7.1.1 交通行业安全法规的发展与现状

近20年来,我国交通运输事业取得了很大的发展,交通运输管理正逐步走向法制化、规范化。国家先后制定了大量管理交通运输、保障交通安全的法律法规和标准。这些法律法规和标准的颁布实施,对保障交通运输安全,强化运输生产管理,维护运输生产秩序都起到了积极作用。交通安全法规涉及多个部门,包括公安部、中宣部、发改委、教育部、工业和信息化部、监察部、司法部、住房和城乡建设部、交通运输部、农业部、商务部、卫生部、工商总局、质检总局、安全监管总局、法制办、保监会、总后勤部、武警部队等。

2003年10月28日,十届全国人大五次会议审议通过了《中华人民共和国道路交通安全法》(简称《道路交通安全法》),自2004年5月1日起施行。2004年4月30日,国务院颁布了《中华人民共和国道路交通安全法实施条例》(简称《道路交通安全法实施条例》),明确了贯彻落实道路交通安全法的实施细则。

2004年7月1日,交通部在《关于完善公路、水路交通法规体系框架的实施意见》中明确指出,到2010年底,我国要基本形成公路、水路交通法规体系。该体系由9个交通法规子系统构成:公路法规子系统;道路运输法规子系统;港口法规子系统;航道法规子系统;航运法规子系统;船舶法规子系统;船员法规子系统;水路交通安全法规子系统;其他交通法规子系统。在该文件中,道路交通安全法规没有作为一个独立的子系统出现,《道路交通安全法》也没有被涵盖于这9个交通法规子系统中。之后,国务院、各地区、各部门围绕实施《道路交通安全法》先后制定和修订了50多个地方法规、规章,60多个部门规章,150多个国家和行业技术标准。

2011年,交通运输部实施新出台的《公路安全保护条例》和《危险化学品安全管理条例》。推进《中华人民共和国航道法》《国内水路运输管理条例》等的制定和修订工作。出台了《公路超限检测站管理办法》《集邮市场管理办法》等13部规章。

目前,在道路运输方面,我国基本建立了以《道路交通安全法》为龙头、一个行政法规和多个部门规章为主体、地方性法规、政府规章及技术标准为补充的道路交通安全法规体系。

7.1.2 交通安全法律、法规体系的组成要素与结构

按照系统论的观点,一个系统的要素是指构成该事物的基本单元。这个基本单元不是单一的,而是多种多样的。根据法学界对法规体系组成要素的划分方法,"交通安全法规体系"作为我国整个法规体系的子体系也应具有以下三个要素。

1) 指导思想和基本原则

法律法规是社会制度和社会关系的法律确认,但它不是简单地反映,而是在一定的思想和理论指导下进行的。这里一定的思想和理论主要就是那个时期占统治地位的法律思想和法学理论,它们是制定和执行法律、法规、规章的理论依据,是法律法规的精神和灵魂,是法上之法,有时还直接是法律、法规的组成部分。作为一个社会或国家的立法和司法的指导思想和法学理论,是法规体系中不可缺少的成分。

【指导思想】:占统治地位的法律思想和法学理论,制定和执行法律法规的依据。

【基本原则】:制定和执行法律时所依据的基本准则,法规体系的基本骨架,是上升为法律观念的一个社会的基本制度。

法规体系的基本原则是该社会制定法律规范的直接出发点或基本依据,它对该法规体系的存在有着巨大的意义。从一定意义上可以说,该体系的所有法律规范都是它的逻辑展开,是其规范化和具体化。所以它也是法律体系中不可缺少的成分,它往往被明文写入该法规体系中最根本的法律规范中。

2) 成文法

交通安全法规体系的成文法与上文"交通安全法规"的定义一致,即指国家各级立法机构和地方政府职能部门颁发实施的,旨在加强交通安全管理、维护交通秩序,保障人民生命财产安全和促进交通事业发展的一系列行政法规的总称,在法学分类上属于行政法范畴。它包括一系列交通安全经营、管理方面的法律、行政法规、部门规章、地方性法规和地方性规章等法规,以及大量的技术性规范。

【成文法规】:由立法机关所颁布的各种法律法规,包括成文的宪法、刑法、诉讼法等根本法和基本法,以及由各级立法机关和其他国家机关所制定的各种单行的和辅助性、地方性的法规等,又称为成文法。

3) 不成文法

社会的实际生活是纷繁复杂和发展变化的,法律规范不可能一一都作出规定,不可能也不允许朝令夕改,在使用时也不应不顾特殊情况而强求一律。这样,当法律规范适用于社会实际时,就不能不考虑到各种实际(如各地区、各民族的特殊生活方式和风俗习惯);不能无视已经出现了的新情况、新问题,而有所迁就。这样一来,势必出现和存在成文法之外的事实法律,即西方一些学者所说的由法官等政府官员创造的法律。这种原有的习惯和由非立法部门创造的法律,从其实际效力看,也不应排除于法律体系之外。

【不成文法】:非经国家立法机关正式颁布但它实际上却具有法律效力的习惯、判例以及司法和行政部门针对特殊情况所作出的具有法律性质的决定之类。

交通安全不成文法就是与交通行业安全相关的不成文法。

我国法学界的严存生等学者认为法律法规体系中的三种要素各有其特定的地位和作用,并处于相互作用之中,从而形成法律法规体系的特定结构。根据这一研究成果,可以得出"交通安全法规体系"中的三要素在体系中所处的地位和所具有的性质。

(1)"指导思想和基本原则"是整个体系的思想理论基础,是体系的灵魂和精神源泉,贯穿于整个交通安全法规体系之中。

"成文法"和"不成文法"依赖指导思想和基本原则而产生,是指导思想和基本原则的规范化和具体应用。一方面,"指导思想和基本原则"比较抽象、原则,因而具有弹性,能适应各种特殊情况;另一方面,"指导思想和基本原则"又比较稳定,在整个交通安全法规体系未被新的体系取代之前,基本不变。由于"指导思想和基本原则"是整个交通安全法规体系的头脑和心脏,且稳定不变,我们常常把它称为交通安全法规体系的"硬核"。

(2)第二种要素"成文法"是交通安全法规体系的躯体。

如果说第一种要素"指导思想和基本原则"是其内容和灵魂的话,那么第二种要素则是形式和肉体。当然,它和第一种要素的关系并不是消极地决定和被决定的关系,它可以把第一种要素表现得好一些,也可以表现得差一些,因而使它所起的作用大一些或小一些,直接一些或间接一些。

"成文法"的表现形式是确定的规范,具有确定性,因而缺少弹性而表现出一定的机械性,使用中如不注意就容易机械套用,忽视客观的复杂性而强求一律。它不如第一种要素那么稳定,但也不像"不成文法"那样多变,因为它的立、改、更、废都要经过比较严格的程序。所以,它虽然也在变化,但不甚剧烈。当原有的交通安全法规发生变更时,它往往被新的法规所继承。在制定有关的法规时,并行的各个法规体系之间也经常相互借鉴。

(3)第三种要素"不成文法"是交通安全法规体系的外围部分。

"不成文法"主要是第一、二种要素适用于具体问题和特殊情况的产物。如果说第一种要素是灵魂,第二种要素是躯体的话,那么,它就是交通安全法规体系的手脚,是交通安全法规体系应付和处理特殊问题的手段。正因为如此,它灵活多变,能解决特殊的问题和适应不断变化的新形势。它是体系中最具变动性的部分,也是最富有生命力的部分。它往往修正和补充着第二种要素,使法律法规体系发生变异,并为整个体系的变更作准备。

总之,交通安全法规体系中的三种要素不是并列的关系,而是从属的关系,决定和被决定、作用与反作用的关系。三个要素既有明显的界限,又没有不可逾越的鸿沟。第一种要素的基本原理不但不断地具体化为法律规范,即第二种要素,而且有时直接写入宪法中,成为第二种要素的一个成分;第三种要素也不断地向第二种要素输送素材,成为制定新的法律规范的依据。至于第一种要素则渗入全系统的每一角落,使之成为统一的整体。

7.1.3 交通行业安全法律法规、标准规范的框架结构

交通安全法规标准体系的框架是以宪法为基础,以交通安全法律为龙头,以交通安全行政法规和部门规章为主体,以地方性法规及政府规章、技术标准为补充的立体系统。这一基本框架如图7-1所示。

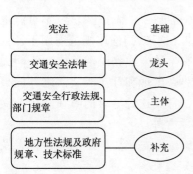

图7-1 交通行业安全法律、法规体系框架图

1) 体系框架的板块构成

交通行业安全法律、法规体系可以看成由四个子体系组成,称为交通行业安全法律法规体系的板块构成。四个子体系是:交通行业安全生产法规、交通行业安全生产标准、交通行业安全生产法规、交通行业安全生产标准,如图7-2所示。

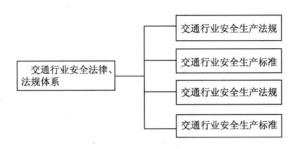

图7-2 交通安全法律、法规体系的板块构成

2) 体系框架的横向构成

横向构成包括与交通安全关系密切的各种法规标准,如《民法通则》等一些基本法律。

横向构成可以分为三个部分:交通行业安全基本法规标准、交通行业安全综合法规标准和交通行业安全相邻法规标准。

(1) 交通行业安全基本法规标准

交通行业安全基本法规标准:开宗明义,就是为保证交通安全而专门制定和颁布的,如《道路交通安全法》《道路交通安全法实施条例》等。这些法规标准是交通行业安全法规标准的核心部分。

(2) 交通行业安全综合法规标准

交通行业安全综合法规标准:在其宗旨中都明确保证行业安全是制定该法律法规的目的之一,并且在其具体条文中,一般都设有关于安全管理的专门条款,并且某些与安全有关的问题也散见于其他部分的条款中。如《中华人民共和国公路法》《中华人民共和国道路运输条例》等。交通行业安全综合法规标准是交通行业安全法规标准的外延部分。

(3) 交通行业安全相邻法规标准

所谓"相邻"是指与交通安全关系比较密切的、其具体规定同样适应交通安全的这一部分法规标准。如,《中华人民共和国民法通则》《中华人民共和国刑法》等。这些法规标准也是交通行业安全法规标准体系中必不可少的组成部分,构成交通行业安全法规标准的关联部分。

交通行业安全法律、法规体系的横向构成如图7-3所示。

3) 体系框架的纵向构成

在这个体系框架中,纵向构成是按照我国现行的立法权限、效力层次的不同分为三个层次:交通安全法律;交通安全行政法规;交通安全部门规章及标准,地方性法规、规章及标准。如图7-4所示。

(1) 交通安全法律

由全国人大及其常委会制定的交通安全的基本法律以及相邻的其他法律。例如《道路交通安全法》是交通安全的基本法律,其他交通安全法规、规章都应当以此为基础,其内容不得与之违背。所谓相邻的其他法律是指与交通安全关系比较密切的、其具体规定同样适用交通安全的这一部分法规标准。如《中华人民共和国民法通则》《中华人民共和国刑法》等，它们也是交通安全法规标准体系的第一个层次中必不可少的组成部分。

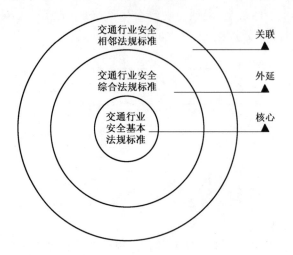

图7-3　交通安全法规标准体系横向构成示意图

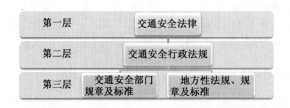

图7-4　交通安全法规标准体系纵向构成示意图

（2）交通安全行政法规

由国务院制定，或经国务院批准由交通行政主管部门发布实施的行政法规。按照国家宪法的规定，国务院有权根据有关交通安全法律和行政管理的需要，制定一些交通安全方面的行政法规，以保证交通安全管理活动能够顺利进行。这方面的法规在交通安全法规标准体系中占有很重要的位置。

（3）交通安全部门规章及标准，地方性法规、规章及标准

由国务院交通安全管理各主管部门制定的行政规章和标准，包括各种实施细则、规程、规则、办法和规定等。根据宪法的规定，国务院各部委有权根据法律和行政法规制定在本部门适用的行政规章标准。

为与上述法规配套并建立对应的标准体系，近几十年来，我国正逐步加强行政规章转化为标准的力度。我国的标准分为：国家标准、行业标准和企业标准。国家标准用"GB"表示；行业标准用相应的行业代码表示，如交通行业标准用"JT"表示，公共安全行业标准用"GA"表示，汽车行业标准用"QC"表示。有"/T"的为推荐性标准，否则为强制性标准。近几年来，国家加快了标准化步伐，为适应经济全球化，标准化工作中应尽量采用国际先进标准，并分为等同采用、非等同采用等。

各地方根据我国的法律规定，在不违背上位法的前提下，可以根据本地区的实际情况，

制定地方性法规、规章及标准,保障交通安全。

4)安全法规、标准规范的类别构成

各安全法规按照其规范的内容范围来说,可以分为以下6个类别:

(1)道路安全综合

从总体上对道路交通安全涉及的方方面面进行规范。如《中华人民共和国道路交通安全法(2011修正)》《国务院关于加强道路交通安全管理工作情况的报告》等。

(2)车辆和驾驶人

为了维护交通秩序,保证预防和减少交通事故,对机动车、非机动车、机动车驾驶人进行的规范。如《机动车交通事故责任强制保险条例》《报废汽车回收管理办法》等。

(3)道路安全条件

道路通行条件与交通安全密切相关,为了维护与保障良好的路况而进行的规范。如《中华人民共和国公路法》《收费公路管理条例》等。在技术层面主要为《公路项目安全性评价指南》。

(4)道路通行规定

为了保证交通安全,对机动车、非机动车、行人和乘车人等的通行行为进行的规范,同时也包括针对高速公路的一些特别通行规定。如《汽车货物运输规则》《汽车旅客运输规则》等。

(5)道路交通事故处理

为了维护道路交通秩序,保护道路交通事故当事人的合法权益,对交通事故处理相关问题进行的规范。如《交通事故处理程序规定》《道路交通事故社会救助基金管理试行办法》等。

(6)执法监督

为了保障公安机关交通管理部门正确履行职责,保护公民、法人和其他组织的合法权益,对相关管理部门实行的道路交通安全违法行为处理程序及其相关方面进行的规范。如《道路交通安全违法行为处理程序规定》《道路运输行政处罚规定》等。

7.1.4 交通行业安全生产法规的基本原则

完善交通安全法规体系的指导思想是:以邓小平理论和"三个代表"重要思想为指导,坚持科学发展观,以上位法为立法依据,立足于实现依法治国、建设社会主义法治国家的总体要求,立足于发展现代交通运输业的总体要求,遵循公路、水运交通安全的发展规律,结合交通行业安全管理实际,突出以人为本、关爱生命的基本思想,立足近期,着眼长远,按照科学性、前瞻性和可操作性的要求,为全面推进公路交通安全事业的发展提供有力的法律支撑与保障。

1)一致性原则

根据我国宪法和立法的规定,国家法律一般对最基本最主要的问题作出规定,国家行政法规对一些重要问题作出规定。地方人大和政府可以根据本地区具体情况开展立法,制定地方性法规和地方政府规章。地方性立法不能与国家宪法、法律、行政法规相抵触,即必须与上位法保持一致。

交通安全法规体系必须处理好地方立法与国家法制统一的关系,把握好地方立法的自主性、补充性的特点。一方面，要根据地方立法权限，对国家尚未制定的交通安全法律或行政法规，而又急需加以规范的事项，拟出制定地方性法规或地方政府规章的立法项目；另一方面，对国家已有上位法调整，但在本地又有特殊情形的，在不超越、不变更上位法规定的前提下，提出具体实施规定的立法安排。

2）特殊性原则

交通安全法规体系必须从本地的交通安全、国民经济、社会发展的实际情况出发，坚持高度的原则性与必要的灵活性相结合的方法，积极开拓思路，构建体现地方特色的交通安全法规体系。

3）前瞻性原则

交通安全法规体系是对公路、水路重大交通安全关系进行调整的重要手段。经济、社会的不断变化发展，必然引起社会利益关系的重新定位和调整。在考虑交通安全法规的制定时，必须认真研究交通行业安全的发展规律、市场经济发展规律、社会文化发展规律，顺应客观变化的形势，对社会、经济、交通安全关系适时进行调整，为交通安全的改善创造良好的法律环境，体现交通安全法规体系的前瞻性。

一方面，通过对发展规律的研究，结合地方经济、交通安全发展的现实情况，抓住提升公路、水运交通安全水平的关键环节、重点领域，分析这些方面的立法需求，完善法规体系；另一方面，通过对发展规律的研究，并借鉴国外或国内其他省市发展历史经验，分析地区发展过程中可能出现的新问题、新情况，预先给予规范，避免立法滞后对交通安全发展带来的不利影响。

4）系统学原则

完善交通安全法规体系应当根据公路交通安全系统中不同的社会关系，确定相应的法规子系统和组成该系统的法律、法规、标准、规范，使法规的调整对象包括所有的交通安全关系和所有的交通安全关系主体，避免留下立法空白，使各项交通安全行政管理工作和其他各种涉及交通安全的活动都有法可依、有章可循。

公路交通安全领域的特点是涉及面广，与其他行业、部门、学科关系错综复杂。交通安全法规体系的构建不仅要考虑交通安全领域内各部门之间的法律协调性，还必须考虑与其他领域的立法相互协调相互配套。同时应注意避免立法过多，法繁扰民。

7.1.5 交通行业安全法规体系的建设目标与功能

完善交通安全法规体系建设的主要目标是，依据国家相关法律，结合地区实际情况，考虑交通行业安全生产发展趋势和要求，继续制定和完善一系列保障公路交通安全的地方性法规和地方政府规章，到2020年形成较为完备的公路交通安全法规体系，使各项公路交通安全活动都做到有法可依。

交通安全法规体系的功能是：系统地规范车辆和驾驶人管理，明确道路通行条件和各种道路交通主体的通行规则，确立道路交通事故处理原则和机制，加强对公安机关交通管理部门及其交通警察的执法监督，完善违反交通安全管理行为的法律责任，从而达到维护交通秩序，预防和减少交通事故，保护人身安全，保护公民、法人和其他组织的财产安全及其他合法权益的目的。

7.2 交通行业安全责任监管体系建设

水上交通安全对交通部门而言是责无旁贷的,而道路运输行业发生的交通事故在道路交通事故总数中也占有相当的比例,尤其是群死群伤,损失巨大,有影响的重特大道路交通事故往往也会涉及营运车辆。作为主管水上交通安全和道路、水路运输业以及交通工程建设工作的交通部门,落实有关交通安全管理责任,抓好相关具体工作,对促进交通行业安全生产形势的稳定和好转具有重要意义。

本节从交通行政管理学的基本理论出发,归纳总结了我国交通安全监管的现状,分析了交通安全监管的实际情况,提出了交通行业安全监管体系的框架,包括行业安全监管机构的组成、设置及建设,人员能力要求建设,安全监管技术,各监管部门的职能协调和综合执法模式。

7.2.1 交通行政管理学的基本理论

道路运输行政是交通行政的组成部分之一,而交通行政又是政府行政管理活动的一个重要组成部分。随着时代的发展,交通行政管理学已经成为一个独立的学科,对于交通行业的科学管理有重要作用。以下对交通行政管理学中既有的基本理论进行了归纳总结,为提出交通行业安全监管体系框架提供理论基础支撑。

1)交通行政管理的内容

交通行政管理的内容可以划分为两个大的范畴,即经济管理和非经济管理。经济管理就是在交通行业中,与经营活动相关的管理,如市场准入行政许可管理、运价管理、质量管理以及经营管理等;而非经济管理包括的内容则不直接与经营活动相关,如国家对交通发展的规划管理以及安全管理、技术规范管理等。

按照管理内容,交通行政管理还可以分为交通设施管理、交通安全管理、交通规费管理、交通运输管理等。

2)行政管理体制的构成要素

行政管理体制由五大要素组成,分别是管理职能、管理机构、管理人员、管理规则和运行机制。

从这些要素存在的形态来看,管理机构和管理人员是实体要素,是行政管理体制得以运行的物质形式;而管理职能、管理规则和运行机制是体制的软件,是无形要素,它维持着行政管理主体的运作,以求达到预定的管理目标。道路运输管理体制与所有行政机构一样,也是由这五种要素构成的。

(1)行政管理职能

行政机构的管理职能是根据国家法律法规赋予行政机构的管理行政事务的社会公共职责。从职能的过程和作用方式来看,就是行政机构对所辖对象的计划、指导、协调、控制、沟通、监督职能的总和。行政机构的职能十分重要,因为正是行政管理职能决定了政府行政机构的规模、结构、形式和管理方式,行政职能反映出行政机构活动的基本方向、根本任务和所发挥的作用。

科学地认识和确定行政管理职能对行政管理体制改革十分关键。只有在进行行政体制改革的过程中,同时科学地实现行政管理职能的转变,才能取得行政管理体制改革的成功。

(2)行政管理机构

行政机构是享有有限行政权力的行政主体,是行政管理活动的具体承担者,是行政管理体制中的骨干要素。

(3)行政管理人员

管理人员指在行政机构中占据一定地位,负有一定责任,从事一定行政事务操作的工作人员。行政人员是行政组织的细胞,一切组织的功能,最终都要依靠行政人员的努力来实现。因此,行政人员的素质对行政管理的效率和水平起着决定性的作用。如果行政人员素质优秀、训练有素、纪律严明,可以弥补行政机构的不足;相反地,行政人员素质低下、纪律松弛、业务荒疏,即使再完善的行政机构,其功能也无法有效发挥。

行政管理人员配备的数量与专业结构主要取决于每个具体行政机构的职能和权责。一般来说,专业经济行政管理机构既有专业技术强的技术经济业务,也有一般性行政事务工作,更有组织、领导、指挥、协调工作。因此,专业行政机构主要包含三类人员:领导人员、专业技术人员和一般工作人员。不同层次的行政领导人员要按管理岗位确定;专业技术人员要按"按需配备、定岗定员、一专多能"的原则确定;一般行政人员按劳动定额和工作量安排。履行社会公共事务的行政机构,无论属于行政性质或是事业单位,行政管理人员都要按国家公务员标准录用。

(4)行政管理规则

交通行政属于专业行政部门,对这类部门而言,行政管理规则主要包括四个方面:有关法律、法规和规章;国家制定的相关政策;行业(产业)专业技术标准与规范;各专业行政管理机构依法制定的工作章程、作业制度等。

(5)行政管理运行机制

行政管理体制是一个由多个实体要素和关系要素构成的有机整体,在其运转过程中,各组成部分之间要发生大量的物质、能量和信息的交换,同时显示出相互之间的联系、作用的方式和规律,这就是行政管理体制的运行机制。

归纳起来,它主要包括6种机制:竞争机制、(合同)约束机制、激励机制、协调机制、反馈机制和监督机制。

①竞争机制指各种管理机构之间以及管理人员之间相互比较、彼此竞争、优胜劣汰的机制。竞争机制在行政管理资源的优化配置上发挥作用。

②约束机制指在履行行政管理职能过程中,行政机构与管理对象之间、与社会各阶层之间、与上级行政管理机构之间,通过合同、协议和规定等各种方式所形成的互相约束的机制。

③激励机制。激励机制也表现为管理办法,主要指在履行行政职能中,通过制定工作目标、规定奖惩办法,根据各类管理主体的实际工作业绩和考核决定升迁、兑现奖励与惩罚,以刺激管理主体积极性,提高管理效率的机制。

④协调机制。行政管理内容丰富、涉及面广,管理主体和客体的层面及种类都很多,因此,协调管理是十分必要的。行政管理的协调机制表现的方面主要有:纵向上上下级管理机构之间的协调;横向上与其他政府部门之间的协调;行政管理机构内部诸要素之间的协调。在协调机制中,协调要素之间必须注意就目标一致达成共识,以建立部门相互支持为主导的关系,并形成合力;在上级与下级管理机构之间要在分清职责条件下,落实权利与责任,达到

政令畅通、运转有序;在管理体制内部诸要素间实现有机结合,对管理体制外部社会和经济环境要表现出适应能力强,能够应付自如。

⑤反馈机制。行政管理机制是一个开放的大系统,它由众多的分系统和更细的子系统构成。按照系统工程理论,建立有效的反馈机制,将管理工作中各种资源信息、工作信息、效果信息及外部作用信息及时反馈给管理行为主体,由管理主体做出科学灵敏反应并采取正确管理措施,从而实现行政管理体制高效率的工作。

⑥监督机制指在行政管理体制中,各个管理主体的自我约束和相互督察关系。

关于以上所述的行政管理体制构成要素的相关内容,如图 7-5 所示。

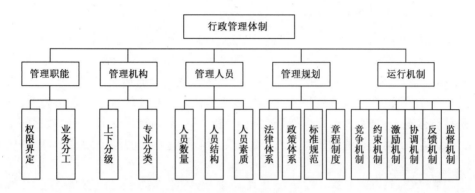

图 7-5　行政管理体制构成要素

总之,行政管理体制的五大要素有机结合,形成一个完整的大系统。各类要素间的相互关系体现在管理活动中各自不同的地位和作用上,体现在它们彼此之间相互联系、相互配合、相互制约的过程中。在行政管理体制的 5 个构成要素中,管理职能配置和权责划分是体制设立的基本前提,管理机构是体制存在的物质基础,管理人员是体制运作的动力,管理规则是体制运作的规范依据,运行机制是体制有效运转的保障。

3)行政管理机构设立的原则

(1)集中统一领导与分级管理相结合

集中统一领导指在任何行政机构中,必须实行统一领导而不能形成两个或多个指挥中心;同时,为了保证统一指挥、统一政策、统一计划、统一行动,最高指挥层应当集中必要的权力。

实行集中统一领导,不是把一切权力都集中在最高领导层。合理的层次设置和分权也是必要的,合理的分权能发挥各层次机构的主观能动性,有利于形成强有力的指挥体系。二者结合的度不能一概而论,而应从行政体系的实际需要出发确定。

(2)责权一致的原则

责权一致指职责、职权要一致。在行政机构内,既要明确规定每一个机构、每一个职位的职责范围和事务行为,又要赋予其完成职责和事务行为的权力,使二者相称、协调统一。

(3)精简与效能原则

指在行政机构设置时,要精简一切可有可无的机构,剔除多余的或不称职的工作人员,以简练的机构、少而精的人员和最低的成本消耗,高效率地实现管理目标,切忌因人设事和机构臃肿。精简和效能原则是行政机构设立的核心问题,也是评价行政机构合理化的标准。

(4) 沟通与协调原则

沟通指在行政机构内部和机构之间运用各种方法彼此交换意见和信息，使每一机构的工作情况及其所提工作方案、设想、政策等，能为其他机构所了解，为搞好协调打下基础。协调是使机构及其内部各部分之间分工协作、相互配合、和谐统一，求得行动上一致，形成系统合力。

(5) 稳定性和适应性原则

机构的设立要稳妥进行，要做到法制化，避免随意性。机构设立之后，要有相对稳定性，变更机构要依据法律、法规规定的程序进行，防止打乱行政机构的正常运行。

7.2.2 交通行业安全责任监管现状

如前文所述，我国当前对于交通行政的理解与国际上存在很大差异。我国所谓的交通行政管理，现实中仅指交通部管辖范围内的行政活动，即对公路交通和水运（内河航运和海运）交通的行政活动，而不包括铁路、航空和管道三种方式的交通运输行政活动。

按照行政学原理，交通行政管理是交通行政机关代表全社会的根本利益进行管理的，它追求的是社会效益。因此，我们也可以说它是交通管理中最高层次的管理，而其他的交通管理活动，比如说一个运输企业的管理活动，则主要追求的是企业的经济效益，这里的区别是很大的。

我国现实的交通行政，是以中华人民共和国交通部及各省级人民政府交通厅（或交通委员会，简称交通委）、市、县人民政府交通局为行政主体，通常我们称它们为各级政府交通主管部门。

各级政府交通主管部门下面又根据交通行政管理对象和职能的不同分设不同的交通行政机构，并授权这些机构实施具体管理。目前我国交通行政事务的类别主要包括：道路运政、公路路政、交通规费征收稽查（含收费公路通行费征收稽查）、水路运政、航道行政及港口行政。其中，道路运政和公路路政是公路交通行政内容；水路运政、航道行政和港口行政是水运交通行政内容；而交通规费稽征则既涵盖公路交通，也包括水运交通。我国交通行政类别的多样性导致了各级政府交通主管部门内部机构设置的多样性和复杂性。

我国道路交通的安全管理为交通部门和公安部门两家共管，并涉及宣传、司法、计划、建设、工商、财产、卫生、教育、安全监督等17个政府部门。其中，交通部门负责道路规划、建设、路政管理、稽征管理、水上交通安全、危险化学品和客运车辆、道路交通安全设施的监管。公安部门负责道路交通、消防安全、民用爆炸物品和烟花爆竹、危险化学品运输过程中的安全监管。

为了加强领导，我国还建立了全国道路交通安全工作部级联席会议制度。联席会议包括公安部、中宣部、发改委、教育部、工业和信息化部、监察部、司法部、住房和城乡建设部、交通运输部、农业部、商务部、卫生部、工商总局、质检总局、安全监管局、法制办、保监会、总后勤部、武警部队共19个部门和单位。公安部为联席会议牵头单位，联席会议召集人由公安部分管副部长担任，联席会议成员为有关部门和单位负责同志。

联席会议的主要职能是在国务院领导下，掌握全国道路交通安全情况，分析道路交通安全形势，研究政策，制定中长期战略规划；统筹研究全国道路交通安全工作，对全国道路交通安全工作进行部署，指导和监督各省、自治区、直辖市人民政府及其职能部门的道路安全工作;协调解决涉及相关部门的道路交通安全问题,促进部门协作配合,实现信息共享,建立长效机制,预防和减少道路交通事故,全面推进道路交通安全工作。

此外,国务院安全生产委员会办公室还完善了指导和督促检查机制,对发生重特大道路交通事故的省份及时进行通报和约谈。

综上所述,我国道路交通安全工作格局已经基本形成。这一监管体制可以归纳为:政府统一管理、部门依法监管、企业全面负责、群众参与监督、社会监督支持。交通部门是交通行业的主管部门,属于交通安全监管的专项监管部门。

尽管公路交通行业安全监管工作取得了很大的成绩,但仍然存在一些问题。

(1)总量不足。随着经济的发展,公路交通行业安全监管的能力和水平虽有了很大提高,但仍远远不能满足人口增长和广大人民群众日益增高的对交通安全改善的要求。安全监管任务与行政力量配置的矛盾突出。随着经济、社会的快速发展,车流、人流、物流激增,交通行业安全监管任务十分艰巨。而与此相对的却是交通行业安全监管力量严重滞后,安全资金投入不足,人员编制较少,技术水平较低。

(2)配置不均。全国范围内存在比较突出的结构失衡问题,城乡差距很大,区域之间不协调,不仅交通安全监管的硬件设施差距大,人员素质、服务水准等软件方面的差距也大。基层安监干部队伍结构不合理,专业人员尤其是高层次专业人才非常少。同时,由于受进入来源、学习经历与层次水平的影响,干部满足岗位需求的能力以及综合素质表现为参差不齐。

(3)体制不顺。安全监管体系尚未有效建立,一方面提供的监管量还不够大,另一方面也不规范,随意性较强,不同层级政府之间的权责分配上缺乏详细明确的规范,国家加大对政府分管领导和安监人员责任追究力度,却没有赋予基层执法部门保障执法效果的必要权力,权责利不对等,基层分管领导和安全监管人员的思想压力大,责任大,待遇有待提高。

(4)效率不高。从宏观方面看,缺乏统筹规划,特别是缺少长期、专项规划。从微观方面看,监管手段落后,高新技术应用少。监管任务极其繁重,越到基层,监管任务越重,但财力、物力、人力的配备很少,一线执法开展有困难。另一方面,部门间缺乏有效的沟通与协调,降低了监管效果。

7.2.3 交通行业安全责任监管的机构组成与设置

交通行业安全监管机构是交通行业安全监督管理活动的具体行政主体,其状况决定了交通行业安全生产工作的监管水平。本研究根据前文所述的行政管理学的基本理论,考虑到交通行业的特点,针对交通行业安全监管现状,结合地区实际情况,参考郜恩崇等学者的理论观点,提出了以省级道路运政管理机构为主的省交通部门安全监管机构组成与设置模式,主要包括:

(1)取消市(地)、县(市、区)及以下管理层级,在省交通厅下设省道路运输管理局,由省运管局对全省道路运输进行垂直统一的行政管理。

(2)省运管局根据辖区特点和管理的需要,将全省分区(每区可包括一个市或几个市)设立道路运输管理派出机构,名称可叫道路运输管理分局或其他。

(3)根据实际需要,在运输量集中的区域或重要的运输枢纽设立道路运输分局的下属管理机构道路运输管理站。

(4)道路运输管理分局和道路运输管理站由省道路运输管理局垂直领导,代表省运管局行使所辖区域道路运输管理职责,其人员编制、管理业务、经费开支、工作计划由省运管局统一管理和考核。

(5)道路运输管理分局和道路运输管理站的具体职能按省级职能局和职能局派出机构进行配置。

具体结构模式如图7-6所示。

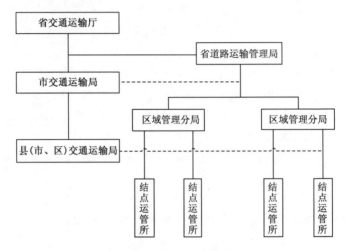

图7-6 省级交通部门安全监管机构模式

该模式有以下优点:由于权力中心集中在省级运管机构,这样更有利于对全省道路运输实行集中、统一行政管理,全面适应道路运输的动态性、网络性、跨区域性和多环节协作性的特点;有利于破除地方保护主义壁垒,为道路运输资源在更大范围自由流动和优化配置提供体制保障;有利于精简机构和精简人员,提高运政管理队伍素质。从理论上讲,这是一种适应现代市场经济制度的较理想的运输管理结构模式。市场经济发达国家的实践也证明了这种模式的有效性。从我国道路运政管理体制改革的长远规划来看,这是一种科学的选择。

然而这种模式的改革力度大,因此近期采用要慎重,可以采用调整幅度小,符合渐进式改革规律的分阶段改革方案。

7.2.4 交通行业安全责任监管人员

现代管理的核心要素在于人,人是所有行政管理活动的主体。各级交通安全监管机构的工作人员应当定编、定岗、定员、定职务、定期考核、择优录取;各级交通安全监管人员的配备要坚持"统一、精简、高效"的原则;各级交通安全监管人员要有计划地分期、分批进行培训,以提高其政治、业务及文化水平。

建设专业化安全监管队伍,完善监管执法人员培训、执法资格、考核等制度,建立以岗位职责为基础的能力评价体系。严格新增执法人员专业背景和选拔条件。建立完善安全监管实训体系,开展安全监管执法人员全员培训。

交通安全监管人员的素质是决定并构成交通安全监管人员功能发挥的有机组合,是交通安全监管人员从事交通安全监管工作应具备的内在素质,主要包括思想政治素质、道德素质、知识素质、业务素质、心理素质、身体素质等。交通安全监管人员素质的高低已经成为做好运政管理工作的关键因素。

交通安全监管工作涉及面广,情况复杂,政策性强,处理难度大,已经成为人们观察政府工作的重要窗口,很容易引起社会各方面的关注。要搞好运政管理工作,就必须配备一支思想好、纪律严、作风硬、效率高的交通安全监管队伍。全面提高交通安全监管人员的综合素质,树立良好的作风纪律,是各级交通安全监管机构一项长期的重要任务。

1) 思想政治素质

思想政治素质属于社会历史范畴,在社会发展的不同时期有不同的内涵,主要指为哪一阶级服务、政治立场是否坚定等。交通安全监管工作是由国家法律法规赋予的、由交通安全监管人员代表国家行使的一项神圣职责,交通安全监管人员必须具有良好的思想政治素质。

一个合格的、高素质的交通安全监管人员,首先要注重学习马列主义、毛泽东思想、邓小平理论和"三个代表"重要思想,树立正确的世界观、人生观和价值观,坚持四项基本原则,具有较高的政治觉悟,有坚强的政治信仰,把爱党、爱国、爱社会主义和爱岗敬业当成追求的目标,把自身的工作和人民的利益联系在一起;要有很强的事业心和工作责任感,兢兢业业、一丝不苟,认真做好每一份工作;还应该树立适应新时期改革开放和构建和谐社会的科学发展观,不断提高自己的思想政治素质。

2) 职业道德素质

道德素质是指用什么样的道德准则规范自己的管理行为,这涉及个人的道德修养问题。

交通安全监管人员的道德素质不仅直接影响其工作态度和工作方法,而且还由于被管理者法治维权意识的不断提高而影响到行政权威。随着现代管理实践的发展,管理者的道德品质越来越显示出其重要性,已成为搞好行政管理的重要因素之一。

3) 专业知识素质

专业知识是个人能力的基础,是决定管理质量的一个重要因素。管理能力的高低并不是以绝对知识量的多少为主要依据的,关键在于知识结构是否合理。运政管理涉及面广,管理对象复杂。一般来说,交通安全监管人员的知识结构应该专、博结合,以专为主。"专"是指交通安全监管人员应该具有交通运输专业方面的知识,包括道路客运、货运、相关业务等方面的知识;"博"是指不仅要掌握具体的业务,还包括广泛了解各种知识,如自然知识、社会知识、哲学、行政学、法律、经济学、心理学、公共关系学等。作为一个现代管理者,所掌握的知识越多,在管理活动中的自由度就越大。因此,交通安全监管人员必须有较广泛的跨学科、跨行业的理论知识和实践技能,否则很难适应现代管理工作的需要。

另一方面,知识素质还包括交通安全监管人员善于更新知识的能力。一个优秀的交通安全监管人员要不断加强学习,主动接受新知识、新理念、新技术,以适应时代发展的需要。因此,交通安全监管人员不仅要有过硬的专业知识,要掌握与道路运输相关的知识,而且要不断地进行更新,只有这样才能真正适应不断变化的环境,不断提高交通安全监管工作的效率与质量。

4) 行政业务素质

业务素质主要指业务能力。合理的知识结构只是一种潜在的才能,必须使其在管理实践中发挥出来,才会变成实际的管理能力。交通安全监管人员的业务素质主要包括以下几个方面的能力。

（1）综合分析能力。交通安全监管工作涉及面广，遇到的问题错综复杂，运政管理人员要科学、合理、高效地解决问题，就必须具有较强的综合分析能力。交通安全监管人员要善于运用逻辑思维，把交通安全监管过程作为一个系统对待，了解管理过程中各种职能的关系。只有这样，才能在众多复杂因素中，发现关键因素并解决问题。

（2）组织协调能力。交通安全监管人员要善于运用组织力量协调外部的各种关系，建立对外协作的正常秩序，既要注意保障本系统的正当权益，又要善于做出必要的妥协，以争取较好的外部环境。

（3）决策能力。决策是管理的五大职能之一，贯穿于管理活动的全过程。从一定意义上讲，管理就是决策。而决策的质量如何，特别是具有长远和全局意义的重大决策是否正确，往往关系到交通安全监管工作的兴衰。因此，一个优秀的交通安全监管人员应当具有较高的决策能力。

（4）开拓创新能力。交通安全监管人员面对不断变化的事物、不断变化的人和不断变化的需要，不应拘泥于已有的经验和办法，而要在正确认识事物发展规律的基础上，大胆探索新的方法，包括学习和借鉴其他国家、地区、部门的先进管理经验，结合本国、本地区、本部门的实际，创造适合交通安全监管系统的管理形式和管理方法。

交通行业安全监管技术建设要坚持科技创新与进步，着力增强安全管理手段。引进吸收国际先进设备和工艺，提高装备的安全可靠性。建立交通运输企业生产经营综合信息网络，提高安全信息化管理水平。加大重大安全技术问题的研究，建设以企业为主体的技术创新、技术开发以及科技服务体系，围绕安全生产技术难题集中进行科技攻关，建立安全隐患的预测预报系统。

7.2.5　各监管部门职能协调与综合执法模式

行政综合执法是我国当前行政管理体制改革的重要内容之一。

【综合执法】：即行政综合执法是指由一个行政机关行使几个有关行政机关的行政处罚权，或者是指一个部门内部不同门类的行政执法由一支行政执法队伍统一行使的制度。

1）综合执法的法律依据

实施行政综合执法是有法律依据的。《中华人民共和国行政处罚法》的第十六条规定："国务院或者经国务院授权的省、自治区、直辖市人民政府可以决定一个行政机关行使有关机关的行政处罚权，但限制人身自由的行政处罚权只能由公安机关行使"。

该规定就是行使综合执法的法律依据。根据该规定精神，一个行政机关可以行使多个相关机关的行政处罚权，当然也包括在一个部门内部不同门类的行政执法由一支专门的行政执法队伍行使的情形。行政综合执法的核心是由专门的执法队伍行使行政处罚权，因此，也有人把它叫作行政执法专业化。

2）综合执法模式建设内容

（1）建立交通综合行政执法机构

由交通主管部门组建统一的交通综合行政执法机构；水运较多的省份可以按照公路执法、水路执法两个领域分别组建交通行政综合执法机构。该机构系当地交通主管部门的下属单位，代表交通主管部门集中统一行使法律、法规、规章赋予交通部门的行政执法职能。

(2)确定交通综合行政执法职能

交通综合行政执法可归结为"行政管理的决策和执行职能相对分开,行政执法职能综合统一行使",即在交通部门内部将制定政策、规范制度、规划协调、行政指导、行政审批、执法监督等行政管理职能与实施行政检查、行政强制、行政处罚等职能相对分开,在此基础上,组建相对独立、集中若干交通执法门类的行政执法机构,专门负责行政检查、行政强制、行政处罚等职能,实行交通综合行政执法。在行政处罚权等特定的交通行政执法职能相对集中后,有关交通管理机构不再行使已统一由综合执法机构行使的交通行政执法职能。

(3)完善交通行政执法制度

建立健全相关的交通行政执法制度,是推行综合行政执法的重要保证。

(4)加强交通行政执法队伍建设

执法人员素质的高低直接影响交通部门的社会形象。要加强对交通行政执法人员的教育和日常管理,尤其是要注意加强对执法人员的政治思想教育和职业道德教育,同时进行业务素质和法治素质教育。

7.3 交通行业安全绩效评估体系建设

自从绩效评估开始被引入政府部门以来,历经30多年的发展,公共部门绩效评估已成为政府管理工具箱中的一件有力武器。在管理实践中,它对提高公共服务效率和质量,改进政府绩效所起到的作用已毋庸置疑。本节根据新公共服务理论中绩效评估的基本原理,提出公路交通行业安全绩效评估体系,得出有益于提升公路交通行业安全绩效评估的启示。

7.3.1 绩效评估的理论基础

新公共服务理论是以美国著名公共管理学家罗伯特·丹哈特为代表的一批公共管理学者基于对新公共管理理论的反思,特别是针对作为新公共管理理论之精髓的企业家政府理论缺陷的批判而建立的一种新的公共管理理论。该理论将公民置于整个治理体系的中心,强调政府治理角色的转变即服务而非导航,推崇公共服务精神,旨在提升公共服务的尊严与价值,重视公民社会与公民身份,重视政府与社区、公民之间的对话沟通与合作共治。

政府绩效评估作为各国持续改进和提高政府部门绩效的一种新的管理理念和方法,是当今许多国家落实政府责任、改进政府管理的一个行之有效的工具。新公共服务理论的出现对于政府绩效评估也具有借鉴意义。诸多学者对此进行了大量的研究。以下将其中与绩效评估相关的一些较为成熟的研究成果予以归纳总结。

1) 绩效评估的基本概念

绩效(Performance),单纯从语义学的角度看,包括成绩和效果。"成绩"强调对行为或活动的客观测量,"效果"则关注这种行为或活动影响的主观评价。绩效是对二者的综合,即产出(Output)和结果(Outcome)的统一。从普遍意义上而言,绩效是对特定行为或活动的全面、系统的表征。

产出是指所提供的服务,常以数量来表示,但也包括一些关于质量的表述。

结果指提供某种服务及服务对使用者带来益处后的情况。

【绩效评估】:对行为或活动的产出和结果进行经济、效率和有效性维度的测量,以判定其达到既定目标的程度。

一般而言,绩效评估主要包括两方面的内容:正确地做事和做正确的事,前者通常与产出相关,后者往往涉及结果。

【绩效目标】:以切实的、可衡量的指标表示的绩效目标水平,能够以此对实际成果进行对比,包括以数量指标、价值或比例表示的指标。

【绩效指标】:用于衡量产出或成果的具体价值或特定指标,是生产、管理活动中某一特定方面功效的规范化的量的显示。

2)绩效评估的意义

绩效评估是政府公共部门改进绩效的一种管理工具。它不仅有助于政府正确地建立目标和测量结果,客观地估计和证明政府部门资源要求的合理性,公正地对资源进行再分配,有效地开发组织改进战略和促进政府雇员改进绩效;而且有助于对政府部门履行职责、权力行使以及回应公众需求的情况进行有效的监控,更为重要的是,绩效评估还有助于改进政府的决策,把政府决策的基础从个人经验推向对可测量绩效的证明或证伪,进而提高政府决策的科学性和决策执行的有效性。

3)绩效评估的架构

一个优秀的绩效评估架构必须具备:社会目标、项目计划、绩效衡量和数据收集、绩效报告。

构建绩效评估体系常用的一种途径是从经济、效率、有效性三个维度着手进行(图7-7)。

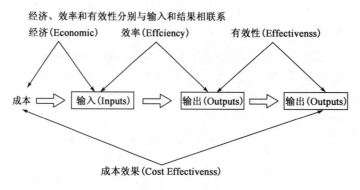

图7-7 绩效评估体系的不同维度

成本是获得资源花费的金钱;输入是提供服务需要的资源(人员、原料和基础设施);输出是向公众提供的服务;结果是实际的影响和提供服务的价值。

绩效的三个维度分别界定为:

(1)经济是以最低的成本获得适当数量和质量的人力和物力资源(人员、原料和基础设施)。

(2)效率是给定资源输入的前提下最大化产出或者使用最少的输入得到既定数量和质量的服务。

(3)有效性是使组织满足公民的诉求,通过一个项目或活动实现其预定目标或者既定目的。

4)绩效评估的指标

绩效评估指标是绩效评估操作性的关键。应根据绩效目标,实现绩效目标的途径,评价

对象所应履行职责,绩效评估途径的三个维度等合理设定绩效评估指标。良好的绩效评估指标应具有以下特性:

(1)明确性

绩效指标应当明确、清晰地界定。模糊的描述会导致误解和混乱。然而过于复杂、过于严格的界定也会使绩效信息的搜集变得困难,应该予以避免。尽可能使用现有的界定,这样有助于保证绩效信息的连贯性。应当避免与现有界定不同但相近的界定,这会造成数据搜集的重复,并导致混乱。

(2)易于理解

用术语界定的指标应当使信息的使用者能够理解,即使使用技术术语对指标进行说明也应当如此。针对公众提供的指标应当避免管理上的行话或者抽象的概念。

(3)可比性

指标应该是尽可能稳定的,以便能与过去或其他组织进行比较。实现绩效指标可比性要求进行比较时必须考虑组织所处的背景。如果指标不具有直接可比性,可以采用把数据标准化的方法。例如,用数值表示的比率能够使不同地区之间人口统计学上的差别具有可比性。然而,计算这样的比率需要质量更高且更为详细的信息。还可以考虑采用分解数据的方法,把那些可能歪曲结果的数据单独分离出来。比如,将一级指标分解为多个二级指标。分解数据会增加指标的数量,但对于获得有效可比的数据而言,是必需的。

(4)可验性

指标应当能够聚集和分解成数据以能够重复计算。如果可能,还应当适当说明使用的统计技术和抽样方法。指标应当源于充分的数据搜集系统,管理者应当核实信息的精确性和方法使用的一致性。在组织的不同层级强调外部质量控制的重要性。外部的检查,比如外部审计和检查的形式都应该成为内部控制程序的补充。

所有指标的获得都应当有证据,最好是书面证据。在没有其他证据的情况下,也可以在书面证据中增加定性指标的比重。

(5)避免不当刺激

构建绩效指标时,要考虑指标鼓励的是什么行为。指标可能鼓励破坏生产的行为,这点应当尽可能避免。不恰当的绩效指标鼓励管理者把没有测定的问题转向其他组织,或根据已被测定的活动不当的分配资源。有时,为了防止这些行为,可以采用几个平衡指标。

7.3.2 公路交通行业安全绩效评估体系

1)绩效评估的原则

确定绩效评估的内容和评估框架需要遵循一定的指导原则。根据有关政府文件,省级交通行业安全绩效评估的原则是:

(1)目的明确。明确使用绩效信息的主体,以及如何使用、为什么使用。

(2)重点突出。绩效信息应当关注对组织而言最重要的东西——核心目标与需要改进的服务。

(3)平衡协调。所有的绩效指标应当能够体现组织的全部绩效状况,从结果和使用者的角度凸显组织的绩效。

2)绩效评估的目的

(1)改善管理。改进交通行业内部的安全管理工作。

(2)提高服务。将重点放在关注成果、服务质量和用户的满意度上,改善交通行业安全工作的效果和公开性。

(3)改善决策。通过要求制定交通安全目标计划和提供计划完成成果及服务质量的信息,帮助管理者改进所提供的服务。

3)安全绩效评估体系的构架

(1)安全绩效评估的依据

公路交通行业安全绩效评估体系的主要依据包括:安全战略规划、年度安全绩效计划、年度绩效报告、安全绩效预算。交通行业内的各级管理部门自行制定本部门的安全绩效计划、安全绩效报告,并提出安全绩效预算。

交通行业内的各部门制定本部门的未来5年的交通安全战略规划,用以综述该部门的主要职能和工作任务、总体目标及具体目标,完成这些目标所需要的资源,以及对部门外和无法控制的但能对总体目标和具体目标结果产生重大影响的关键因素。

年度安全绩效计划是各部门向上级主管部门提交的每年度的绩效计划,为部门的每一个项目设定和量化绩效目标和水平,制定和验证衡量评价所需的绩效指标,并对所需资源进行报告说明。年度绩效计划提供了安全战略目标的管理者与下级各单位间的日常工作联系。

年度安全绩效报告是下级单位对上级管理者提供的对上一计划年的绩效计划完成情况进行的总结,包括检验是否达到绩效目标;对绩效计划的评价;对未能达到绩效的目标进行解释并提出改进方案和时间进度表。年度安全绩效报告是对管理者、决策者和公众的一种反馈。安全绩效预算以年度绩效计划为起点,将预算金额与期待结果挂钩,是结果为导向的开支预算。

(2)安全绩效评估的途径

交通行业安全绩效评估体系从经济、效率、有效性三个维度着手,即安全绩效评估的三种基本途径:经济维度,即安全投入-产出绩效评估。主要评估交通行业内政府的安全投入和产出。效率维度,即安全管理绩效评估。主要评估交通行业内政府管理的能力。有效性维度,即安全结果评估。主要评估政府活动的产出和效果。

(3)安全绩效评估的流程环节

公路交通行业安全绩效评估的流程环节包括:①明确交通安全服务的目标。主要是根据地方性法律法规等,明确所要提供的交通安全服务目标。②制定指标体系。根据确定的服务目标,制定具体客观、可量化的指标。在难以采取定量的指标情况下,制定定性的具体指标。按照不同层级,从三个维度,建立指标体系,并确保各指标良好、有效。③收集分析资料信息。收集、整理、分析数据资料与信息,保障评估指标的信息来源。④实施综合评估。根据指标体系,对评估对象进行综合评估,完成安全成绩效报告,并上报审查。⑤信息公开。按照政府信息公开的相关法律法规,对公众公开安全绩效评估报告。公开的形式既要广而告之,又要注意节约成本。

4)指标体系研究

公路交通行业安全绩效评估指标体系是公路交通行业安全绩效评估体系的子体系,是绩效评估操作性的关键所在。绩效指标体系构建的恰当与否直接关系到绩效评估的科学性和客观性。

(1)绩效评估指标的分类

按照安全绩效评估途径的三个维度,可以将安全绩效评估指标分为三类。

投入产出类指标评价涉及的问题是:应当提供什么水平的服务?应当提供多少单位的服务?提供服务需要什么资源?

投入的衡量包括财政资源(如安全项目支出)和人力资源(如用于安全项目的人员配置)两个方面。产出的衡量包括生产或提供的数量(如使用安全服务的客户数量)、服务质量(如达到安全服务的标准)、客户满意度(如客户满意的百分比)、效率(如安全平均成本)。

管理过程类指标所评价的问题是:达到上述产出需要做什么?我们正在朝着实现目标的方向前进吗?

结果评价类指标所涉及的问题是:这项服务的影响是什么?政府实现了既定目标吗?使我们确定现在这个目标的问题仍然存在吗?

结果的衡量包括短期结果衡量(如安全培训的人员数)、中期结果衡量(如由安全培训项目促成的工作安排)、长期结果衡量(如个人自我感觉的安全状态)。

(2)绩效评估指标的分级

不同级别的组织或活动所提供的公共服务是不同的,因此,其相应的绩效指标也应该是不同的。

根据公路交通行业安全管理实施级别的不同,可将绩效评估指标分为三个层级:省级、市级、县(区)级。高层级的绩效指标与组织宏观问题相关;低层级的指标则着眼于具体和日常管理事务。

(3)绩效评估指标的数据来源

绩效评估的有效性依赖于充足、准确的绩效指标的数据来源。要完善基于绩效评估指标的数据共享系统。要建立专门的程序以确认绩效信息来源的有效性。要设计科学合理的问卷调查方法。可以考虑引入社会中介参与评估。另一方面,在设计绩效指标时,应尽可能地保证绩效指标能够利用现有的绩效信息系统就可以获得。

(4)常用安全绩效评估指标建议

尽管不同评估对象所对应的安全绩效评估指标有所不同,但对整个公路交通行业来说,存在一些常用的安全绩效评估指标。本课题提出了一些常用安全绩效评估指标的设计建议。群死群伤的特大交通事故数指标(一次死亡10人以上、一次死亡5人以上、一次死亡3人以上);万车交通事故次数指标;万车死亡人数指标;万车受伤人数指标。

5)完善安全绩效评估体系

绩效指标不是仅靠主观努力就能完全实现的,必须正视客观条件的影响,尤其是在各地区生产力和安全生产不高而且水平差异较大的情况下,应充分考虑事故发生的不确定性,考虑不同区域实现指标的复杂困难程度以及在完成指标的过程中的主观努力程度,同时还要考虑所提出的指标实施保障措施的有效性。因此,仅通过绩效指标来评价和考核一个地区的安全管理绩效有失合理性,不应简单地以指标决胜负,应当把对指标的完成情况作为安全生产考核评价内容的一部分来综合考虑,绩效的评估和考核应以指标值的达到程度作为主要依据。

交通安全的改善是一个系统工程,在制定绩效控制指标时,应提出相应的组织、计划,制定预防事故和改善的方案,加强进度监控和定期评估,建立完善激励约束机制及相应的监管体系。应建立安全绩效的动态跟踪反馈和评估制度,对重要指标的完成情况和实施进展进行评估,有利于及时总结经验,发现问题,研究提出对策措施,从而确保最终目标顺利实现。

7.4 交通安全信息化体系建设

7.4.1 体系建设需求分析

1)行业管理部门需求

(1)省级需求

主要来自省级普通国省道干线公路管理部门和高速公路管理部门对全省普通公路、高速公路基础设施技术状况监测、收费、治超、交通情况调查、气象灾害监测、路政及养护移动巡查、计划性施工封路等业务过程中所获取的公路基础设施技术状况信息、公路交通运行状态信息、环境状况信息、异常事件监测信息、交通异常事件及阻断信息等进行统一接报、汇总、处理分析、发布,实现对全省公路日常运行状态及设施可使用状况的全面动态掌握,为应对公路突发事件提供有力支持。

省级公路运行信息主要通过市州级、县级相应管理部门的人工巡查、统一语音接报、自动设备检测等方式获取,同时还需与道路运输、水路运输等省级交通管理部门,与省级国土、气象、公安等部门保持信息互通。

在日常情况下,省级公路管理部门需要根据公路运行监测信息,结合公路网的实际状况,采取实时交通保畅措施,对公路网运行进行统筹调度,通知并协助公安交管部门对交通进行合理组织和疏导,从而提高公路运行效率,避免或延缓突发事件的发生。

(2)市级需求

主要来自市级普通国省道干线公路管理部门和高速公路管理部门对所管辖区内公路基础设施技术状况监测、收费、治超、交通情况调查、气象灾害监测、路政及养护移动巡查等业务过程中所获取的公路基础设施技术状况、环境状况、公路交通运行异常及阻断等信息进行统一值守、汇总上报、信息发布,并根据辖区路网疏散能力,进行诱导组织和疏散、一旦突发交通事件出现、及时做好抢险保通的人员、车辆、装备和物资的准备工作。市州级公路运行信息主要依靠移动巡查、自动设备检测的方式获取,并与市州级交通主管部门及相关联动单位保持信息互通。

(3)县级需求

主要来自县级普通国省道干线公路管理部门和高速公路管理部门对所管辖区内公路基础设施、交通运行路况、收费、治超、交通情况调查、路政及养护移动巡查、交通运行环境等业务内容的日志记录、信息汇总和上报。日常交通运行管理过程中,对自动化监测设备的使用状态进行检查、维护和保修登记。在异常交通和不良气象条件下,收集上级主管部门和相关部门的实时信息,进行沿线发布和组织疏导,保证车辆畅通;一旦突发交通事件出现,及时做好抢险保通的人员、车辆、装备和物资的准备工作。

2）其他相关部门需求

（1）交通运输部

需要按照突发事件信息报告等相关制度和流程，接收Ⅱ级及以上级别突发事件报送信息，可实现信息的在线接收和跟踪反馈。需要根据相关统计报表制度在线接收各类统计报表，对统计工作质量进行监督。

（2）省政府及相关委办局

应急处置工作需要在省政府的统筹协调下展开，需要省政府相关委办局的配合；其他领域的突发事件应急处置工作也需要交通运输部门提供相关信息和开展业务协作。

突发公共事件应急指挥部门需要按照突发事件处置的相关制度、预案，接收突发事件报送信息，以及突发事件事后评估、统计信息；按照突发公共事件应急委员会的决定，发布突发事件应急处置指令。

公安交管部门需要获取公路实时路况信息、突发事件信息；需要提供突发事件过程中的应急区域及周边路网的交通组织、交通疏导方案信息等。

其他委办局需要获取实时路况信息、突发事件信息等。

（3）邻省交通运输厅

邻省需要及时通报跨公路的交通拥堵信息、交通阻断信息、突发事件信息等公路动态运行情况信息。需要及时共享跨边界的风险隐患信息。需要共享应急资源信息，以及共享协同处置的突发公共事件指挥调度信息、协同处置需求信息、应急资源援助信息、事件处置动态信息。

3）社会公众需求

（1）出行者

需要便捷地获取全省公路、水路出行基本信息。

需要通过网站、广播、电视、电子显示屏、短信、呼叫中心等多种方式，及时获取国省干线、高速公路实时路况、道路航道阻断、高速公路关闭、施工绕行、突发事件、处置进展、交通诱导、公众安全防护措施等信息。

（2）交通运输相关企业

需要及时了解交通法律法规、公路通行费收费标准等信息。

需要通过呼叫中心等多种方式，及时获取国省干线、高速公路实时路况、道路航道阻断、高速公路关闭、施工绕行、突发事件、处置进展、交通诱导等信息。

7.4.2 体系建设内容与规模

（1）建设路网运行管理系统。整合公路养护管理系统、路政管理信息系统、交通情况调查系统等业务系统，与行业外及跨区域交通管理部门共享信息，面向路网运行监测和管理人员，建设交通流监测与预警、路网环境监测与预警、基础设施技术状况监测与报警、交通突发事件监测与预警、路网运行状态综合分析展示、路网运行调度与协同管理、设备运行状态监测等7个子系统，实现公路路网交通运行状况、路网环境、异常交通事件、基础设施设备运行状态的监测管理，提高养护作业、路政管理、治超管理等业务协同水平，提升路网运行协调联动能力。

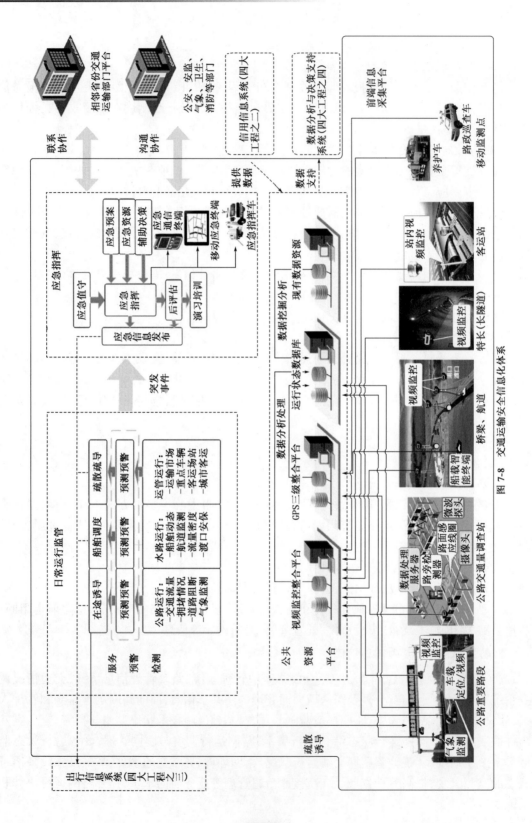

图 7-8 交通运输安全信息化体系

(2)建设道路运输运行管理系统。依托道路运输管理部门已有业务系统,整合共享信息资源,面向道路运输行业监管人员,建设道路运输市场运行情况监测、客运场站运行情况监测及预警、重点运输车辆安全监测与预警、城市客运运行管理4个子系统,实现道路运输市场运行情况、客运场站运行情况、运输车辆运行状况等动态情况监测预警功能。

(3)建设水上交通安全运行管理系统。整合共享信息资源,面向海事、航道、航务管理人员,建设重点船舶运行监测、航道运行管理、渡口码头运行监测等3个子系统,实现对重点船舶、重点水域、航道环境、码头安全作业情况、水上交通事故的监测管理。

(4)建设行业综合运行监测系统。依托以上3个系统的建设,根据省厅用户需求,整合行业实时动态信息和宏观运行指标,实现行业整体运行情况的全面掌握和动态监测。

(5)建设交通安全生产综合监管系统,依托安全生产标准化管理系统等现有业务系统,整合接入各类运行监测信息,实现安全生产达标管理、隐患管理、协同监管、综合查询和统计分析等功能。

(6)建设交通运输应急管理与指挥系统。接入路网、道路运输、水上交通安全等运行监测系统采集和产生的各类动静态信息,建设应急值守接报、应急资源管理、风险隐患管理、应急辅助决策、应急培训演练、应急指挥调度、应急信息服务、应急评估、应急统计分析等功能,形成省、市两级联动的应急指挥系统。

(7)建立全省统一的公路水路安全畅通与应急处置数据资源体系。新建和完善航道、港口、船舶、应急资源等基础数据库。完善车辆船舶动态、路网运行、航道码头运行、道路运输运行、应急预案模型、突发事件、风险隐患库等应用数据库,实现部省之间、与周边省份之间、省内交通运输各部门间以及与省内其他相关部门间的信息共享。

交通运输安全信息化体系见图7-8。

7.4.3 体系建设思路与框架

(1)以感知为基础,指的就是首先要使所设计的系统能够及时、全面、准确地感知公路水路交通运输动态运行状况,以及公共突发事件的情况。重点包括高速公路、国省干线公路的重要路段(易拥堵路段、突发事件多发路段、恶劣气象条件频发路段等)、特大桥梁、特长隧道、重点水域、重点运输车辆、四类船舶、重点客运站、港口、码头等。感知信息是整个系统正常运行的先决条件和基础,是系统设计成败的关键因素。

(2)以联动为主线,系统设计紧紧围绕协同联动的主题思路,重点打通已有系统、新建系统,行业内外,上下级部门之间的信息共享渠道,侧重行业运行协同、业务管理协同、区域间运行及应急处置联动功能设计,提高工程跨区域、跨部门之间业务协同效率。

(3)以服务为根本,交通安全信息化建设的根本目的是为行业提供优质的安全出行服务。

7.5 交通行业安全文化体系建设

安全文化建设是近年来安全科学领域提出的一项安全生产保障新对策,是安全系统工程和现代安全管理的一种新思路、新策略,也是事故预防的重要基础工程。我国《安全生产"十二五"规划》把"安全教育培训及安全社区和安全文化建设"工程作为九项重点工程之一。交通安全文化建设是公路交通行业安全发展战略的重要组成部分。加强交通安全文化建设,提高公众的安全素质,是保障交通安全的重要手段。

7.5.1 交通安全文化建设的理论基础

常规安全管理有时也称为传统安全管理,例如在宏观管理方面有安全生产方针、安全生产工作体制、安全行政管理、安全监督检查、安全设备设施管理、劳动环境及卫生条件管理、事故管理等;在微观的综合管理方法方面有安全生产"五大原则""全面安全管理""三负责制"等,还有专门性的管理技术,如"5S"活动、"三点控制"、安全班组建设等。

现代安全管理的理论和方法有:安全管理哲学、安全系统论、安全控制论、安全信息论、安全经济学、安全协调学、安全思维模式、事故预测与预防理论、事故突变理论、事故致因理论、事故模型学、安全法制管理、安全目标管理法、无隐患管理法、安全行为抽样技术、安全经济技术与方法、安全评价、安全行为科学、安全管理的微机应用、安全决策、事故判定技术、本质安全技术、危险分析方法、风险分析方法、系统安全分析方法、系统危险分析、故障树分析、危险控制技术、安全文化建设等。

经过大量学者的研究,常规安全管理和现代安全管理已经形成了较为成熟的理论体系,以下将有关安全文化建设的部分予以概述,并在本研究中称其为"安全文化建设基本理论"。

1)交通安全文化的概念

安全文化就是从核安全文化演变而来的,1986年以后在国外提出,20世纪90年代初有学者把它翻译引入中国,并做了许多讨论。关于安全文化至今没有一个权威的定义。

国际核安全问题咨询组(INSAG)给安全文化下了个定义,即"单位和个人所具有的有关安全素质和态度的总和"。这种说法实际上是将安全文化看作人们对安全健康的意识、观念、态度、知识和能力等的综合体。

一般来说,安全文化有狭义和广义之分:狭义安全文化是指安全生产在意识形态领域和人们思想观念上的综合反映,包括安全价值观、安全判断标准和安全能力、安全行为方式等。广义安全文化是指这种定义是以"大安全观"和"大文化观"为基础,把安全物态文化、安全制度文化、安全精神文化、安全价值规范文化四个层次的安全文化都融入其中。

【交通安全文化】:在交通行业长期的发展实践中积累形成的,体现交通行业价值理念的安全生产、安全生活的精神、观念、行为与物质的总和,包括交通安全价值观、安全行为标准、安全制度与安全物态设施等。它既是交通文化,也是整个社会安全文化的重要组成部分。

安全文化的本质是安全人化。安全文化体现了安全生产以人为本的理念。

2)交通安全文化的形态体系

从文化的形态来说,安全文化的范畴包含安全观念文化、安全行为文化、安全管理与法制文化和安全物态文化。安全物态文化是表层文化;安全行为文化是浅层文化;安全管理(制度)文化是中层文化;安全观念文化是核心层文化。

(1)安全观念文化

安全观念文化主要是指决策者和大众共同接受的安全意识、安全理念、安全价值标准。安全观念文化是安全文化的核心和灵魂,是形成和提高安全行为文化、制度文化和物态文化的基础和原因。

(2)安全行为文化

安全行为文化指在安全观念文化指导下,人们在生活和生产过程中的安全行为准则、思维方式、行为模式的表现。行为文化既是观念文化的反映,同时又作用和改变观念文化。

(3)安全管理法制文化

安全管理法制文化是企业行为文化中的重要部分。安全管理法制文化指对社会组织(或企业)和组织人员的行为产生规范性、约束性影响和作用,它集中体现观念文化和物质文化对领导和员工的要求。

(4)安全物态文化

安全物态文化是安全文化的表层部分,它是形成观念文化和行为文化的条件。从安全物态文化中往往能体现出组织或领导的安全认识和态度,反映出安全管理的理念和哲学,折射出安全行为文化的成效。所以说物质是文化的体现,又是文化发展的基础。

3)交通安全文化的对象体系

文化是针对具体的人来说的,针对某一特定的对象来衡量的。社会一般的大众、公民、学生、官员等都需要具有安全文化素质,都是安全文化的对象。对于不同的对象,所要求的安全文化内涵、层次、水平是不同的。

按照人群层次的不同,交通安全文化还可以分为:基础安全文化、专业安全文化。前者是普通人应具备的交通安全文化;后者是交通运输的从业人员、管理人员、技术研究人员应具备的道路交通安全文化。

4)交通安全文化的功能与作用

交通安全文化有四种功能:

(1)影响力

影响力是通过观念文化的建设,影响决策者、管理者和员工对安全的正确态度和意识,强化社会每一个人的安全意识。

(2)激励功能

激励是通过观念文化和行为文化的建设,激励每一个人安全行为的自觉性。当人的安全价值和人权得到最大限度的尊重和保护,人的安全行为和活动将会由被动消极的状态变成一种自觉、积极的行动。

(3)约束功能

约束是通过强化政府行政的安全责任意识,约束其审批权;通过管理文化的建设,提高企业决策者的安全管理能力和水平,规范其管理行为;通过制度文化的建设,约束员工的安全生产施工行为,消除违章现象。

(4)导向功能

导向是对全社会每一个人的安全意识、观念、态度、行为的引导。对于不同层次、不同生产或生活领域、不同社会角色和责任的人,安全文化的导向作用既有相同之处,也有不同方面。如对于安全意识和态度,无论什么人都应是一致的;而对于安全的观念和具体的行为方式,则会随具体的层次、角色、环境和责任不同而不同。

人类安全科学技术的进步史充分证明安全文化的这四种功能对安全生产的保障作用将

越来越明显、越来越强烈地表现出来。

安全文化是一种无形管理——使管理者与被管理者的区别消失,减少了管理者与被管理者之间人为的摩擦;安全文化是一种全面管理方式——以文化全面渗透的方式弥补以往管理的不足;安全文化是一种灵活、能动的管理方式——不靠死板的约束,体现出基于动态管理思想的现代管理内涵;安全文化是以精神、价值观为导向——激发全员自发的主观能动性,体现出现代管理的内涵。

7.5.2 公路交通行业安全文化体系框架

公路交通行业安全文化模式是一个完整的体系,安全文化建设与安全管理的各项工作有着很强的逻辑关系,根据上述的安全文化建设基本理论,可以得出交通行业安全文化体系框架可以分为四层,即观念文化、管理与法制文化、行为文化和物态文化。安全观念文化是安全文化的精神层,安全行为文化和安全管理文化是安全文化的制度层,安全物态文化是安全文化的物质层。

道路交通安全文化建设的本质是一项全员、全方位、全过程的系统工程。参与主体不仅包括公安交通管理部门与各级政府主管部门,还包括各种道路交通的直接或者间接参与者。不仅仅是交通安全的宣传教育,还包括管理制度、行为意识、人员设备等方面的全方位建设。建设过程不是一时的突击工作,应注重其长久持续性。

1) 观念文化建设

从"安全文化建设基本理论"可以看出,安全观念文化是安全文化的核心和灵魂,是形成和提高安全行为文化、管理与法制文化和物态文化的基础。安全观念文化是人的思想、情感和意志的综合体现。

根据安全文化建设基本理论,安全观念文化主要是指安全思想意识、安全理念、安全价值标准,在安全生产上,称观念形态的价值观、信念、行为规范是交通安全文化的核心,它的外在表现形式体现在交通的安全生产宗旨、方针、目标、体制等方面。它包括"预防为主、安全第一"的观点,安全就是效益的观点、安全也是生产力的观点、风险最小化的观点等,同时还有自我保护的意识、防患未然的意识等。

安全观念是安全文化深层次的反映,它可以促使人的安全意识从不自觉走向自觉。安全观念是沉淀于交通参与者心灵深处的安全意识形态,是交通参与者对交通安全问题的个人响应与情感认同。观念文化注重人的观念、道德、伦理、态度、情感、行为等深层次的人文因素,因此,安全观念文化能弥补安全管理与法制文化的不足,从而使交通参与者从不得不服从管理制度的被动执行状态,转变成主动自觉地按安全要求开展工作。

安全观念文化可以形成"场效应",可以形成全员认同和遵守的行为规范,借助群体效应和从众心理,引导交通参与者自律,同时使不遵守安全行为规范的举动变得与群体格格不入并受到公众的排斥,令行为人感到由于自己的不安全行为而被他人另眼相看,从而促进交通参与者整体安全素质的提高。

交通行业安全观念文化建设所要达到的效果是:系统性地提炼,形成安全文化主题;管理者具备科学的安全态度、理念和认知;正确的安全观和意识能被公众主动认同,积极实行。

根据安全文化建设基本理论,公路交通行业的安全观念文化包括:安全第一的哲学观,珍惜生命的情感观,合理安全的风险观,安全生产的效益观,综合效益的价值观。

进行安全观念文化建设的基本途径包括以下几个。

(1) 提炼升华

安全观念长期积淀于安全文化建设和安全管理的实践中,如果不去积极主动地挖掘、提炼,这种观念就是一种潜在的、零散的、不系统的甚至是过时的观念。只有进行认真的总结、整合、提升,才能使安全观念具有符合时代发展要求的特性,才能成为先进的、系统的、与时俱进的安全理念。

(2) 强化教育

让安全观念成为行为习惯必须坚持深入持久地开展安全教育,通过安全理念的引导,使交通参与者把安全生产的价值与自身的劳动价值和人生价值统一起来,建立起崭新的安全理念系统和行为规范。以专业培训、案例启发、现场实作演示、寓教于乐等方式,不断提高交通参与者的安全文化素质。

(3) 管理渗透

建设交通安全观念文化要以各阶段的中心任务、重点工作为着力点,把安全文化的任务、要求与安全管理有机结合起来,渗透进去,充分发挥各级管理部门在安全文化建设中的特殊优势和作用,加大安全管理中的文化含量,努力提高管理艺术,优化管理手段,带出过硬队伍。

(4) 规范养成

建设安全观念文化应把科学、严格、规范、有序的管理实践作为理念和行为养成的重要途径和保证,一方面通过先进安全理念的灌输,强化交通参与者的安全自觉,引导实践养成;另一方面注重运用既反映安全规律,又是安全文化重要内容的规章制度,规范交通参与者的管理和作业行为,促进实践养成。

(5) 典型引路

要坚持典型引路的方法,既要注重树立正面典型,以促进安全理念的进一步升华,又要注重狠抓反面典型,力戒把安全理念口号化和形式化。通过典型引路,真正把安全理念落到实处,转变为交通参与者的自觉行为,从而进一步促进安全文化建设的整体推进。

2) 管理与法制文化建设

安全管理与法制文化是一种安全管理体制,包括安全管理的组织机构、管理网络、部门分工及安全生产法规和制度建设。安全管理与法制文化是安全生产的必要条件。安全管理制度化、规范化、标准化对建设交通安全文化有着至关重要的作用和意义。

安全文化是为了实现人员、设备、管理三个要素的最优组合并协调发展,有效的安全管理与法制文化建设,关键在于各级领导对安全文化工作的重视程度,重点在于党政一把手要把安全工作落实到位。领导的基本职责是把握全局、确定交通安全文化的发展方向,推动道路交通安全文化建设的进步和发展。另外,领导的职位决定了他必然是有影响力的人,领导者的交通安全价值观是一个区域道路交通安全建设的灵魂,是先进道路交通安全文化的引领者。

公路交通行业安全管理与法制文化建设要达到"七个转变",即:

① 要变传统的纵向单因素安全管理为横向综合安全管理。

② 变传统的事故管理为现代的事件分析与隐患管理(变事后型为预防型)。

③ 变传统的被动安全管理对象为现代的安全管理动力。

④ 变传统的静态安全管理为现代的安全动态管理。

⑤变过去只顾生产经济效益的安全辅助管理为现代的效益、环境、安全与卫生的综合效果的管理。

⑥变传统的被动、辅助、滞后的安全管理程式为现代主动、本质、超前的安全管理程式。

⑦变传统的外迫型安全指标管理为内激型的安全目标管理。

3) 行为文化建设

行为文化建设是安全文化建设的根本落脚点。交通参与者的安全意识、态度、知识、技能等最终都要落实到其行为习惯上。

安全行为文化指在安全观念文化指导下，人们在交通参与过程中的安全行为准则、思维方式、行为模式的表现。现代社会需要的交通安全行为文化是进行科学的安全思维、强化高质量的安全学习、执行严格的安全规范、进行合理的安全操作、掌握必需的应急自救技能、进行科学的安全领导和指挥等。

行为科学的研究表明，如果每次人们都能按照一定的习惯方式行事，这种习惯方式就会慢慢占据脑海。重复的次数越多，过去的行事方式将越来越模糊，而新的行事方式将越来越占据主导地位。安全行为文化建设可以规范人的安全行为，形成良好的安全习惯，提升个人的安全素质，增强安全生产的自觉性，自觉地规范自己的安全行为。

公路交通行业安全行为文化建设的目标是使规范化的安全行为在所有交通参与者身上得到体现：进行科学的安全思维；强化高质量的安全学习；执行严格的安全规范；进行科学的安全领导和指挥；掌握必需的应急自救技能；进行合理的安全操作等。

4) 物态文化建设

安全文化既包含精神产品，也包含保证安全生产所必需的一切物质产品，谓之安全物态文化。安全物态文化包括交通运输安全生产的装置设施及各类安全防护的技术措施、安全设备和使人处于安全、卫生、舒适乃至享受的工作环境。

加大安全的资金投入，是当前实现交通本质安全的重要途径。从安全经济学的角度看，预防性的投入产出比，高于事故整改的产出比。无数事实表明，为了节省开支而降低安全成本的投入，一旦发生事故，损失会更大。所以在安全建设上既要加强对人的安全教育的投入，更要加大对安全硬件的投入，实现本质安全。

公路交通行业安全行为文化建设的目标是提升机动车安全技术性能；安全隐患得到切实控制；进一步改善道路通行条件；提升交通应急保障能力；加强专业研究和技术力量建设；加大高速公路网交通安全管理科技应用力度；加强高速公路交通安全管理基础设施建设等。

7.5.3 交通安全文化的推广方式与方法

交通安全文化的推广方式多种多样，许多学者也对其进行了总结，归纳来说有以下几种：

(1) 影视推广。

影视推广就是通过电影、电视、录像制品等向交通参与者进行交通安全宣传教育。电影是传播信息的一种有效手段，其主要特点是：取材广泛，几乎可以无所不包。内容生动，声情并茂，形象具体。表现手段多样，既可以采用新闻纪录片的写实手法，也可以采用故事片、童话片的文艺手法。老少皆宜，雅俗共赏。

电视除了具有电影的主要特点外，还具有迅速及时、普及广泛的特点。随着电子技术的发展，录像制品的发展也十分迅速。相较于电影、电视，录像制品的存储简便，成本低廉，传播途径也更为灵活。

(2) 广播推广。

广播及时性强,机动性强,广泛普及,是交通安全文化推广的一种重要手段。

(3) 会议推广。

(4) 报纸杂志推广。

(5) 网络推广。

(6) 学校推广。

安全文化建设要长期坚持不懈地进行安全思想、安全态度、安全责任、安全法制、安全价值等教育,并从安全哲学、安全文学、安全美学、安全艺术等多角度对职工进行安全文化的渗透,唤醒人们对生命、安全、健康的渴望,从而从根本上提高对安全的认识,提高安全觉悟,牢固树立"安全第一"和"人的生命安全与健康高于一切"的思想。

在宣传形式上:采用生动活泼的安全教育形式使安全教育免于枯燥、少点说教、起到实效,如举办安全文化电视讲座、报告会、培训班;建立一些安全文化气氛浓、艺术性强的宣传标志、艺术作品,逐步形成安全文化的浓厚氛围;安全专项合理化建议征集活动、有奖征集安全警言警句活动、安全辩论、安全演讲、安全论坛、安全知识竞赛;开展内引外联,企业与学校、报社、电视台、科研院所、专业学会的多边联系和合作,共建企业安全文化等形式多样、喜闻乐见的安全教育活动。

7.6 交通行业安全科技人才培养体系建设

教育和培训作为开发人力资源最基本的途径和手段,已突破其原来的纯教育意义,日益成为安全管理的重要方式和手段,受到越来越广泛的重视。安全人才培养和职工安全技能培训是安全生产重要基础性工作之一,是建立安全生产长效机制的重要举措。

7.6.1 当代科技人才管理的新要求

当今世界,随着科学技术的飞速发展,科技全球化进程的不断推进,对科技人才的管理提出了新的要求。

(1) 科技人才管理思维的开放化

科技全球化是一个开放、动态的概念,在科技全球化背景下,对人才的开发和管理必须要以国际为平台,在世界范围内配置人才。也就是说,科技人才管理的思维要具有开放性。

科技全球化促进了各国对科技人才的争夺。科技全球化加剧了科技人才的流动。科技全球化使科技人员的全球活动日趋活跃。在人才管理思维上必须具有开放性。以"支持留学,鼓励回国,来去自由"和"鼓励海外留学人员以不同方式为祖国服务"为方针,拓宽留学渠道,通过开放的方式,吸引人才回国;要真正确立人才流动、培养、吸引的国际化视野和全球化配置观念;要有"天下人才为我所用"的世界眼光和国际思考;要确立与国际惯例接轨的开放人才观。不要将人才建设局限在一个封闭的领域里,要追求人才近、管、除"封闭式"的管理;要站在全球开放的大环境中思考人才问题,充分利用全球人才资源,"不求人才数量拥有,但求人才为我所用"。

(2) 科技人才管理模式的人性化

现代社会只凭科学技术自身发展经济已经远远不够,更应要重视科技的主体——人。

人的潜力是无限的,怎样激发并运用人的这种潜力,是现代管理的重中之重。事实上,在知识经济时代,人的创新能力将发挥主导作用,包括人的知识、智力、技能和实践创新能力等。但这些能力都属于人的内在因素,如果人不愿意把它们发挥出来,那么你再强调能力都是徒劳。而且,社会是不断发展的,其重要的组成元素——人也是不断变化发展的,要想跟上发展潮流,符合趋势,就要抓住基本元素的变化。所以说,尊重人,以人为本是社会发展的形势所趋。

以人为本体现了科技活动的特点。科学技术活动是以人为本的知识创造和发现规律的社会实践,忽视人的作用是难以实现预期的活动目标的。科技管理以储备人才、完善条件、锻炼队伍、技术攻关为主导思想,尊重人才、尊重劳动、依赖人、相信人。在科技工作中,为了充分发挥人才的积极性,科技管理模式和政策制订的出发点都是激励导向型的。如给学科的带头人和有创新思路的年轻人更大的自主权;对科技特殊人才投入支持;为科技人员完成目标提供完善的服务等,一切都从人的需要出发。在科技活动中,完全体现人的价值。

为此,科技人才管理模式要具有人性化。首先要从以物为中心走向以人为中心。要加大人力资本的投资,要加强人才能力建设,培养一批高学历、对高新技术新产业开发能力强、具有一批原创性知识产权,并在国内外具有领先水平的科技人才队伍。尤其注重培养一批国际化程度高、熟悉国际规则、精通国际经济和法律、能够参与解决国际经营争端与国际竞争的企业家人才队伍。总之,科技全球化要求科技人才的管理,是建立在对人理解和尊重的基础上,并旨在通过激励、感召、启发、诱导等方式,对人进行柔性管理。

(3)科技人才管理机制的国际化

随着经济全球化和科技全球化的迅猛发展,作为知识和技术载体的人力资源已冲破国界的束缚重新进行优化配置,融入国际经济的大循环中,科技人才国际化成为历史发展的趋势。具体表现为:科技人才构成国际化;科技人才流动国际化;科技人才素质国际化。

基于科技人才国际化的上述特征,相应的,科技人才管理机制也必须具有国际化。譬如,在人才培养机制方面。一方面,要加大教育向全球开放的力度。鼓励有条件的高等院校与国外高校进行合作办学,或者吸引国际知名学校到国内来办学;课程设置要向国际化融合;师资队伍要向国际化靠拢,多派遣骨干教师和教学管理人员到国外著名大学学习交流,并引进符合国际标准的教育质量保证体系,争取学校管理向国际化接轨。另一方面,要加大人才国际培训活动的参与度。鼓励专业技术人才自费参加国际合作培训;派遣更多的企业经营管理人员到海外企业任职,积极与外国企业合作;提供文化人才参与国际文化活动的机会,让文化人才在与国际文化组织及其人员的交流中培养国际通用化素质。

又如,在人才引进机制方面。要采取定向引进,进一步吸引海外留学人才;汇集国际智力,加快引进外国高层次专家;尽快出台国际通行的投资、技术移民政策,建立和完善海外高级人才信息库,以便了解和掌握国际人才动态。

另外,还需建立和完善国际普遍采用的以能力和业绩为导向的人才评价机制;建立和完善面向世界的、以竞争择优为导向的人才选用机制;建立和完善国际通行的要素参与分配的激励机制;建立和完善来去自由的人才流动机制。人才资源是全人类的共同财富,国际人才的合理流动能促使其才能更好地发挥。构建来去自由、便捷、快速的国际人才流动机制,对引进的人才来说,他能不断优化知识结构,更好地发挥潜能;对人才使用单位(企业、研究机构)来说,他们能在人才结构上不断更新,不断向更高层次发展;对于已经在留学国家获得永久居住权(绿卡)的高层次留学人员来说,是吸引他们两地流动、智力回归的重要条件。

7.6.2 交通行业安全科技人才的人本管理

人本管理就是以人为中心,以促进人自身自由、全面发展为根本目的的管理理念与管理模式。简而言之,就是从人出发,依靠人,为了人的管理。人本管理把人作为最根本的要素,主张人既是实现组织目标的工具更是组织发展的目的。人本管理是顺应社会发展趋势的一种新型管理模式,是目前应对人才全球化挑战的最为有效的手段。

对公路交通行业安全管理、安全科技人才实施人本管理主要做到以下几点。

(1)尊重人才

尊重人才包括尊重管理对象的爱好、信仰、人格等。交通行业安全管理人才和安全科技人才已经从追求自身生存需要发展到追求自身精神需要这个层次,而尊重是人性重要的特征之一。

(2)依靠人才

改善交通安全需要先进的科学技术做支撑,需要高效的管理做保障,而交通行业安全科技人才是先进的安全科技的创造者,交通行业安全管理人才是高效管理的实施者,所以归根结底,交通安全的改善要依靠人才。

(3)开发人才

生命有限,智慧无限。交通行业安全人才潜藏着大量的才智和能力。人才管理的任务就在于如何最大限度地调动人才的积极性,释放其潜藏的能量,让安全管理人才、科技人才以极大的热情和创造力投身于交通安全事业之中。

7.6.3 交通行业安全科技人才管理的措施

对交通行业安全管理、安全科技人才实施有效的人本管理的措施有以下几种。

(1)建立有利于优秀人才施展才能的选拔任用机制

在人才的选拔上,着眼于公路交通安全事业的长远发展和人才总体需求,通过公开考试和竞争上岗选拔人才;依据实绩,重用人才,对实绩突出者和表现优胜者可实行直接优选;建立和完善公开荐才制度,严格入选标准、选拔职位、资历条件、工作程序、推荐结果的"五公开"。

在人才的使用上,不拘一格地选拔人。在一线岗位,发现人才;在关键岗位,用活人才;在重大项目上,用好人才,少考虑一些年龄,多考虑一些实际能力。根据实绩,合理使用人才、激励人才。良好有效的激励机制让科技人才充分发挥聪明才智。

(2)建立健全、科学的人才评价机制

以创新思维确立人才评价标准。科学的人才标准观是:德、识、能、绩。构建以业绩为重点,由品德、知识、能力等要素构成的各类人才评价指标体系;制定出分类分层的人才评价序列;对有特殊专长、特殊贡献人员的评价,敢于打破学历、资历、职称、身份的限制。

改革人才评价方式和评审制度。公平、公开、公正的评价人才,有条件的情况下,将社会化评价、同行专家评价、国际评价相结合,增加透明度和群众参与程度,增强人才评价的科学性和民主性；对现有的评审、评估、鉴定、监督制度重新审视。

创新科学人才评价指标体系。引进人才资源评价的先进理念与技术，开发应用人才测评技术，创建能适应不同层次和类型要求的测评方法体系。鼓励和推动专业性中介评价机构的发展，保障评价工作的科学性、有效性。

(3) 建立完善的人才培养机制

人才培养是一项长期的战略性任务，只有把交通安全发展战略的总目标与交通行业安全管理、科技人员的个人目标有机结合起来，才能更好地实现。

建立理想信念教育的引导机制。重视公路交通行业安全管理、安全科技人才的教育，引导人才正确处理国家、集体和个人的利益关系，把"自我价值的实现"与国家、集体的发展融为一体，使其自觉地为交通安全事业的发展做出贡献；实现教育培养模式的多元化，发展交通安全职业教育，鼓励自学成才。通过派出研修和访问学者等方式，着力培养交通安全专家和学科带头人；构筑社会化终身教育体系，建立广覆盖、多层次的教育培训网络，鼓励人才通过多种形式参与终身学习，拓展更新知识、提高素质、增长才干的能力。

建立人才培养目标和管理约束机制。依据制定的人才培养规划，鼓励人才根据规划制定个人目标。创造良好的服务保障机制。要通过改善服务保障设施，解决人员的难处，满足他们的需要。培养方式多渠道化，采取联合培养、国内外交流等多种方式，全面提升人才的素质。

(4) 建立合理的人才流动机制

建立人才流动竞争机制。坚持机会均等、竞争择优的用人原则，树立竞争的用人观，激励人才公平竞争，让人才在竞争中促进流动，在流动中加强竞争。在激烈的人才竞争和合理的人才流动中更多、更好地识别人才、发现人才、起用人才。

建立人才柔性流动机制。进一步消除人才流动的体制性障碍，打破传统的人事制度中的"瓶颈"约束，探索多种人才流动形式，采取兼职招聘、智力咨询、交换使用、人才租赁、人才派遣等多种行之有效的方式。加快建立和完善养老保险、失业保险、工伤保险和医疗保险制度，实现人才的柔性流动。

(5) 创新人才分配制度和激励机制

建立与人才贡献相适应的收入分配机制，把人才考核结果与人才奖惩、职级升降以及工资的调整紧密结合起来，奖优惩劣，赏勤罚懒，充分激活人才的内在动力，形成优胜劣汰的人才激励机制。

7.6.4　交通行业安全科研队伍

(1) 建立科研人才需求预测机制

根据交通行业安全战略发展规划，结合实际情况，考虑规划中的科研工作量以及未来可能发生的科研人员离职情况，对交通安全科研人才需求的数量、质量和结构进行科学预测。

(2) 健全科研人才内部培养机制

根据交通行业内部各类科研岗位系统、任职层次、职责方向等的特点，采取岗位培训、知识更新、专项培训、外出深造、兼职锻炼、自主选学、网络教育等多种方式对科研人才进行系统的、有针对性的培养。

(3) 完善科研人才外部引进机制

创新人才引进观念,制定灵活有效的人才引进管理办法,明确引进人才的标准、程序和激励保障措施。依托项目和课题,针对性地制定高端人才引进计划,积极引进交通安全领域的技术专家、专利拥有人、学术带头人、项目研发工程师。加强与全国知名科研机构、高等院校的广泛联系。尊重人才,充分考虑其实际需要,可通过调入、兼职、咨询、讲学、项目聘用、技术入股等多种形式进行人才的引进。

(4)创新人才考核评价机制

建立以业绩为依据,由品德、知识、能力等要素构成的人才评价指标体系。实行科学的分类评价,对从事交通安全基础性研究、交通安全应用性研究和交通安全实验技术工作的不同类型、不同层次的科研人员采取不同的考核方法。实行评价主体多元化,推进学术诚信建设,如建立第三方评价机构,邀请国外专家参与重要项目的评价,建设资源信息共享平台,对科研人才的考核试行专家个人推荐和担保制度,增强专家的荣誉感和道德责任等。

(5)优化科研人才激励保障机制

坚持物质激励与精神激励相结合,健全完善科研人才的分配、激励、保障制度,形成一整套支持科研人才成长、激发科研人才活力的激励保障机制,用制度培养人,用制度留住人。

7.6.5 交通行业相关从业人员安全培训机制

1)交通行业从业人员的涵盖范围

从业人员是指在各级国家机关、企业、事业单位及社会团体中工作,取得工资或其他形式的劳动报酬的全部人员。包括在岗职工、再就业的离退休人员以及在各单位中工作的外方人员和港澳台方人员、兼职人员、借用的外单位人员和第二职业者。不包括离开本单位仍保留劳动关系的职工。

公路水路交通运输全行业的从业人员包括以下几种:

(1)从事道路运输、城市客运、水路运输行业的各类企业及个体经营户。

(2)从事公路水路运输相关辅助业的机关、事业单位、社会团体、企业等,这部分单位具体是指各级交通运输主管部门及与其有行政隶属关系的各类单位。

(3)由其他部门(如国资委、教育部门等)负责管理,与公路水路交通运输行业联系紧密的工程建设单位、设计单位、院校等。

2)安全培训机制研究

(1)充分认识安全培训工作的战略性

安全培训是交通行业安全生产的战略性需求,属于战略性投资。安全培训是交通行业人力资源管理的一个重要组成部分,它不仅关系着交通行业的经营、管理和长远发展,也与交通行业从业人员的职业生涯发展规划和潜能开发密切相关。应当把安全培训工作纳入整个交通行业发展的整体规划中,作为交通行业发展的一个基本组成部分,作为决策的重要考虑因素和交通行业重要的议事日程,从战略上给予高度重视。

安全培训工作不仅仅是交通行业人力资源管理部门的职责。各相关部门应从交通行业长远发展的战略角度,宏观上对培训工作进行把握和指导,把安全培训工作纳入各部门的业绩考核,从而使部门领导支持培训工作、协助培训工作,并建立相应的激励机制、教育机制以及创新机制,为安全培训工作提供机制保障。

(2)安全培训工作的整体规划

目前很多安全培训都是因为社会或工作岗位的变化临时决定的,没有进行整体规划,致使培训达不到预期效果。由于培训并不能直接产生经济效益,因此,一些管理者不能从交通行业战略管理的角度来看待培训,过分强调短期效应,使得培训缺乏长期、系统的战略支持,往往流于形式。

从业人员的安全培训是一个为员工提供安全思路、安全信息和安全技能的过程,重点在于通过系统的方法和理论来增强员工的安全意识、树立"安全第一"的观念,规范安全行为,形成安全自觉性。

公路、水运建设及相关从业人员的安全培训是一项系统工程,相应的其管理活动也是个庞大的系统工程。从培训的需求分析、培训的设计与实施到培训效果评估,每一个流程之间不是孤立的,而是相互联系和相互影响的,是缺一不可的。

(3)安全培训项目的市场化开发

从业人员的安全培训应充分借助市场的力量。培训工作不能仅仅局限于交通行业内部的管理与组织机构中,应与市场建立广泛的联系,提高培训项目开发的市场化程度。应鼓励培训管理与组织机构建设交通安全专职项目开发部门;促进培训项目的集中性开发,形成规模效益;加强对培训项目开发流程的研究,真正按照项目开发流程进行培训项目开发运作。

(4)建立与用人机制紧密结合的安全培训机制

从业人员的安全培训与其使用应是密不可分的。应将安全培训计划的制定和实施与从业人员的考核、选拔结合起来,形成有效的联动运作模式,提高从业人员学习安全知识、安全技能的积极性。

(5)重视安全培训效果的监督和评估工作

安全培训评估就是对安全培训活动的效果进行分析评判的过程。安全培训评估不仅包括对培训的现场状况,如培训的组织、培训讲师的表现等进行评价和考核,也包括培训活动对培训对象的行为、对交通行业整体绩效的影响的评估。通过评估,可以找出安全培训活动的不足,以进一步改进;可以发现新的安全培训需要,从而为下一轮的培训提供重要依据;可以为管理者的决策提供所需的信息。

(6)加大安全培训投入

安全培训所需要的资源包括人力、物力和财力三方面的资源。加大安全培训投入包括提高从事安全培训工作的人员比例,增强培训者自身素质,改善培训设备,增加培训经费等。

第8章　交通运输安全专项对策

深入贯彻落实党的十八届三中、四中全会精神,坚持预防与应急并重、常态与非常态结合的原则,坚持以人为本、安全发展的原则,坚持改革创新、依法行政的原则,坚持统筹谋划、有序推进的原则。深入开展"平安交通"建设,全面构建交通运输安全体系,着力提升交通运输安全应急保障能力,为保障人民群众安全出行营造良好环境。

根据交通运输安全行业现状与框架体系,从科技创新、系统安全、道路运输安全、交通设施安全、应急保障安全五方面开展公路交通运输安全专项对策研究。

8.1 安全科技创新能力建设方面

创新能力是驱动交通运输安全发展的动力,提高交通运输安全,必须把加快科技创新能力建设摆在优先位置,充分发挥创新能力建设对交通运输安全发展的支撑引领作用。

安全科技创新能力建设需从软件和硬件两个方面体现。软件方面:应首先根据交通运输行业的特点和科技发展规律,明确安全科技创新能力建设的指导思想与目标任务,加快体制机制改革,完善交通科技进步的相关法规;加快交通运输科技研发的人才(高学历、高职称创新人才)队伍建设,建立和完善交通运输安全科技创新体系。硬件方面:扩大交通信息资源共享范围,建设交通运输信息资源共享平台,并为交通行业的决策和管理提信息技术支撑;扩大交通科研机构规模,打造交通行业研发中心,提高科研开发能力,针对重点技术领域开展科技攻关,并将科技成果进行推广转化。

8.1.1 明确安全科技创新能力建设的指导思想与目标任务

要深入贯彻落实科学发展观,大力实施"科技强交"战略和"人才强交"战略,以促进科技创新与交通运输安全发展紧密结合为重点,以提升科技创新能力为核心;加快推进行业科技创新能力建设的目标任务,发挥政府调控作用和市场在资源配置中的基础性作用,强化企业技术创新的主体地位,提高科研院所和高等院校的创新服务能力,大力促进产学研相结合,为科技创新提供良好的条件和环境。

8.1.2 完善交通安全科技创新体制机制

深化科技创新体制改革,健全标准制修订机制和标准动态管理机制,鼓励企业不断完善企业标准和管理体系,积极将科技创新成果转化为标准,支持企业参与行业标准、国家标准和国际标准的制定;改进交通安全科技项目管理机制,完善交通安全管理模式,发挥政府宏观调控作用,完善项目管理及经费管理制度,优化资源配置;强化企业在公路交通科技创新中的主体地位,支持企业建设高水平研发平台,建立多种形式的企业技术中心或通过与科研机构的联合、合作,增强企业的研发实力,加快先进技术的产业化应用、提高信息化水平,通过技术创新提升整体竞争力。

提高科研院所的创新能力和服务水平,统筹规划、建设、培育行业重点科研基地,积极鼓励与高等院校开展合作,加大产学研合作项目的支持力度,构建产学研用深度融合、协同创新的战略联盟,深化科研机构和高校创新管理体制方面改革,促进应用研究;推进科技资源的市场化配置,支持部属科研机构和企业完善竞争与合作机制,充分调动广大科技人员的积极性和创造性,优化人员配置,提高科技项目的成果质量与创新水平;深入开展国内外科技交流,建立健全创新合作机制,加快实施科技"走出去"战略,充分利用全球先进交通运输安全信息及科技资源,以行业发展需要强化可研选题,建立基础应用研究、技术创新、成果转化协调发展的机制。

深化科技评价和奖励制度,突出成果的创新性、实用性及推广应用前景,根据成果的性质和特点进行分类评价与奖励,加大对交通运输安全创新成果的奖励力度;加强成果推广与知识产权保护。积极推进交通运输科技资源共享,推进技术交易平台建设,促进科技成果推广和技术产权交易。贯彻执行《交通运输行业知识产权管理办法》,做好知识产权保护宣传普及工作,提高成果持有者和使用者的知识产权法律意识,依法保护知识产权;加快建立多层次、多元化的交通运输科技投入体系,支持民营企业承担或参与工程技术中心、重点实验室和工程实验室建设,优化创新资源配置,加快完善符合行业特点的交通运输科技创新体系,推进我国交通运输安全科技自主创新能力建设。

8.1.3 编制《科技创新促进交通运输安全发展实施方案》

编制《科技创新促进交通运输安全发展实施方案》,以安全风险管理技术体系构建、安全科技创新能力建设为工作重点,围绕系统安全、道路运输安全、设施安全及应急保障开展关键技术攻关。到 2020 年基本建立安全风险初步管理规章制度与标准规范体系,建成适用于交通运输现代化的安全风险管理体系,建立健全科技创新促进交通运输安全发展工作机制,稳步有序地推进科技创新工作,基本实现信息化在平安交通建设中的深度应用。

形成覆盖重点领域的风险辨识、评估与控制系列技术以及系列重点示范项目、示范企业。交通运输安全水平显著提升,突发事件应急处置能力明显增强,重大风险源可识、可防和基本可控。

8.1.4 打造交通运输安全发展科技平台,推动交通运输安全信息化智能化应用

启动公路交通科技创新网络建设,公路交通企业与交通运输安全科研领域知名研究机构建立合作关系,技术需求与高校和科研院所的科技研究和供给方便快捷地连接,联合打造交通运输安全发展科技平台。

积极促进物联网、云计算和大数据处理等技术在交通运输领域的深度应用,推动北斗卫星导航系统、路网运行与监测、数字航道等技术的应用,提高信息采集的广度和深度,提高数据质量,加强交通运输安全信息保障体系建设。充分利用现代化信息技术和理念,以实际应用需求为导向,开展信息发展保障体系、信息资源共享能力、运行监测能力、行业信息服务能力和应急处置保障能力等方面的研究。建立和完善信息资源交换共享机制,使行业信息化、智能化水平与信息技术同步发展,引领交通运输安全智慧发展。

8.1.5 建立交通运输安全技术研究中心

扩大交通科研机构规模,基于交通运输安全发展科技平台,培育建成省交通运输安全技术研究中心。依托技术研究中心进行交通运输安全政策咨询、知名研究机构科研成果应用

推广、安全科技技术支持、安全信息分析预测、安全应急技能培训、事故评估鉴定、企业安全标准化建设指导等工作,为交通运输安全发展提供智力支撑。

8.1.6 开展科技创新促交通运输安全发展课题研究

支持开展交通运输安全科技创新、支持科研机构和科技企业技术成果转化、提升科技研发和技术集成应用能力。

8.1.7 开展交通运输安全发展科研成果的应用推广

提升行业的科技创新能力,需要提高科技创新及成果转化。针对交通运输安全发展中存在的重大技术难题,组织科技攻关;大力研究、开发和推广新技术、新材料、新工艺、新设备,发挥先进科技成果在交通运输安全发展中的作用。

目前,交通运输安全发展在系统安全、道路运输安全、设施安全和应急保障等方面开展大量交通安全技术研究,形成了一批成熟的科研成果。应以省交通运输安全发展工程技术研究中心为依托,大力开展交通运输安全发展科研成果的应用推广。

8.2 系统安全方面

交通运输系统安全是经济社会稳定运行的基础,为提高交通运输系统可靠性,保障国家运输安全,应加强交通运输系统安全技术攻关。通过专项对策使交通运输系统在各种特殊情况下均可以支撑国家经济社会安全、可靠、稳定运行,具备应对人为和自然灾害风险的应急能力和快速恢复能力;对资源环境影响是可防可控的;对能源的依赖不会造成国家政治风险和经济安全风险。

8.2.1 高速公路改扩建施工期交通组织成套技术研究

高速公路改扩建工程环境非常复杂,进行改扩建施工时,作业区的工人、施工设施、施工维护都会影响通行车辆,因此公路改扩建区域易发生交通事故。道路交通组织设计的目的就是使车辆在整个研究区域的路网上有序运行,使交通流更均衡合理地利用道路,最大限度地节约道路资源,使车辆的总体运行时间最短,避免路段或结点道路资源缺少和造成拥堵,保证道路交通的正常运营安全,实现研究区域内交通的良性运行。

目前,部分地区制定了高速公路改扩建施工的交通组织方案,但方案缺乏系统和整体思想,没有具体体现施工的规模、交通量、行车的特点,只是涵盖了一些指导性建议和一些简单的操作规定,尚无系统的高速公路改扩建施工期交通组织经验总结,结果在改扩建施工过程中导致交通组织无序、交通疏导盲目。为此,应全面分析改扩建工程全过程中对公路本身的交通和安全造成的影响,高度重视高速公路改扩建工程设计阶段的交通组织设计,加强交通组织方面规范化管理工作,研究高速公路改扩建施工期交通组织成套技术,运用系统论的方法去进行主动组织和引导交通。研究可以从以下几个方面开展:

1)制定高速公路改扩建施工期安全管理办法

高速公路改扩建施工期安全管理需要贯穿施工全过程,制定高速公路改扩建施工期安全管理办法,可提高施工现场安全管理水平,安全、优质、高效地完成高速公路改扩建工程的施工任务,确保人身、设备、生产的安全运行。高速公路改扩建施工期安全管理办法首先要确定"预防为主,综合考虑"的方针和目标,着重事前控制,防患于未然。

(1) 建立改扩建施工期安全管理机构

高速公路改扩建项目须设置安全管理机构,协助项目领导组织施工中的各项安全工作,同时贯彻执行国家有关安全施工的方针政策、法令、规章制度和上级有关规定。

(2) 加强安全教育和训练

企业内从管理者到施工人员都进行安全教育与训练,全员树立安全第一的意识,了解安全生产相关知识,正确处理可能遇到的不安全因素。

(3) 落实安全责任

制定严格的安全责任制度,明确规定施工期各部门、各人员安全工作职责,确保责任到人。

(4) 安全检查

安全检查是在施工中检查不安全的状态及行为,是落实事故的整改措施的依据。需要进行定期和不定期的日常检查,防止相似事故的发生。

(5) 安全交底

在施工之前向作业人员进行交底,使操作人员充分理解施工方案的内容和精髓,避免因为操作失误而引起不必要的事故伤害。

2) 高速公路改扩建路段安全风险评估

(1) 确定高速公路改扩建路段风险评估方法

高速公路项目一般建设周期长、投资大、涉及路桥隧道、技术复杂,同时高速公路行驶交通量大、车辆速度快,施工区可能为全封闭施工、半封闭施工、借道施工等,环境较为复杂,可能遇到的风险较多。因此,需要了解风险评估方法的分类、优缺点及适用范围,结合高速公路施工区具体特性及其相关规范,选取适用于高速公路施工区风险评估的方法。

风险评估方法总体可分为定性评价方法和定量评价方法。定性评价方法包括:专家评议法、专家调研法、故障假设法、原因-结果分析法、失效模式和后果分析法等;定量评价方法包括:模糊数学综合评判法、模糊层次综合评估法、层次分析法、事故树分析等。

(2) 建立高速公路改扩建路段风险评估指标体系

①确定主要风险源

采用调研分析工程情况,收集相关系列资料:工程背景、设计资料、工程可行性研究报告、事故资料、交通流资料等,根据国内外现有研究成果,分析高速公路改扩建路段风险因子特性、实际作用效果、影响程度等,并对其进行分类分级,划分风险因子指标区间。

②建立递阶层次结构

拟选用层次分析法构造出施工区风险递阶层次结构(目标层、准则层、指标层)。

③确定指标计算方法

建立评价因素的对象集(风险因子);建立评判集,如{很好,较好,一般,不好};进行单因素模糊评价,得到单因素评判向量,建立评判矩阵;确定敏感性因素的权重,建立权向量。

(3) 风险评估

利用高速公路改扩建路段风险评估指标体系对改扩建公路各区域进行评价,给出相应的风险等级,确定改扩建路段风险点,为后续改扩建交通组织及设施研究、改扩建路段应急组织预案的制定提供设计依据。

3）改扩建施工区交通组织方案及设施研究

制定交通组织方案必须遵循保障安全和影响最小的原则。安全保障主要包括交通安全和施工安全，影响最小体现在影响程度最小、影响时间最短，主要包括交通、施工、质量、环境、时间等方面的影响最小。

交通组织研究内容主要包括交通行为管制和交通分流。交通分流是把整个路网作为一个有机整体，牺牲最短运输路径、经济运输路径，将一部分车流转移到相邻或者平行道路上，减小施工干扰和交通干扰，同时施工期间的路网服务水平不致大幅度降低。交通分流需要确定分流时段和路段，划分要同施工组织计划相协调；确定分流点设置，包括诱导点、分流点和管制点等。交通行为管制是为了保证交通安全和施工安全。设立限速标志和路面标记等临时设施，告知驾驶员以适宜的运行速度通过施工路段；限时通行是为了保证施工期间，路面连续摊铺；分道行驶为了提高施工路段的通行能力，将原有路面或施工完成半幅路面的车道临时划分后，使不同车型各行其道。

收集数据资料，从区域公路网入手，分析改扩建施工区道路及平行道路交通流特征、路面状况等，预测施工期交通量，确定交通流分流的必要性及路网分流的可行性，最后设计改扩建施工区交通组织方案。为确保施工交通组织方案的顺利实施，基于施工期间临时交通组织，还需要研发临时交通安全设施，临时交通安全设施应满足扩建施工和正常通车的双重目的。

4）高速公路改扩建路段应急救援体系研究

尽管制定了改扩建施工区交通组织方案以及设置相关防护设施，但高速公路改扩建施工区路段交通流状况复杂多变，仍不可避免各种紧急情况的发生。因此，当改扩建路段发生交通拥堵或突发交通事件时，应该采取合理、有效的应急处理机制或启用相应的紧急救援系统，以保障改扩建路段人员生命财产安全及交通畅通。

从安全、高效、以人为本的角度出发，制定基于改扩建施工区交通组织方案的高速公路改扩建路段应急救援预案，救援预案应与公路管理模式、设备和人员配备情况相匹配。

（1）构建高速公路改扩建路段应急管理机构，确定机构内各部门职责。

（2）确定应急救援工作职能部门，对相关部门进行协调分工，明确责任。

（3）成立高速公路改扩建路段应急救援队伍。

（4）制定高速公路改扩建路段应急处置对策。

高速公路改扩建路段应急处置对策应包括应急交通诱导控制策略和应急救援方案，需要针对改扩建路段一般交通事故、火灾事故、不良天气等情况分别制定。一般交通事故综合考虑阻塞情况（无交通阻塞、部分车道阻塞、单向整体阻塞、双向阻塞等）、事故危害程度、事故影响范围分别制定行车组织路线、行车救援组织路线，并根据一般交通事故的严重程度划分交通诱导控制策略；火灾事故拟根据火势蔓延程度、烟气扩散规律、能见度等，分析人员安全逃生条件以及安全疏散时间，据此制定应急处置对策；不良天气下应急处置对策从不良天气对能见度、车速的影响范围分别制定。

5）改扩建施工区交通组织智能控制系统研发

改扩建施工区交通组织智能控制系统是提高改扩建施工区交通组织和应急救援效率的重要手段。将先进的信息技术、数据通信传输技术、电子传感技术、电子控制技术以及计算机处理技术等有效地集成运用，建立改扩建施工区大范围内、全方位、实时、准确、高效的交通组织智能控制系统,有效指引施工区正常交通组织以及突发事件下应急救援及行车组织。

8.2.2 在役桥梁隧道结构健康监测成套技术研究

我国建造了近百座大跨度桥梁,但桥梁在建造和使用过程中受到环境、有害物质的侵蚀,车辆、雨雪、风、地震、人为因素等作用,以及材料自身性能的不断退化,导致结构各部分产生不同程度的损伤,这些损伤若得不到及时检测和维修,可能影响行车安全、缩短桥梁使用寿命,甚至危及桥梁结构安全。

因此,为保证桥梁结构的安全性、适用性和耐久性,开展桥梁结构健康监测成套技术研究,提高桥梁监测效率和精度,保证桥梁的安全营运,从而实施合理的养护管理工作。通过对桥梁的全面监测,系统地收集当前桥梁技术数据,积累技术资料,为充实桥梁数据库、加强桥梁科学管理和提高桥梁技术水平提供必要条件。通过合理设计监测方法,设置长期智能监测设备,逐步建立桥梁结构健康监测成套技术,确保桥梁长期安全运营,以发挥其最佳经济效益和社会效益。

1)桥梁健康智能监测及评估系统研究

传统桥梁结构健康监测及评估是通过人工目测检查或借助于便携式仪器测量进行的,由于传统检查方法需要大量人力、物力和财力;主观性强、难于量化、影响正常交通运行、周期长、实时性差等缺点和限制,无法直接有效地应用于大型桥梁的健康状况检查。

因此现阶段有必要研究建立桥梁结构智能健康监测系统,通过对桥梁结构进行无损检测,实时监控结构的整体和局部行为,对结构的损伤位置和程度进行诊断,对桥梁的服役情况、可靠性、耐久性和承载能力进行智能评估,为大桥在特殊气候、交通条件下或桥梁运营状况严重异常时触发预警信号,为桥梁的维修、养护与管理决策提供依据和指导。系统具备实时性、准确性、自动化、集成化和网络化,可有效解决人工检测的缺陷。桥梁智能健康监测系统拟包括以下几个部分:

(1)传感系统

应用各种传感器,将被测量质量、位移、应变、温度、振动加速度等转变成便于记录及再处理的电压或电流等信号。传感系统拟包括风速仪、轴重仪、加速度计、位移计、温度计、信号放大器等。

(2)数据采集子系统

该系统的功能是将传感器信号进行记录,通过合理的传输方式传送到数据分析系统,设备包括信号采集器及相应的数据存储和处理设备。

(3)健康评估及损伤分析系统

健康评估及损伤分析系统对数据采集子系统传输的数据进行实时分析和处理,据此分析、判断、评估桥梁的健康状态。

根据结构在同一位置上不同的数据结果的变化来识别结构的状态,损伤识别的具体内容有损伤特征的提取、损伤的分析与估计等几个方面。损伤特征的提取是指通过测量和其他的信息处理技术来获取反映结构损伤特征的过程,损伤的分析和估价是根据所提取的损伤特征确定结构是否出现损伤以及损伤的位置和程度并对结构损伤的危害以及严重程度做出评估,作为是否需要维修加固甚至是否终止桥梁结构服役的决策参考。

(4)预警子系统

对异常桥梁健康状态进行报警,为桥梁结构的养护维修提供依据。

2)桥梁结构健康监测软件研发

桥梁结构健康监测软件设计一般应优化界面设计,方便用户使用;充分考虑应用软件在编制、修改、调试、运行和升级方面的方便性,为桥梁结构健康监测系统的后续升级、换代设计做好准备。

桥梁结构健康监测硬件设计应简化电路增加可靠性;尽量降低能耗;采用通用化、标准化硬件电路,降低生产成本,缩短加工周期;充分考虑系统的可扩展性;最后根据用户单位的其他设备情况和发展意向,选用通用化的接口与总线系统,方便各级用户。

3)桥梁损伤处置方案研究

根据桥梁健康评估及损伤分析,有针对性地进行桥梁损伤处置方案研究。

8.3 道路运输安全方面

道路运输安全是保障人民群众生命财产安全的根本体现和核心任务。通过道路运输安全专项对策,使运输服务所涉及的各种要素安全可靠,可以保障旅客和货物安全、准时运达目的地。针对运输企业、驾驶人、监管人员等道路运输相关方,从优化监管手段、完善考核办法、应用预警技术、平台等方面进行建设。

8.3.1 运输企业交通安全监管体系建设

1)完善运输企业交通安全监管体制机制

建立包括托运人、承运人、收货人、交通管理部门、道路执法部门等在内的运输企业安全监管体系及组织架构,确定各主体的职责分工。

完善安全监管机制,创新安全监管方式,健全完善重大隐患治理逐级挂牌督办、公告、整改评估制度。指导交通运输企业严格依法依规从事安全生产活动,强化安全生产绩效考核,构建全面的交通运输企业安全生产责任网络。

2)完善交通运输从业人员职业资格制度

加强安全管理职业资格制度建设,严把交通运输行业从业人员资质准入关。全面加强安全生产管理人员新《安全生产法》宣贯和安全业务培训工作,提升管理队伍的安全素养和业务技能,鼓励从业人员进行继续教育培训,制定并实施培训计划,提高从业人员安全意识、安全知识和实操技能。

3)制定运输企业安全生产及监管标准体系

严格道路运输市场准入管理,对新设立运输企业,严把安全管理制度和安全生产监督审核。建立与企业信誉、项目核准、用地审批、证券融资、银行贷款等方面挂钩的安全生产约束机制。主要负责人、管理人员、岗位人员严格落实安全生产法定责任。最后建立运输企业交通安全考核平台,定期对交通运输相关企业进行安全生产考核。

4)安全生产教育及考核体系

完善安全生产教育及考核。基于危险事故案例及不同车型特性,对驾驶员进行案例分析与指导。制定典型驾驶环境下安全驾驶行为的教育推广,建立营运驾驶员相关培训、考核与再教育机制;提出各类安全监督管理人员进行教育培训计划,提高安全监督管理人员综合素质和能力。每年开展交通运输安全生产分管领导干部和安全管理人员的相关专业业务培训,实施交通运输安全工程师教育培养计划;最后建立驾驶员安全培训与监督考核平台。

5)驾驶员管理体系

完善驾驶人培训大纲、考试标准、驾驶员考核上岗制度;严格考试程序,强化驾驶员安全、法制、文明意识和实际道路驾驶技能考试;明确驾驶员安全管理责任及义务。

8.3.2 营运车辆在途实时监测与预警系统建设

1)制定营运班线审批和监管标准体系

对班线途经道路的安全适应性进行评估,合理确定营运线路、车型和时段;清理整顿现有的长途客运班线;建立恶劣天气临时管理措施方案。

2)道路运输车辆动态监督管理办法

制定道路运输车辆动态监督管理办法,规范卫星定位装置安装、使用行为。实现旅游包车、三类以上班线客车、危险品运输车、校车等车辆的GPS全面覆盖。

3)营运车辆运输安全保障系统

研究确定基于三方(营运车辆、道路管理中心、监控中心)的实时交互通信的营运车辆运输安全保障系统,确保交通运输的安全。

4)营运车辆实时监测预警系统研发

从道路交通现状及其发展需求出发,遵照系统工程、交通工程和交通管理与控制理论的原理与方法,应用电子、信息、指挥、控制、通信等技术及其装备,对车辆运行状态及其安全状况等进行科学、规范、全面、切实、高效又持续的智能监控和管理,对车辆相关信息进行采集、处理、交换,对突发状况进行预警、组织、协调。例如:基于GPS、3G/4G通信技术、RFID射频识别技术、数据库等技术,研究营运车辆(长途客车、农村客车、旅游包车、危险化学品货物运输车辆)在途监测技术;基于物联网的不同类型危险品运输车辆在途实时风险评价技术;应用危险品运输车辆在途实时预警决策技术,对危险化学品运输进行评估。

8.3.3 面向社会公众的交通信息智能化服务平台建设

面向社会公众的交通安全信息化服务平台是基于互联网平台、手机终端平台的信息服务系统。可整合交通安全信息资源,通过交通安全信息发布系统为出行者提供较为完善的出行信息,提升公众出行服务能力与水平。

首先,系统对于已经进行信息化、已经形成数据库形式的交通信息,可以通过技术手段实现数据的统一集成,而对于目前尚没有形成数据库形式的交通信息,该系统可以在集成交通数据的基础上进行交通资源的整合处理;然后,系统可对采集到的交通信息进行优化和各种调整转换等计算工作,从而建立交通路网的交通流模型,并通过对路网进行综合分析,为公众提供如最短时间、最少费用等各种最优路径选择;同时,系统还能对路网不同时段的交通流量和道路通行状况进行实时评估和预测,并通过各种终端和媒体把这些结果发布到公众出行者手中。为驾驶出行者提供实时路网交通状况信息(如交通拥堵)、交通气象信息、交通占路施工信息、灾害阻断信息、气象、环境等信息及突发事件提醒;为公共交通出行者提供票务、营运、站务、换乘等信息;为公众提供出行诱导参考方案。出行者可根据信息提前安排计划,变更出行路线,使出行更加安全、便捷、可靠。

面向社会公众的交通安全信息化服务平台应用的技术主要包括:计算机技术、网络技术、全球定位系统(GPS)、地理信息系统(GIS)等,以及近年来新起的物联网技术、云计算技术、移动应用(APP)技术等。

1)制定交通安全信息化服务平台建设标准

制定交通安全信息化服务平台建设标准,规范公共交通信息服务平台设施建设、技术支撑、运行管理和监督考核,提高交通安全信息化服务平台建设的质量。

公共交通安全信息服务平台管理中心成立工作组,负责制定平台标准体系,制定关键技术标准,负责标准和代码管理以及建成系统的运维和管理。

2)交通安全信息化服务平台建设

(1)公共交通安全信息服务平台架构设计

公共交通安全信息服务平台主要负责采集各交通方式、各路段交通流的数据信息,根据需要在各信息系统与枢纽信息系统之间进行数据交互,主要功能有:数据采集和处理、数据共享与交换、数据发布、数据本地存储等。

(2)交通动态信息采集系统

对干线道路网(高速公路、主要公路、快速路、城市主干道等)布设交通信息采集设施,包括交通信息监测器、视频监控设备等;车辆的全球定位系统、针对公共交通的一卡通设备等对交通数据进行采集。

(3)数据通信网络系统

在充分利用现有通信网络资源的基础上,建设公众出行交通安全信息服务系统的专有数据通信网络,实现各相关部门和交通运输企业与数据处理中心的连通。

(4)交通安全信息数据处理系统

部署多个数据交换服务器,负责提供信息处理服务和信息交换服务,建设公众出行交通信息服务数据处理平台,介入不同来源的交通运输数据,实现多元数据融合、加工、处理。

(5)交通安全信息发布系统

包括公众出行门户网站、交通安全信息服务短信平台、交通广播、可变情报板、互联网、呼叫中心、手机、交通广播、图文电视、车载终端、标志、触摸屏等各类媒介,充分利用现有的交通信息发布方式,将其进一步整合、建设、完善。

8.4 交通设施安全方面

交通运输设施安全是国民经济稳定发展的重要支撑。通过专项策略,使公路、桥梁、枢纽场站等基础设施在规划、设计阶段充分体现安全至上的理念,建设质量保障充分,运营过程安全可靠,在事故发生时具有较强的容错性。

8.4.1 公路安全性评价工作流程化标准化建设

公路安全性评价重点解决路侧险要路段、桥隧群路段、长大隧道、特大桥梁、长大下坡路段等特殊路段及路网运营安全风险评估技术问题。

1)分路段进行公路安全性评价

提出特殊路段(路侧险要路段、桥隧群路段、长大隧道、特大桥梁、长大下坡路段等)各级公路安全性评价的具体内容(如标准规范符合性、设计协调性、设计一致性等)、评价方法和流程,为安全性提升改造提供依据。

2) 实施安全性提升改造工程

根据安全性评价结论,进行主动防控设施安全性能提升、被动防护设施安全性能提升,提高特殊路段安全运营效率。

3) 建立公路网运营安全管理系统

为保障综合运输安全体系的发展、改善高速公路路网安全,智能化制定和实施相应的管理控制对策,需要建立公路网运营安全管理系统。公路网运营安全管理系统是在对监控、通信和部分收费系统功能及资源重新界定、整合的基础上,建立起来的功能更完善、解决问题的层次更深入、反应能力更强、具有智能交通系统 ITS 特征的现代化交通管理系统,其应能实现如下功能:

(1) 交通需求预测。根据公路交通基础信息数,推算路网短期任意时间的交通量,再根据新的实时交通信息,更新预测交通流量,以便对网络交通进行分配。

(2) 路网交通质量评价。包括路网结构性能的指标(公路网密度、公路网连通度、公路网铺面率、公路网的可达性以及公路网中位点等)和路网使用功能的指标(公路网平均车速、拥挤率、平均交通事故率及服务水平等)。

(3) 制定公路网运营安全管理对策。提出的对策拟包括运营管理控制对策和工程技术对策。运营管理控制对策是通过影响因素发现路网内事故隐患点,通过合理规划和管理使路网的运营整体协调、相互联动,消除和减少由于道路环境、突发事故、天气状况引起的交通拥挤和堵塞,使整个路网的交通分布达到均衡、畅通;工程技术对策是对事故黑点进行交通工程设施和道路工程设施改善,以及将路网匝道、主线联动控制实施到工程中,为路网安全运营管理对策服务。

(4) 安全运营的管理对策实时评价。主要通过运筹学、管理科学、数理统计、模糊数学等方法,分析所制定的各种对策对路网安全的影响。提出两个路网安全运营综合评价指标,分别评价对策对路网安全性和经济性的影响,反映事故水平(事故次数、死亡人数、受伤人数和经济损失)、车辆性能及使用水平、道路水平和安全管理水平等。

(5) 可视化信息发布及成果输出。更直观更清晰地反映路网相关信息。

8.4.2 国省干线危险路段排查与安全整治

为了保证国省干线道路交通安全,创造安全舒适的出行环境,预防和减少交通事故的发生,需要开展国省干线危险路段排查与安全整治。

1) 编制国省干线危险路段排查与安全整治办法

为了加强和规范国省干线危险路段排查与安全整治,改善公路行车安全条件,建立健全公路危险路段排查整治工作长效机制,需要制定国省干线危险路段排查与安全整治制度(办法)。

(1) 定义国省干线危险路段及其范围

公路危险路段拟包括交通事故多发点段和道路安全隐患点。

(2) 设立专门的危险路段排查整治机构

(3) 明确政府及所属有关部门在公路危险路段排查整治工作中的主要职责

危险路段排查整改涉及政府和交通、公安、城建、安监等职能部门,需要明确各级政府和部门对危险路段排查整治的领导责任、监管责任及事权划分;同时应明确责任考核细则,加强督促检查,确保危险路段排查整治工作取得实效。

(4)规范统一排查方法和标准

危险路段排查是多部门协作,部门之间的管理模式、行动准则、评判标准不同,道路建设标准与道路交通安全管理要求也存在一定程度的脱节,造成危险路段排查方法和标准不一致,各部门对安全设施设置与否、设置位置、设置数量的结论不一致。因此需要结合实际交通环境、道路设计参数等数据,规范和统一排查方法和标准,各部门间联动统一整治。

(5)落实危险路段安全整治资金制度

对危险路段安全整治,从根本上改善危险路段道路交通条件,保证安全整治方案的实施,需要落实安全整治资金,避免隐患治理工作半途而废。

2)分年度制定国省干线危险路段排查与安全整治任务

收集公路危险路段交通事故数据、公路技术参数和道路基础设施资料,对区域内干线不良线形路段、路侧险要路段、事故多发段、易发生地质灾害路段等危险路段隐患进行排查,据此编制年度整治计划。

3)国省干线危险路段安全整治方案研究

针对国省干线危险路段排查得到的结论,以"安全性、经济性、适用性、可操作性"为目标,有针对性地制定安全整治方案,划分相应的整治目标、整治责任单位、整治时间、整治进度,促进整治方案的落实。

8.4.3 公路安全防护设施性能提升

8.4.3.1 一般高速公路安全性能提升

1. 背景及必要性

2012年我国高速公路仅占公路总里程的2.27%,但是高速公路上发生的交通事故却占事故总数的4.36%,降低高速公路交通事故数量和伤亡程度已成为迫切要求;高风险路段缺乏必要的安全防护设施或防护设施能力不足等是事故发生的一个重要原因,由其引起的穿越中分带与对向车辆碰撞、碰撞护栏端部及冲出路侧坠崖等群死群伤事故频发;近年来,交通运输部提出了以"平安交通"为基础的"四个交通"发展目标,并先后颁布了安全防护设施相关安全性标准,安全设施防护技术指标要求也基本与发达国家持平,实现了技术标准与国际先进水平的接轨。同时,安全设施设计规范也在修订中,对于安全设施合理设置也将提出新的要求。

2. 主要内容

1)研究开发路基标准段特高等级景观护栏

路侧事故在交通事故中占了大约30%的比例,路侧环境对伤亡和事故严重程度有重要影响;由于护栏的防撞能力不足,出现车辆穿越中分带驶入对向车道,并与对向车道车辆正面碰撞造成群死群伤的重特大事故,据统计车辆与中央分隔带护栏接触、冲撞甚至冲断护栏事故,约占总事故的四分之一;早期修建的护栏结构普遍是依据20世纪80年代我国的主要车型而定的,目前护栏的防护对象(车型、速度、碰撞角度)已发生巨大变化,对于护栏的防护需求提出了更高要求;"品质工程"是目前国内交通运输行业的新理念,广义的"品质工程"指:既有工程功能、耐久性、可靠性、适用性等内在质地的特性,又包含建筑艺术美、工程技术美、设施与生态协调、融入文化理念、后期服务等外在品位的工程。因此，高速公路安全防护设施的研发需要将设计美感、景观美感融入其中，传统的护栏研发常不重视景观效果，例如一般的墙式护栏形式较单一、外形较呆板，通透性差，易给车辆乘员以压抑感，驾驶员长期在这种条件下驾驶，容易出现神经和视觉疲劳，导致判断失误、处理不当。

为满足日益增长的安全防护及景观需求，需研究符合《公路护栏安全性能评价标准》（JTG B05-01—2013）要求的路基标准段特高等级（HA级、HB级）景观护栏：

（1）资料调研及现场调查

了解特高防护等级路基护栏的研究情况及实际应用需求，为护栏研究奠定基础。

（2）护栏结构选型研究

基于调研结果及以往科研经验，分析不同结构形式护栏的特点，根据护栏高防护等级的需要，综合考虑安全、美观、施工方便等因素，采用制作三维效果图的方式确定 HB 级和 HA 级路基护栏的基本结构形式。

（3）护栏结构设计及优化研究

采用理论分析计算的方法对护栏的具体结构进行设计研究，在此基础上采用计算机仿真技术，从多方面对护栏的结构进行分析优化。

（4）护栏安全性能评价研究

进行实车足尺碰撞试验，检验新型 HB 级和 HA 级路基护栏结构的防护能力是否满足《公路护栏安全性能评价标准》（JTG B05-01—2013）的要求。

2）桥梁段特高防护等级桥梁护栏研发

高速公路桥梁段属于事故高发路段，桥侧危险程度普遍较高，一旦发生事故，后果极为严重。桥梁护栏是保障桥梁段安全运营的重要防护设施，但现有桥梁护栏防护等级设置不合理、结构形式与道路交通条件不匹配等是造成桥梁护栏防护能力不足的主要原因。据资料表明，在所有类型的交通事故中，坠桥事故死亡率最高，其死伤率在95%以上。目前，桥梁护栏除更多考虑防止车辆穿越的功能外，对于桥梁自身结构保护、桥外水资源、铁路干线等安全敏感区保护等功能考虑较少，可能导致更严重的二次事故，造成重大的生命财产损失，因此应从防穿越、保护桥梁自身结构以及针对不同桥外环境等方面提升护栏安全防护能力。同时随着公路交通事业的发展和人民生活水平的提高，人们对公路出行方式的服务水平要求越来越高，不仅要求能够顺畅、通达目的地，更要求安全性和舒适性。

因此，需要研究开发满足《公路护栏安全性能评价标准》（JTG B05-01—2013）要求的高等级（HA级、HB级）桥梁景观护栏。

（1）护栏碰撞试验条件研究

护栏碰撞试验条件研究包括碰撞试验车型、车辆质量、碰撞速度、碰撞角度等因素的确定，碰撞试验条件组合直接确定了护栏的防撞等级，为护栏研发的基础。

（2）护栏结构方案研究

结合目前桥梁结构特点及未来的交通流特征进行护栏结构研究，并考虑美观、耐久性和施工方便等要求，提出几种可行性方案。按1:1比例建立景观护栏模型，直观判断护栏景观效果，同时考虑护栏的受力合理性，确定一种方案做深化研究。

(3)护栏结构的研究与优化

采用理论分析计算的方法对护栏的具体结构进行研究,初步确定护栏横梁、立柱及混凝土基座的结构,在此基础上采用计算机仿真方法,从多方面对护栏的结构进行分析优化,包括护栏的横梁、立柱及护栏基础的受力协调分析和合理刚度分布等研究。

在护栏结构研究及优化过程中,得到在碰撞荷载作用下护栏基础所承受的荷载值,为护栏基础(箱梁)强度设计和校核提供参数,确保桥梁具有该等级护栏的设置条件。

(4)护栏安全性能评价研究

采用实车足尺碰撞试验检测高等级桥梁景观护栏是否满足《公路护栏安全性能评价标准》(JTG B05-01—2013)的要求。

3)整体式跨线桥中分带护栏研发

对于整体式跨线桥来说,中央分隔带护栏是保障双向行车安全的关键。但整体式跨线桥中央分隔带护栏在实际应用中存在多方面的问题。

现有整体式跨线桥中央分隔带护栏的防护能力较低,已不再适应当前交通流条件。由于中央分隔带护栏防护能力不足,导致车辆穿越中分带护栏与对向车辆相撞的恶性二次事故时有发生,给人们的生命财产安全和桥梁主体安全带来极大威胁;同时目前普遍应用的整体式跨线桥中央分隔带护栏在施工过程中需采用预埋螺栓和法兰盘或预埋套筒的方式安装立柱,大大增加了施工作业难度,施工方便性较差;分设型波形梁护栏占桥面宽度较宽,导致桥梁工程造价(征地费、桥梁主体建设费等)增加,经济性亦较差。

针对上述问题,需要研究开发一种满足《公路护栏安全性能评价标准》(JTG B05-01—2013)的要求,与桥面板无刚性连接的高防护等级整体式跨线桥中央分隔带混凝土护栏。护栏兼备安全性、施工方便性、经济性、适用性等综合性能。

(1)数据调研

对现有整体式跨线桥中央分隔带护栏的结构形式、尺寸及安全防护效果交通流特性(交通量、车速、车型比例等)、周边环境等进行调研。

(2)护栏结构设计及优化研究

运用可靠的计算机仿真技术,综合考虑安全性、施工方便性、经济性及适用性等多项因素,提出多种护栏结构方案,具体包括护栏结构形式研究、护栏基础设置方式研究、护栏单元纵向连接方式研究等。

运用单元构件试验、台车试验、计算机仿真技术对各种护栏结构方案进行碰撞分析,根据变形破坏以及应变等测试数据对护栏的防护性能做探索性分析,以护栏满足安全性为目标,优中选优。

(3)护栏安全性能评价

采用实车足尺碰撞试验对护栏的安全性能做客观评价,通过对各项检测数据的分析,评价其安全性能是否达到《公路护栏安全性能评价标准》(JTG B05-01—2013)规定的相应防护等级。

4)钢箱梁桥护栏研发

钢箱梁的优势在于结构质量轻、抗风稳定性好、抗扭刚度高、施工和养护方便,因此常用于大跨度斜拉桥、悬索桥、拱桥加劲梁。经分析,金属梁柱式护栏相对于组合式护栏和混凝土护栏可以降低约50%的质量和60%的风载,且维修较其他护栏更方便,更适用于钢结构桥梁;护栏立柱与桥面板连接处应进行特殊设计,发生超过设计防护等级的碰撞时,通过立柱自身或立柱与桥面板连接处卸载来避免钢箱梁桥面板的破坏,实现"过载保护"功能;考虑斜拉桥、悬索桥特点是缆索悬吊结构,桥侧护栏一般与其外侧吊杆之间的距离较小,大型车辆在碰撞护栏过程中侧倾角度过大时可能发生车辆碰撞吊杆的情况,影响桥梁主体结构安全。因此护栏应能控制事故车辆的侧倾,降低车辆碰撞桥梁吊杆的可能性。

因此,研究开发一种经过实车足尺碰撞试验验证,各项指标满足《公路护栏安全性能评价标准》(JTG B05-01—2013)要求,视线通透、能实现"过载保护"、适用于钢箱梁桥特殊应用条件的金属梁柱式桥梁护栏。

(1)确定防护等级

大量调研的基础上,结合规范标准,根据钢箱梁桥的实际安全防护需要,考虑一定的前瞻性,确定防护等级。

(2)护栏防护性能研究

运用可靠的计算机仿真技术,综合考虑安全性、易拆装性、轻便性、耐久性等多项因素,提出多种护栏结构方案;运用单元构件试验、台车试验、计算机仿真技术对护栏结构方案进行碰撞分析,根据变形破坏以及应变等测试数据对护栏的防护性能进行分析和优化,使其达到确定的防护等级。

(3)基于过载保护的护栏基础连接方式研究

分析护栏基础和钢箱梁桥面板连接强度,研究确定护栏基础与钢箱梁桥面板的有效连接方式,确保护栏能够达到预定的防护等级,并基于"过载保护"原理,降低碰撞荷载对钢箱梁桥面板的影响,有效保护桥面板,同时考虑施工和后期维修更换便利性问题。

(4)碰撞车辆侧倾控制研究

当桥侧护栏迎撞面与钢箱梁桥梁吊杆之间距离较近时,失控车辆碰撞护栏发生侧倾后有可能剐蹭吊杆,导致吊杆受损。桥梁吊杆是大桥整体承重与确保稳定性的主要载体,吊杆受损将严重威胁到桥梁主体结构的安全,存在很大安全隐患。因此在护栏结构研究过程中应对结构进行优化,减小车辆侧倾,保证车辆最大动态外倾当量值(VI_n)小于护栏与吊杆之间的距离。

(5)基于功效系数法的多目标优化

钢箱梁用金属梁柱式护栏需要实现不低于五级(SA级、防护能量400kJ)防护等级、桥面板"过载保护"、保护桥梁吊杆等多重目标,拟采用功效系数法进行多目标优化,在护栏对失控车辆进行有效安全防护的同时,实现保护桥梁主体结构的功能。

(6)基于实车碰撞试验的护栏安全性能评价

采用实车足尺碰撞试验对护栏的安全性能做客观评价,通过对各项检测数据的分析,评价其安全性能是否达到《公路护栏安全性能评价标准》(JTG B05-01—2013)规定的相应防护等级。

(7)加工及施工工艺研究

以试验护栏构件的加工过程为基础,进行加工工艺研究,对护栏构件的加工工艺提出具体要求,以保证护栏施工质量。综合考虑施工方便性和可行性,对其施工工艺进行研究,形成现场方便可行的施工工艺和可大规模推广应用的标准施工流程。

5）中央分隔带开口安全防护性能提升

现有开口护栏的防护能力不足，失控车辆撞坏开口护栏闯入对向车道的事故时有发生；同时开口护栏存在端部过渡不合理的问题，有些仅用钢板搭接，实现简单的外形过渡，有些甚至不与标准段护栏连接，存在重大安全隐患；有进行过实车足尺碰撞试验的中央分隔带开口护栏长度在 30~40m，均无法保证 50m 长度中央分隔带开口护栏的安全性能；现有经实车足尺碰撞试验验证的开口护栏，材料用量较大，大量采用了非标准构件，导致生产加工成本高，造成资源和工程造价的浪费；开口护栏应用时出现开启缓慢，甚至无法开启的情况，也给交通组织及应急处理带来严重阻碍。

因此，需要研究开发一种符合《公路护栏安全性能评价标准》(JTG B05-01—2013)要求，可适应 50m 及以下中央分隔带开口长度，与标准段护栏合理过渡，方便开启与关闭，并以标准件为主要构件、造价低、易养护的中央分隔带开口护栏，以适应市场及行业发展需求，提高中央分隔带开口处的安全性能。

(1)中央分隔带开口防护等级确定

调研分析中央分隔带开口防护技术的性能及适用性，针对实际安全防护需求、标准规范的规定及现有装备情况，研究确定中央分隔带开口处应具备的防护等级。

(2)开口护栏主体结构研究

包括护栏外形研究、结构选型、结构设计、计算机仿真分析等有关主体结构防护性能的研究。

(3)开口护栏与不同标准段护栏过渡研究

为使开口护栏与不同宽度、不同形式、不同刚度的标准段护栏合理过渡，以保证端部的安全性能，应进行开口护栏与不同标准段护栏合理过渡研究。

(4)安全性能评价

对开口护栏进行实车足尺碰撞试验，评价其安全性能是否达到《公路护栏安全性能评价标准》(JTG B05-01—2013)规定的相应防护等级。

(5)开口护栏加工及施工工艺研究

结合实车足尺碰撞试验所用新型开口护栏的加工及施工情况，从施工方便性和适用性角度，对开口护栏的各构件加工及连接方式、施工工序等进行研究，最终形成一套可推广的新型开口护栏装备加工及施工工艺。

6）三角分流区安全性能提升

三角分流区安全防护设施主要为防撞垫，车辆碰撞防撞垫后将碰撞能量通过自体变形进行转化吸收，而现有部分防撞垫成果未进行过系统研究便直接应用，缓冲吸能效果不良，还引起车辆横转、翻车、穿越、护栏插入车体等恶性事故；同时防撞垫适用性差，在高速公路上应用时存在局限性；成果均未按照新颁布的《公路护栏安全性能评价标准》(JTG B05-01—2013)进行过实车足尺碰撞试验验证，各项指标和性能是否满足现行标准不确定，在高速公路上应用不合法。

因此，需要研究开发一种符合《公路护栏安全性能评价标准》(JTG B05-01—2013)，安全性、经济性、施工方便性、适用于一体的新型防撞垫结构。

(1) 资料及现场调研

对高速公路上广泛使用的防撞垫结构形式、原理及使用效果、依托工程路线设计、交通流特性(交通量、车速、车型比例等)、交通工程及沿线设施设计等情况进行调研。

(2) 初步方案研究

分析可导向防撞垫应具有的结构特性,初步确定可导向防撞垫结构方案。综合考虑正碰、偏碰、斜碰时的柔性和侧碰时的刚性匹配问题。

(3) 结构优化研究

通过单元构件试验优化可导向防撞垫各构件尺寸,台车试验检验其缓冲吸能;最后通过计算机仿真分析进行结构优化。优化后的防撞垫结构应实现正碰时持续吸能;斜碰和偏碰时,控制车辆碰撞后的行驶平稳性;侧碰提供足够的横向刚度,避免绊阻。

(4) 安全性能评价

采用实车足尺碰撞试验评价防撞垫结构安全性能是否达到《公路护栏安全性能评价标准》(JTG B05-01—2013)规定的相应防护等级。

3. 预期效果

对策的实施可提高在役高速公路运营安全水平,大大降低人员伤亡,减少由人员伤亡造成的经济财产损失,研发的相关技术成果均满足《公路护栏安全性能评价标准》(JTG B05-01—2013)要求,具备良好的性价比,可节约建设成本及后期养护改造费用,填补多项安全设施空白,推动我国高速公路交通安全技术的进步。具有显著的社会、经济、技术效益。

8.4.3.2 改扩建高速公路设施安全性能提升

1) 在役护波形梁护栏改造再利用

对在役护波形梁护栏进行改造再利用,存在几个问题:①改扩建一般仅凭经验采取加高立柱、增设横梁、设置双层板等方式对旧波形梁护栏进行加高、加强。由于旧构件规格多样且锈蚀程度不一,构件性能无法保证,改造再利用的波形梁结构安全性不明确;相关标准规范没有提出改造再利用波形梁护栏的具体结构,无法直接采用;②国内部分护栏改造再利用项目由于立项时间较早,成果未依据2013年发布的强制性、基础类的《公路护栏安全性能评价标准》(JTG B05-01—2013)的要求进行实车足尺碰撞试验,安全性能指标不完善,导致继续应用不具有合法性。

因此,基于旧波形梁护栏构件评估技术研究,提出符合《公路护栏安全性能评价标准》(JTG B05-01—2013)要求的改造再利用波形梁护栏结构,在满足交通安全防护需求的同时,提高资源节约再利用水平,体现"绿色低碳交通"理念。

(1) 在役波形梁护栏现状调研

调研在役波形梁护栏的结构形式、结构尺寸、腐蚀程度、损坏程度、变形程度、依托工程实际交通条件、改扩建交通组织情况、交通流情况等进行调研。

(2) 波形梁护栏钢构件性能评估

基于理论分析、单元构件试验、计算机仿真分析,研究确立旧波形梁构件性能评估方法和评估指标,并对依托工程在役波形梁护栏钢构件性能进行评估。

(3) 旧材料改造再利用的护栏结构设计优化

根据评估结果,综合考虑安全性、经济性及施工方便性因素,以可再利用构件中性能指标最差的为基础,提出多种改造再利用波形梁护栏结构方案。运用台车试验、计算机仿真技术对改造再利用波形梁护栏方案进行结构分析,根据变形、测试数据对其防护性能进行初步判断。以护栏结构达到安全、经济、施工方便为目标,进行方案优选,并对优选方案进行结构优化,为实车足尺碰撞试验的成功奠定基础。

(4)安全性能评价

采用实车足尺碰撞试验评价改造再利用波形梁护栏结构安全性能是否达到《公路护栏安全性能评价标准》(JTG B05-01—2013)规定的相应防护等级。

2)混凝土护栏改造再利用

公路改扩建工程对路面进行过加铺罩面处理使混凝土护栏有效高度降低,护栏防护能力同时降低,导致车辆碰撞混凝土护栏后翻越路外的事故发生;受使用年限的增长及气候条件、使用情况等外界因素的影响,混凝土护栏墙体易出现大量裂纹、表面剥蚀、骨料暴露等现象,混凝土护栏纵向连接钢构件及组合式混凝土护栏上部钢结构也普遍存在锈蚀情况,不仅对护栏结构的耐久性、美观性产生不良影响,还降低了护栏的安全防护性能。

因此,在高速公路应用的混凝土护栏安全性评估的基础上,提出符合《公路护栏安全性能评价标准》(JTG B05-01—2013)要求的改造混凝土护栏结构,改造后的护栏应兼备安全性、施工方便性、经济性、景观性等综合性能。

(1)改扩建公路混凝土护栏使用现状调研

对混凝土护栏结构形式、尺寸、材料腐蚀及养护等情况及混凝土护栏实际使用中的安全防护效果进行调研。

(2)混凝土护栏高度安全性能影响评估

基于理论分析、以往科研经验及计算机仿真分析,对调研获得的混凝土护栏结构分别进行安全性评估。分析混凝土护栏高度变化对安全防护性能的影响,并采用可靠的计算机仿真技术,探索混凝土护栏高度的极限值。

(3)确定护栏防护等级

护栏的设计防护等级决定了实车碰撞试验所用车型、车辆质量、碰撞速度、碰撞角度等因素,为护栏改造设计的基础。结合公路实际交通条件、防护需求,确定混凝土护栏改造后应达到的防护等级。

(4)护栏改造方案研究

综合考虑安全性、经济性及施工方便性因素,提出混凝土护栏改造结构方案,通过力学分析、模型试验、计算机仿真等方法对方案进行优化。

(5)安全性能评价

采用实车足尺碰撞试验评价改造再利用波形梁护栏结构安全性能是否达到《公路护栏安全性能评价标准》(JTG B05-01—2013)规定的相应防护等级。

3)施工区临时安全设施研发

目前高速公路养护、改扩建的施工作业区多采用水马、锥形警示桶或其他简单处理等进行交通隔离和诱导,但这些隔离设施防护能力不足,给人们的生命财产安全带来巨大威胁;目前常用的水马使用1~2年后就出现严重褪色,甚至损坏的问题,使用周期较短,达不到耐久的要求,造成浪费;考虑施工区临时安全设施随着改扩建及养护施工进入不同阶段,临时安全设施需跟随施工作业位置的变换,频繁进行装载、运输及卸载,故应具有质量轻、搬运方便、机动性高的特性;而目前高速公路应用的护栏,普遍采用路面(桥面)嵌固、桩基、桥面板刚性连接等方式来保证护栏基础的稳定性,虽然具有较好的抗倾覆、抗滑移能力,但均需对路面(桥面)结构进行施工处理,不能够或不易于实现护栏的快速安装与拆卸。

因此,研究开发一种满足《公路护栏安全性能评价标准》(JTG B05-01—2013)要求,具备安全性、易拆装、轻便性、耐久性综合功能的临时护栏,以达到减少资源浪费,节省工程造价的目的。

(1)临时护栏现状调查分析及防护等级的确定

进行大量调研分析,结合改扩建及养护阶段交通组织方案,确定临时护栏的功能指标,结合规范标准,确定临时护栏的防护等级。

(2)护栏方案研究

运用可靠的计算机仿真技术,综合考虑安全性、易拆装性、轻便性、耐久性等多项因素,提出多种护栏结构方案,具体包括护栏结构形式研究、护栏单元纵向连接方式研究等。

(3)结构优化

运用单元构件试验、台车试验对各种护栏结构方案进行碰撞分析,根据变形破坏以及应变等测试数据对护栏的防护性能做探索性分析,以临时护栏满足安全性为目标,进行结构优化。

(4)安全性能评价

采用实车足尺碰撞试验对护栏的安全性进行分析,评价其安全性能是否达到《公路护栏安全性能评价标准》(JTG B05-01—2013)规定的相应防护等级。

8.4.3.3 长下坡路段交通安全综合处置

1. 长下坡路段失控车辆强制减速系统研发

受地形地貌的影响,当高速公路连续长大下坡路段空间受限,无法设置避险车道或者无法保证避险车道长度需求时,失控车辆安全防护需求得不到保证,因此,需要针对上述情况,设置相应的强制减速设施,通过吸收失控车辆的动能达到逐渐减速至安全停驶的目的。

1)失控车辆专用减速带

目前道路上设置的减速设施大多数是警示性的,部分减速设施具有防止车辆侧滑的功能,路面材料采用特殊颜色、减速标线、进行粗糙化处理,提醒或迫使驾驶员采取制动措施,降低车速,保证行车安全。而能使车辆逐渐被动降速的安全设施研究及成果较少。

因此,需要研究开发一种长下坡路段制动失灵车辆被动减速设施——制动失灵车辆专用减速带。安装在路侧硬路肩或独立的行车道上,当制动失灵车辆经过减速带时,提供车辆滚动阻力。

(1)制动失灵车辆专用减速带减速机理研究

分析影响车辆速度的因素和可能采用的减速措施,提出研究探索的方向,在确定减速构件材料的基础上,探索车辆在减速构件上行驶时阻尼力变化的规律。

(2)减速垄结构及其性能研究

通过材性试验和单元结构试验对其性能进行比较,最终确定减速垄结构。

(3)长下坡路段制动失灵车辆专用减速带总体布设方法的研究

通过模型试验、理论分析、计算机仿真等方法对长下坡路段制动失灵车辆专用减速带设置方案进行比选,最后进行实车运行实验,对可选方案的减速效果、乘员舒适度以及其他使用功能进行验证比较,确定方案。

对长下坡路段制动失灵车辆专用减速带的适用结构类型、布设长度、布设宽度以及道路横断面的变更设计等方面进行研究,确定最终实施方案。

(4)减速垄制造工艺研究

研究减速垄单体构件的制造工艺和质量标准。

(5)施工工艺和养护技术研究

研究减速垄在路面上的安装方法;减速带由于受重载车辆的高速冲击及其他不利因素的影响,可能发生破坏,维修养护技术要解决这一新问题。

2)消能减速护栏研发

长下坡护栏应具有良好的防撞功能,考虑车辆在长下坡路段易发生制动失灵事故,因此,研究开发可在连续长下坡路段同时提供防撞功能和失控车辆的消能减速功能的新型护栏结构。

(1)护栏碰撞试验条件的确定

消能减速护栏应同时具备防撞和消能减速两方面功能。防撞能力要满足相关设计规范的要求;消能减速护栏摩擦系数过小,发挥不了消能减速作用,但是摩擦系数过大又有可能导致一般的失控车辆碰撞护栏时加速度超标,因此消能减速的试验条件和评价标准要根据连续长下坡危险路段对车辆减速的需求确定。

(2)车辆与护栏贴靠作用机理

消能减速护栏对车辆的减速功能是由车体与护栏接触摩擦面间的摩擦来实现的,而这个摩擦力的大小取决于车体与护栏摩擦面间的摩擦系数和接触的紧密程度。因此,需要对驾驶员的操作对车辆与护栏贴靠紧密程度的影响进行研究。

(3)护栏结构研究。包括:护栏结构强度设计、护栏基本结构形式确定、护栏迎撞摩擦面设计。

(4)安全性能评价

采用实车足尺碰撞试验评价消能减速护栏安全性能是否达到《公路护栏安全性能评价标准》(JTG B05-01—2013)规定的相应防护等级。

(5)减速功能实车试验

通过驾驶员驾驶大型货车以某一较小角度碰撞贴靠护栏,检验车辆能否顺利贴靠护栏运行,在驾驶舒适度容许的情况下达到减速目的。

3)新型避险车道研发

目前避险车道存在以下几个问题:偏角设置过大或过小、坡度过大、长度不足等问题。偏角设置过大,当车辆行驶速度很快时,难以顺利驶入避险车道,易造成车辆直接正面碰撞入口处护栏端部的恶性事故,偏角设置过小,正常行驶车辆易误入;坡度过大、长度不足时,车辆易冲出避险车道端部,造成恶性二次事故;避险车道集料填充是否合理是车辆能否在制动坡道内停车的关键所在,集料粒径过大,车轮不能有效陷入;粒径过小,易板结,影响阻尼性能,降低对车辆的减速效果,造成事故隐患。此外,填充集料对车辆的减速影响过大,则会产生较大惯性力,威胁车辆自身结构,易导致"车停货不停"的情况,对司乘人员身体造成伤害;自救车道救援体系不完善,事故后常常因不能及时发现事故车辆以及没有系统的施救方案,导致施救不及时,加大了二次事故发生的风险;部分山区高速公路避险车道空间受限,无法满足传统碎石路床避险车道的设计要求。

针对上述问题,结合长下坡路段运行环境、道路交通条件及安全需求,研究开发一种安全性能好、施工和维护工艺简便、能解决路侧地形紧张、无法设置传统碎石路床避险车道的新型避险车道。

(1)资料调研和现场调查

对现有避险车道的标准横断面、平纵断面线形、集料及安全防护效果等情况、依托工程沿线地形、周边环境等进行调研。

(2)总体结构设计及原理分析

以传统避险车道实现消能减速的原理为基础,在避险车道总体结构设计中增加其他新型消能减速系统,从而使避险车道的布置更灵活、系统更安全、建造更经济。

(3)平面及纵断面线形参数研究

根据国内外避险车道相关资料、事故分析,综合安全性、经济性等因素,研究避险车道标准横断面、坡道与主线夹角、坡道纵坡等。

(4)网索避险车道实车试验

通过高速实车足尺碰撞试验验证新型避险车道的防护能力以及系统的安全性、可靠性。

2. 长下坡路段综合安全保障系统设置

目前我国结合道路交通特性的长下坡路段运营阶段综合安全保障系统研究较少;规范对于照明设置、标志标线设置、护栏设施设置、避险车道设置、管理与服务措施等只作了一般性的规定,未针对运营期长大纵坡路段作详细规定,也没有一套完整综合的系统性研究;国外道路交通条件、紧急情况、车辆状况等方面与我国有较大差异,其安全设施研究成果仅能作为参考,不能在国内直接应用。

因此,从安全角度出发,有针对性地进行长下坡路段综合安全保障系统研究,结合交通流状况及交通事故数据,以照明设施设置、标志标线设置、护栏设施设置、管理与服务措施应用、失控车辆强制减速系统设置为重点,提出长下坡路段综合安全保障系统设置方案,以期降低交通事故率,减少事故伤亡人数和经济损失,提高安全水平和运营效益,保障人民生命财产安全。

(1)道路线形与交通事故研究

对交通事故的时间分布、空间分布、事故形态、事故原因等与平面线形、纵坡坡度等的关系进行分析,得到事故易发点的位置,为下一步综合安全设施关键技术研究与应用奠定基础。

(2)照明设施设置

目前一般高速公路路段是不设置照明设施的,也没有相关规范的明确规定,但针对特别危险的长大纵坡路段则有必要进行相关研究,确定长下坡路段是否设置以及如何设置照明设施,以提高驾驶员提前发现危险因素的能力,减少事故发生的可能性。

(3)标志标线设施设置

标志的设置应以国家标准及相关规范的明确规定为基础,并针对长下坡路段的特殊性,结合其事故特点,研究在某些特殊位置增加部分特殊标志设置的可能性。

针对长下坡路段,更应该研究设置有针对性的特殊标线,从标线功能上可考虑设置视觉减速标线和振动减速标线。

(4)护栏设施设置研究

车辆穿越护栏往往造成车毁人亡的重大事故,有必要综合调查数据,提出长下坡路段护栏的设计防护等级,为合理设置护栏提供基础数据。

(5)管理与服务措施应用研究

人与车的因素对于安全性有至关重要的影响,因此应针对车与人的因素,通过有效的管理与服务措施,有目的地使驾驶员加强安全行车意识、降低行车速度。

(6)失控车辆强制减速系统设置

针对长大下坡路段大型货车超速超载、制动失效事故多发的现状,提出在避险车道设置受限的情况下,针对失控车辆的多种连续长大下坡路段强制减速设施,为连续长大下坡路段失控车辆提供有效防护。

8.5 应急保障安全方面

通过应急保障安全专项对策,快速提升公路交通运输应急反应和应急处置能力,最大限度地降低各类风险事件带来的损害。在应急响应、决策、处置等方面,从预警技术、联动机制、人员队伍、物质保障等角度建设安全应急保障能力。

8.5.1 面向大数据的交通安全实时预警与应急处置平台建设

1)制定应急联动制度

(1)建立应急管理联动会议制度

联动会议主要负责分析突发事件应急工作形势和特点,讨论应急预案修订工作,研究、讨论预防和应对突发事件的有关政策措施,指导督促公共安全隐患的排查和整改、全面掌握突发事件应急管理工作开展情况以及共同协商、解决应急管理工作的其他重大问题。

(2)形成应急联动工作信息通报制度

根据突发事件的类别和特点,建立与周边路段高速、高速交警等部门传递、通报相关信息的工作制度和程序,逐步实现部门间的资源共享、信息互联,大力建设突发事件信息互联互通。

(3)建立省、市、县三级交通事故应急联动控制机制

及时对交通运行中的不良状态,进行前瞻性、预见性、科学性的调控。一旦发生突发事件,各部门、各单位要按照应急预案要求,立即进入应急状态,发挥各自作用,服从指挥,公安、安监、医疗、气象、武警、消防等相关部门和单位加强配合、合作。

2)建设专业应急救援队伍

(1)完善公路交通、道路运输、铁路运输、水上搜救等区域救援基地建设。

(2)成立公路水运领域交通安全应急专家组。主要由从事科研、勘察、设计、施工、监理、应急处置等专业的技术专家组成。应急专家按照部应急专家工作规则的要求,为事故分析评估、现场应急救援及灾后恢复重建等提供咨询意见。

(3)成立应急管理队伍。鼓励和支持各地区、各部门、各行业依托大型企业、公安消防等

救援力量,加强应急救援学习。建立紧急医学救援体系,提升事故医疗救治能力。配足救援设备,提高施救水平。建立救援队伍社会化服务补偿机制,鼓励和引导社会力量参与应急救援。

(4)强化应急队伍处置能力。定期组织开展队伍拉练集结,应急实训演练等活动,磨合队伍,检验预案,提升应急处置能力。

3)基于大数据技术、物联网技术的突发事件风险分析与评估

对危险源、危险区域进行调查、登记、风险评估,组织检查、监控,根据自然灾害、事故灾难、公共卫生事件和社会安全事件的种类和特点,建立健全交通运输突发事件基础数据库,及时获取与交通运输有关的突发事件信息;按一定频率进行突发事件风险分析与评估,总体掌握突发事件风险特点。

及时搜集和发现危害道路交通安全的信息,对搜集到的信息进行快速分析处理,然后根据科学的信息判断标准和信息确认程序对影响交通安全和畅通的可能性做出准确的预测和判断,进而评价当前道路交通秩序运行的状态,准确预测未来道路状况运行的发展趋势,在其发生重大事故之前,立即发布预警信息,为后续落实防范和应急处置提供基础数据。

4)编制交通安全应急预案

针对可能导致发生事故的安全生产风险,以科学、合规、可行的原则,制定预案体系并编写相关预案,不断动态修订完善,针对应急预案,定期开展应急预案演练。加强应急处置能力,切实提高事故救援实战能力,确保遇突发事件时,及时启动相应的应急预案,有序高效处置。

预案包含综合应急预案、专项应急预案和现场处置方案三个层次。综合应急预案是统领管理局整体应急管理工作;专项预案是针对公路营运中某类重要设施或某类突发事件的应急处置预案;现场处置方案是在开展应急救援过程中的现场应急作业方案。

5)建设交通安全实时应急管理系统

(1)建设路网运行管理系统。整合公路养护管理系统、路政管理信息系统、交通情况调查系统等业务系统,与行业外及跨区域交通管理部门共享信息,面向路网运行监测和管理人员,建设交通流监测与预警、路网环境监测与预警、基础设施技术状况监测与报警、交通突发事件监测与预警、路网运行状态综合分析展示、路网运行调度与协同管理、设备运行状态监测等7个子系统,实现公路路网交通运行状况、路网环境、异常交通事件、基础设施设备运行状态的监测管理,提高养护作业、路政管理、治超管理等业务协同水平,提升路网运行协调联动能力。

(2)建设道路运输运行管理系统。依托道路运输管理部门已有业务系统,整合共享信息资源,面向道路运输行业监管人员,建设道路运输市场运行情况监测、客运场站运行情况监测及预警、重点运输车辆安全监测与预警、城市客运运行管理4个子系统,实现道路运输市场运行情况、客运场站运行情况、运输车辆运行状况等动态情况监测预警功能。

(3)建设行业综合运行监测系统。依托以上2个系统的建设,根据省厅用户需求,整合行业实时动态信息和宏观运行指标,实现行业整体运行情况的全面掌握和动态监测。

(4)建设交通安全生产综合监管系统,依托交通运输安全生产标准化系统,整合接入各类运行监测信息,实现安全生产达标管理、隐患管理、协同监管、综合查询和统计分析等功能。

(5)建设交通运输应急管理与指挥系统。接入路网、道路运输等运行监测系统采集和产生的各类动静态信息,建设应急值守接报、应急资源管理、风险隐患管理、应急辅助决策、应急培训演练、应急指挥调度、应急信息服务、应急评估、应急统计分析等功能,形成省、市两级联动的应急指挥系统。

6)开发智能化交通安全实时预警与应急处置软件系统

基于突发事件风险分析与评估流程、编制的应急预案,开发智能化交通安全实时预警与应急处置软件系统,营运后该系统可进一步增强应急处置效率,维护并完善应急预案。

智能化交通安全实时预警与应急处置软件系统拟采用 C#等编程语言,包括基于 GIS 和数据库技术的全网交通安全实时管控预警与应急处置系统的监控信息实时接收和存储模块、多源交通运营监控信息分析模块、重点监控路段实时视频模块、重点营运车辆运营安全分析模块、交通事件路网影响快速分析模块、应急救援预案决策支持模块、交通诱导信息发布模块。

8.5.2 重大自然灾害下公路交通生命线应急保障决策支持系统建设

决策支持系统是管理信息系统与决策技术相结合。传统的决策支持系统采用各种定量模型,对半结构化和非结构化决策问题提供支持,需要决策者参与,实际上支持的仅是决策过程中结构化和具有明确过程的部分;智能决策支持系统利用人工智能和专家系统技术在定性分析和不确定推理上的优势,提供了新途径。

重大自然灾害发生后,能否采取迅速而有效的应变行动,将决定整个状况能否被控制,损失是否能降低。公路交通生命线应急保障决策支持系统就是在最短时间内处理大量与自然灾害相关的数据,提供一个完整的解决方案。该系统可以实现对基础设施、灾害信息、危险源、抗灾力量等信息的查询统计、编辑,合理调配各种生命线资源,在灾害应急响应与快速救援指挥中选择最佳路径,调度与管理抗灾力量,以减少自然灾害的影响。

1)建立组织机构,创新管理机制

重大自然灾害下公路交通生命线应急保障决策支持系统是一项庞大而复杂的工程,依赖于科技、行政、法律等诸多方面的支撑,涉及众多部门,而各部门间的分工和调配便显得尤为重要。因此,在增进各部门间联系的基础上建立一个统一、协调的组织机构十分必要。

2)重大自然灾害应急保障决策支持技术研究

需要研究开发重大自然灾害交通生命线状态快速诊断技术,确保交通生命线状态的信息获取;对路网交通条件实时分析,对交通生命线应急通行管理技术进行研究;最后编制重大自然灾害下交通生命线网络应急管理预案,针对特长隧道、特大桥梁施工、运营研发应急逃生系统。

3)构建重大自然灾害下公路交通生命线应急保障决策支持平台

从应急救援快速决策的需要出发,以 GIS 技术为基础建立重大自然灾害下公路交通生命线应急保障决策支持平台,包括系统功能模块系统设计、基础信息入库数据库结构设计等工作。

(1)决策系统硬件平台建设

根据实际情况,重点集成卫星和 GPS、GIS 服务器、无线数据传输、远程数据处理器、图像采集与通信等先进的信息化技术,建立公路交通生命线应急保障决策支持系统硬件平台。

(2)决策系统软件平台建设

将事故模拟预测模型、应急预案、应急调度决策模型和人员疏散模型有机地整合起来,建立重大自然灾害下公路交通仿真模型,实现各个环节的空间决策模拟,包括灾情模拟分析与分级、应急预案、应急力量配置与调度、最佳调度路径分析、人员疏散等。

构建软件系统结构,主要包括:基础信息子系统、灾害信息子系统、危险源管理子系统、洪灾分析子系统、冰灾分析子系统、地震分析子系统、应急决策子系统等。确定各子系统的功能。

(3)建立公路交通及应急灾害基础数据库

数据库是整个应用系统的数据支撑平台,数据库设计时应遵循标准化、实用性、安全和保密性、开放和扩充性、完整性、一致性原则。

8.5.3 应急管理装备配套系统开发

1)应急管理装备配套工程建设

(1)基于物联网技术的路网应急资源配备研究

根据高速公路的分布情况,按照服务范围的要求,建立交通应急物资储备中心,储备公路抢通物资、机械设备、防护器材、救援车辆等。根据高速公路突发事件发生的种类和特点,基于物联网信息技术,对路网应急资源配备进行合理布局、统筹规划。

(2)应急管理装备研发及设置研究

高速公路的运营监控系统是应急管理的基础设施,应充分利用现有监控设施(固定监控设施与移动监测与预警车),加强高速公路突发事件应急处置,重点加强防灾抗灾和应急抢修技术、智能化应急网络指挥通信技术装备、辅助决策技术装备、特种应急抢险技术装备的研制工作,提供重大高速公路突发事件的设施保障;考虑事故黑点、交通特性、视觉特性,对应急管理装备的设置位置进行研究,使应急管理装备发挥最优功效。

2)开发应急管理资源调配系统

应急管理资源调配系统应充分考虑联动性,把公安、消防、急救、交管、防洪、防火、防震等领域的各个应急分系统进行有效集成。

资源调配的内容主要包括:人力资源的调配(军队、医疗队伍、运输人员、后勤、技术保障人员)、医疗装备资源调配(急救设备、应急药物)、生命线资源调配(能源调配、物资调配)。

8.5.4 全天候智能交通事故预防及救援成套技术研究

高速公路恶性交通事故频发,给公路安全运营带来巨大挑战。因此,需要研究开发一套完整的基于事故预防的公路交通事故应急救援技术,以降低交通事故发生的概率、减少交通事故造成的损失。

1)建立实时公路交通事故安全风险评估体系

针对实时变化的交通状况,建立公路交通事故安全风险评估体系,对事故发生概率及严重程度进行动态估计和推测。

对实时交通量、车型比例、车速、道路平纵线形等可变敏感性因素进行调研统计。结合敏感性因素特性、实际作用效果、影响程度等对其进行分类分级;采用层次分析法构造出实时交通状态的递阶层次结构(目标层、准则层、指标层),建立公路交通事故安全风险评估体系;最后选用合适的方法对实时公路交通安全进行评估。

2)研发交通事故预感知联动控制预警系统

目前常用的事故检测及报警主要是基于自动检测算法,包括:模式识别法、统计计算法、指数平滑法、突变理论等几类,但都是对于已发生的交通事故的自动检测及报警。同时控制及预警主要是基于人为,系统的联动控制及预警系统不完善。

因此,基于实时公路交通事故安全风险评估体系,研究开发一套兼备自动评估安全风险、自动划分交通状态危险等级、自动激活预警系统、自动跟踪交通状态变化并实时调整预警级别、自动记录每次预警全过程等功能、"声、光、电"一体化的公路交通事故预感知联动控制预警系统。根据实时交通状况,预测事故风险等级,发布不同级别的公路交通事故预警信息,以减少交通事故发生概率。

公路交通事故预感知联动控制预警系统主要由监测设备和交通事故风险等级自动划分系统、预警系统组成。

(1)确定监测设备

监测设备包括交通信息检测器、视频监控、视频事件分析系统等,其主要功能是对路段交通状态敏感性因素进行实时监测,并利用信息传输网络将监测信息传送到交通状态危险等级自动划分系统。

(2)事故风险等级自动化分系统研发

交通事故风险等级自动划分系统是基于实时公路交通事故安全风险评估体系开发的软件系统,其主要功能是对监测设备实时监测得到的信息进行分析计算,自动划分交通事故风险等级,据此控制交通事故预警系统,并持续跟踪交通状态变化情况,实时调整预警级别,记录相应信息。

(3)预警系统组合设置

交通事故预警系统是由空中、地面、路侧、预警设备组成的"声、光、电"一体化系统,主要包括:电子情报信息板、爆闪警报灯、警示光环、紧急广播等。根据交通事故风险等级启用不同的预警设备,实时发布不同级别的公路交通事故预警信息,告知道路使用者前方道路危险程度,规范驾驶行为,减少事故发生概率。

3)制定交通事故应急救援预案

对国内外现有公路交通事故应急救援预案进行实地调研、资料调研与文献检索。从安全、高效角度出发,建立公路交通事故应急救援预案,救援预案应与当地公路管理模式、设备和人员配备情况相匹配。应急救援预案拟包括疏散行车组织路线、行车救援组织路线、交通诱导控制策略等。

全天候智能交通事故预防及救援成套技术可以预测事故风险、提示驾驶员可能出现的危险状况,极大提升了公路交通事故预防功能,降低交通事故发生概率;应急救援预案可以实现及时、快速、准确的救援,减少交通事故损失,同时可为我国公路交通安全相关规范的修订提供技术支撑。经济、社会、技术效益良好。

第9章 交通运输安全成果推广示范对策

为推进交通运输安全发展,除开展公路交通运输安全性能提升技术研究及综合处置处,还需要总结梳理现有先进、适用于公路交通运输现状的交通运输安全科技成果,促进相关科技成果的转化应用,交通运输安全科技成果推广示范建议如表9-1所示。本章参考了2013~2016年度部分交通运输建设科技成果推广目录技术信息,并对其内容进行总结综述。

交通运输安全科技成果推广示范建议　　　　　　　　　　　表9-1

分类	序号	成果名称	所属单位
一般公路	1	公路蓄能自发光交通标识	金华市公路管理局
	2	高强度防眩板	荆门市鑫福瑞交通安全设施有限公司
	3	单片式中央分隔带混凝土护栏	北京中路安交通科技有限公司
	4	框架式无预应力防撞活动护栏	北京中路安交通科技有限公司
	5	凤凰型景观混凝土护栏	北京中路安交通科技有限公司
	6	新型中央分隔带景观混凝土护栏	北京中路安交通科技有限公司
	7	新型可导向防撞垫	北京中路安交通科技有限公司
	8	新型波形梁护栏上游端头	北京中路安交通科技有限公司
	9	公路工程施工安全风险评估与控制技术	交通运输部科学研究院
	10	运营期路基安全监测与评价技术	吉林省交通科学研究所
	11	高速公路早期凝冰预警及高危路段凝冰自动化处置技术	交通运输部科学研究院
桥梁	1	桥梁缆索腐蚀、断丝无损检测技术	苏交科集团股份有限公司
	2	季冻区桥梁盐冻腐蚀防治技术	辽宁大通公路工程有限公司
	3	特高等级(HA级)桥梁护栏	北京中路安交通科技有限公司
	4	高防护等级(HB级)组合式桥梁护栏	北京中路安交通科技有限公司
	5	SS级高防护等级通透型桥梁护栏	北京中路安交通科技有限公司
	6	SA级组合式桥梁护栏	北京中路安交通科技有限公司
	7	敏感水体段桥梁危化品泄漏监控及应急处理技术	交通运输部科学研究院
	8	在役梁桥结构安全评估与预警技术	北京新桥技术发展有限公司
长大下坡	1	高性能彩色改性乳化沥青及其微表处技术	山西喜跃发路桥建筑材料有限公司
	2	消能减速护栏	北京中路安交通科技有限公司
	3	橡胶空腔强制减速垄	北京中路安交通科技有限公司
	4	避险车道网索拦截装置	北京中路安交通科技有限公司
	5	山区高速公路安全行车保障技术及设施	湖南省交通规划勘察设计院

续上表

分类	序号	成 果 名 称	所 属 单 位
隧道	1	复杂工况条件下电力载波变色温隧道灯	北京工业大学
	2	寒冷地区公路隧道冻害防治技术	长安大学
	3	高速公路特长隧道监控系统软件	山西省交通科学研究院
	4	隧道施工多元信息反馈及超前预警技术	吉林省交通规划设计院
	5	交通隧道光纤光栅感温火灾预警监测技术	武汉理工光科股份有限公司
信息技术	1	车辆高速动态称重系统	交通运输部科学研究院
	2	营运车辆安全监控管理信息平台	交通运输部公路科学研究院
	3	公路地质灾害远程监测预警技术	青海省公路建设管理局

9.1 一般路段交通运输安全科技成果

1）公路蓄能自发光交通标识

公路自发光标识采用碱土铝酸盐材料制作,以吸光—储光—自发光的形式工作。蓄能自发光材料在吸收 25~1000lx 范围内的各种可见光 5~15min 后,即可在无光源条件下连续发光 12h。其发光亮度:在暗室中放置 24h 以上的蓄能自发光交通标识,用照度 1000lx 的光源激发 10min,停止激发以后 10min 的余辉亮度大于 1550mcd/m^2,1h 的余辉亮度大于 220mcd/m^2,3h 的余辉亮度大于 52mcd/m^2。

该成果适用于公路、隧道、夜间有行人的路段、临水、临崖等"三高一危"路段和公路护栏、桥梁护栏等交通安保设施。

2011~2015 年,成果已在浙江省金华市及全省农村公路中推广应用了 1151km,已授权专利 3 项,国家交通行业标准《公路蓄能型自发光交通标识》(JT/T 967—2015)、浙江省地方标准《公路蓄能型自发光交通标识设置技术规程》已正式发布。《公路蓄能型自发光交通标识》工程补充定额已审定发布。

2）高强度防眩板

高强度防眩板用无色浆的 SMC 片材压制成型后,采用汽车烤漆喷涂工艺,用数控五轴往复机喷涂,避免人为操作产生的漏喷及色漆分布不均匀。

防眩板底部采用大抽芯技术,抽芯高度 160mm 以上,解决防眩板底部容易出现断裂的问题;采用倒三角形不对称中空设计,使冲击能能够得到有效的释放,解决抵抗强大冲击的问题;采用金属网片加强技术使防眩板能够承受超强的抗风荷载(高于国标 2 倍指标),拥有抗变形量、抗冲击量能(5 倍以上),能抵抗 20t 货车的碾压而不完全损毁;SMC 片材原料配方按区域气候、环境因素设计调整配方,力求最大限度地适应、抵抗当地的自然候化;表面喷涂低表面能自洁涂料,在不增加业主成本的情况下,产品表面颜色稳定,同时具有自清洁功能,解决防眩板表面易被污染物黏附,易老化褪色及防眩板不能抗冰冻的问题;有效地阻挡紫外线,增强色漆抵抗紫外线的能力,保证颜色 5~8 年不退;以 S 形为根本,根据防眩板使用地区的地形地貌、风土人情设计出符合当地风土人性的景观效果,解决当前防眩板外形单一、单调沉闷的问题,同时,节省更多的投资。

目前,本成果大广高速、宜巴高速已使用 3 年,颜色依旧靓丽,风姿依旧存在;2014 年底,在素有国内第二大低温冰冻强风口的新疆伊犁果子沟强风区进行试用,经历了一个冬天的长期冰冻外加"飞石"的环境,刷新了普通产品损毁率最低55%的记录,本成果产品的损毁率基本为零;2015年初,为革命圣地南昌设计的火炬形景观防眩板在昌樟高速上安装,获得了"百色起义"发源地百色市公路建设相关领导的认可,也为全国的各革命圣地的景观设计奠定了基调。

3)单片式中央分隔带混凝土护栏

单片式混凝土护栏基础底宽为60cm、顶宽为23.4cm,坡面为加强型坡面形式,顶部设置阻爬坎,阻爬坎高位为100cm,结构形式如图9-1所示。护栏设计防护等级为SAm级(400kJ),护栏单位长度材料用量为:混凝土411t/km,钢筋21.87t/km,型钢1.05t/km。同时采用预制安装工艺,预制块间采用M28单个螺栓斜向连接,安装方便、简化施工、连接强度可靠,在保证基本防护能力的同时,施工便利,占用路基宽度少,可有效节约土地资源,适用于路基宽度受限的山区高速公路。

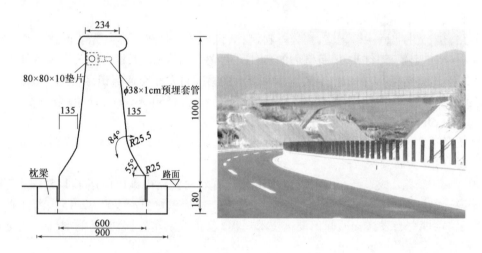

图9-1 护栏结构断面图及护栏应用照片(尺寸单位:mm)

单片式混凝土护栏经专家评审达到国际先进水平。目前该成果单片式混凝土护栏已在福建泉三高速公路应用,防护效果好,社会效益和经济效益显著。

4)框架式无预应力防撞活动护栏

框架式无预应力防撞活动护栏为无预应力框架结构,由中间框架单元、渐变框架单元和端部框架单元组成。上、中、下层横向框架和竖向支架由Q235材质的矩形钢管焊接而成,中间框架单元和渐变框架单元由上、中、下层横向框架和竖向支架栓接而成,框架单元间通过连接销连接(图9-2)。框架式无预应力防撞活动护栏为目前国内唯一完全按照《公路护栏安全性能评价标准》(JTG B05-01—2013)进行实车足尺碰撞试验的护栏,经实车足尺碰撞试验评价,护栏防护等级达到Am级(防护能量≥160kJ)。

该护栏针对不同中央分隔带护栏形式进行过渡设计,通过导向连接板与不同形式的中央分隔带护栏平顺过渡,经实车足尺碰撞试验及实际应用验证,过渡效果良好;护栏高度与现有高防护等级标准段护栏高度相适应;不受温度、时间、环境变化影响;采用多节拼接,节省运输成本;端部锚固框架可拆卸,增大护栏开启长度;框架结构,更换、维修方便,节省养护成本。

目前成果已在河北省京石高速公路四车道改八车道扩建工程50m中央分隔带开口处使用,应用效果良好。

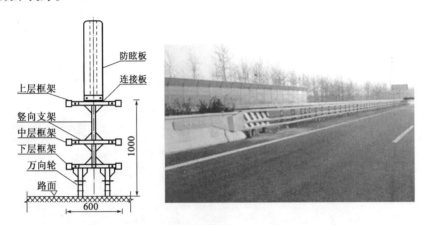

图9-2　防撞活动护栏结构断面图及应用照片(尺寸单位:mm)

5)凤凰型景观混凝土护栏

凤凰型景观混凝土护栏设计等级SS级(520kJ)。护栏以每2m为一个标准段,设有一个长1560mm、最高处高280mm的通孔和一条异形半圆形凹槽,设计灵感来自于我国象征吉祥的凤凰图腾;护栏背面的两标准段连接处设有一个宽出护栏墙体100mm的立柱,既增强了护栏强度,又使护栏背部景观错落有致(图9-3)。护单位长度材料用量:混凝土280.3t/km,钢筋56.2t/km。

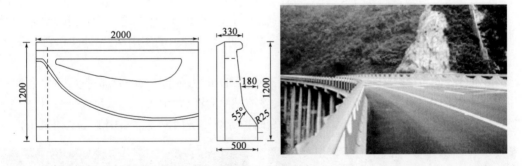

图9-3　凤凰型景观混凝土护栏(尺寸单位:mm)

凤凰型景观混凝土护栏经过实车碰撞试验验证,防护等级高,导向性能好;视野通透、轻巧,造型美观大方,提高了护栏的行车安全性和舒适性。适用于文化气息浓郁,对景观和防护能力要求均较高的高速公路桥梁段。目前,成果已在湖南省全省推广应用,体现了"以人为本,安全至上"的设计理念。

6)新型中央分隔带景观混凝土护栏

新型中央分隔带景观混凝土护栏坡面采用加强型坡面形式(图9-4),护栏墙体有效高度1.0m,在保证小客车乘员缓冲性能的同时,有效防护大型车辆;预制块长度为4m,采用"错台搭接"的新型连接方式,不但保证了护栏的纵向传力效果,而且避免了外漏钢构件的使用,提高了护栏的耐久性,简化施工安装、降低了后期养护维修费用;通过设置"长圆孔",增加了护栏的通透性,改善了常规混凝土护栏的景观效果;护栏基础支撑款设置间距为2m,保证护栏的稳定性。通过实车足尺碰撞试验验证,各项指标均满足《公路护栏安全性能评价标准》(JTG B05-01—2013)的要求,防护能力达到SAm级(400kJ)。护栏单位长度材料用量:混凝土695t/km,钢筋81.35t/km。

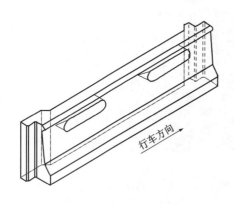 

图9-4 护栏标准段结构图及护栏应用照片

中央分隔带景观混凝土护栏持续有效、全线无缝的防护突破传统混凝土护栏形式单一、不通透的外形处理方式,同时避免景观改善措施可能会对护栏自身结构强度、导向功能、缓冲功能造成不利影响,适用于对景观和防护能力要求均较高的高速公路中央分隔带。

该成果目前已在京石高速公路改扩建及新建全线路基段中央分隔带和石安高速公路改扩建及新建全线路基段中央分隔带应用,累计应用里程达400多公里。应用效果证明中央分隔带混凝土护栏具有防护能力高、景观效果好、施工方便和耐久性好等优点,同时较波形梁护栏每公里大幅度节省建设费用,有效地缩短了建设工期,具有较强的实用性、先进性和创新性。

7)新型可导向防撞垫

新型可导向防撞垫长度小于7m;材料用量小于1.5t;方便拆装;可局部更换、重复利用;占用空间小、适用性好(图9-5)。通过实车足尺碰撞试验验证,各项指标均满足《公路护栏安全性能评价标准》(JTG B05-01—2013)规定的最高防护等级三级(TS级,防护速度≥100km/h)。

图9-5 新型可导向防撞垫照片

新型可导向防撞垫可应用于高速公路交通分流处的危险三角区、上跨高速公路跨线桥桥墩的迎车面、中央分隔带护栏端部、隧道入口处、收费岛前端等处。目前该成果已在河北、河南、山东、上海、浙江、陕西等省市高速公路应用,有效防护了多起车辆碰撞匝道三角端事故,取得了良好的经济和社会效益。

8)新型波形梁护栏上游端头

新型波形梁护栏上游端头主要由卷板器、缓冲段可倒伏立柱、缓冲段脱钩约束装置和加强段组成(图9-6),车辆正面碰撞新型波形梁护栏上游端头时,卷板器随事故车辆移动,同时将波形梁展开并卷曲,使其在一定的距离内停车;正碰时,立柱可以顺利倒下,防止绊阻车辆;脱钩约束装置能够保证车辆正碰时顺利脱钩,侧碰护栏段时,端部能够提供一定的约束力;加强段提供了端头段向正常段的刚度过渡,保证了端头能够为正常段护栏提供足够的约束力。

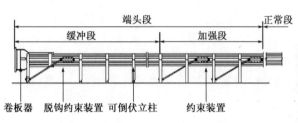 

图9-6 波形梁护栏上游端头结构

该成果主要应用于路侧波形梁护栏上游端头,目前已在多个省市高速公路应用,有效防止绊阻车辆,并保证了端头提供足够的约束力,取得了良好的经济和社会效益。

9)公路工程施工安全风险评估与控制技术

适用于公路桥梁工程、隧道工程(钻爆法)和路堑高边坡工程施工安全风险评估。面向公路工程施工安全风险评估与控制的实际需求,基于经典风险管理理论,采用"风险定义、风险辨识、风险分析、风险估测和风险控制"五阶段风险管控策略,提出了公路工程施工安全风险评估模式,构建了公路桥梁、隧道和路堑高边坡工程施工安全风险评估指标体系,开发了公路工程施工安全风险评估与控制系统,解决了我国公路工程施工安全风险评估的模式、指标、方法和信息化等关键问题,有效推动了行业安全管理方式的转变,提升了交通建设行业风险管理水平。

关键技术或工艺流程:①基于我国交通建设工程的基本程序和公路工程施工特点,提出了适合公路工程施工安全监管特点的风险评估模式,将公路工程施工安全风险评估分为总体风险评估和专项风险评估。总体风险评估是指在桥梁、隧道或路堑高边坡工程开工前,根据桥梁、隧道或路堑高边坡工程的地质环境条件、建设规模、结构特点等风险环境与致险因子,估测桥梁、隧道或路堑高边坡工程施工期间的整体安全风险大小,确定其静态条件下的安全风险等级;专项风险评估是将总体风险评估等级达到Ⅲ级(高度风险)及以上的桥梁、隧道或路堑高边坡工程中的施工作业活动(或施工区段)作为评估对象,根据其作业风险特点以及类似工程事故情况,进行风险源普查,并针对其中的重大风险源进行量化估测,提出相应的风险控制措施。②基于公路工程施工安全风险评估模式,结合公路桥梁、隧道和路堑高边坡工程特点,从地质环境条件、建设规模、结构特点等影响因素出发,分别建立了桥梁工程、隧道工程和路堑高边坡工程施工安全总体风险评估指标体系,研究提出了总体风险评估方法和分级标准。根据总体风险评估结果,以公路桥梁、隧道和路堑高边坡工程施工作业活动(或施工区段)为评估对象,分别构建了公路桥梁、隧道和路堑高边坡工程专项风险评估指标体系,研究提出了专项风险评估方法和分级标准。③基于研究提出的公路桥梁、隧道和路堑高边坡工程施工安全风险评估模式、指标和方法,集成物联网和云计算技术,开发了公路工程施工安全风险评估与控制系统,包括总体风险评估、专项风险评估、评估报告生成、评估专家管理等模块,在系统架构、模块设置及功能应用方面均具有超前性,为公路工程施工安全风险评估与控制工作提供平台支撑。

本项目研究成果促进了公路工程施工安全风险评估工作的制度化、科学化、规范化和信息化,应用前景十分广阔。从国家层面看,党中央、国务院已开展建立风险管控和隐患排查治理双重预防机制的重大决策部署,强化安全发展理念,创新安全管理模式。基于项目研究成果,在公路工程建设领域构建安全风险分级管控和隐患排查治理双重预防性工作体系,推广应用前景广阔。从行业层面看,随着交通运输基础设施建设项目向条件更为复杂的山岭和水域转移,山区公路、跨海桥隧项目逐渐增多,桥隧工程比例显著增大,高墩大跨结构明显增多,工程地质状况复杂、施工环境恶劣、工程施工难度增大,安全风险更加突出,本项目研究成果具有广阔的推广应用前景和价值。

10) 运营期路基安全监测与评价技术

适用于二级及以上公路运营期路基安全监测、评价及养护对策选择,二级以下公路可参照使用。

路基安全监测属于结构安全监测的范畴,结构安全监测技术最早应用于水电工程领域,后来在桥梁、边坡、地下结构等工程中相继开展。目前,路基安全监测大都在施工期进行,运营期的路基安全监测及相关的研究我国处于起步阶段。除部分大型边坡工程开始采用自动监测技术和系统外,大多路基工程仍采用常规的人工监测手段,自动化程度不高,难以实现连续监测和实时预报,且测试进度受人为因素影响较大。另外,在路基安全监测数据分析方面,美国、苏联、日本等国家以及我国铁路部门对于路基变形的预测和计算虽然已经拥有了各种理论和方法,但由于在实际工程的应用中存在种种局限,因此需要讨论具体条件下方法的适用性,并加以改进,以提高预测精度。在路基安全评价指标和方法方面,路基安全状态的判定需要反映路基失稳破坏的临界指标,其中变形指标是对路基稳定状态的最直观反映,也是各因素对路基共同作用的综合体现,但由于路基土体内岩性、结构面特性以及环境特性的复杂影响,导致尚没有被普遍接受或认可的准则和方法。在路基安全养护管理系统方面,伴随着公路建设的发展,国内外在公路养护技术和手段方面进步迅速,尤其是在路面、桥梁养护方面,研发出适用于不同场合和工程需求的养护管理系统,相对而言,路基安全养护在技术和手段方面较为滞后,也没有相应的路基养护管理系统提供支撑。

技术原理:根据目标路段的结构和病害特征确定路基安全问题类型,依据路基安全影响因素,通过资料收集和必要的检测做好全面调查研究,采用模糊综合评价等方法判定路基结构的安全性。对于已经发生安全病害或存在病害隐患的目标路段路基,以变形指标为核心,兼顾其他指标参数与安全性态的联系,进行路基安全监测方案设计,确定监测项目、监测周期及频率、监测仪器等内容,实施监测。通过路基结构安全监测与养护管理系统对监测的数据进行误差分析处理及分析预测,根据路基安全监测的判定指标和标准对路基安全性进行评价和预警。

该技术已应用于鹤大公路草炭土不良地基路基稳定的长期性和连续性安全监测,为制定适宜的养护维修决策提供了科学依据。应用于长春至松原高速公路辅道低填路基在水、温、荷载共同作用下的安全性态及其变化规律持续监测,为研究季冻区低填方路堤在冻融及荷载作用下安全性态变化机理和制定行业技术标准提供了数据支持。应用于长白山南坡边防旅游公路马鹿沟至八号闸段不均匀沉陷、开裂及路基冲刷破坏病害的处治,提高了道路通行质量,降低行车事故率,为提高长白山地区公路建设质量和养护管理决策提供了借鉴。应用于安二线安图至东清水毁病害重建设计,节约了维修处治成本,节省了重建占地,保护了沿线林地。

目前我国既有高速公路和将要建设的高速公路中,超过60%的路段处于高填路堤、软土地基路基和具有冻胀或水毁隐患的路段,并且随着极端气候条件的影响(如暴雨、极端低温等),多数路段路基存在安全隐患。采用可靠实用的路基安全监测与评价技术,对于提高我国公路特别是安全隐患路段路基安全性能,降低由于路基失稳等安全病害造成的道路行车事故率,节约养护维修资金具有重要意义。

11) 高速公路早期凝冰预警及高危路段凝冰自动化处置技术

适用范围:路面凝冰预警及高危路段凝冰自动化处置系统既可用于北方冰雪地区公路路面早期凝冰预警及处置,也可以根据实际情况和需要安装在一些容易产生凝冰的重点路段,例如:桥梁、隧道出入口、高海拔地区路段、背阴路段、长大纵坡等。

目前,许多国家针对雨雪冰冻天气灾害过程,就冰雪灾情分布、气候条件、机理研究、灾情评估等多方面形成了初步研究成果,这对于制定今后极端气象灾害的服务预案有积极作用,并为今后进一步提高此类灾害的预报技术和深入研究它的形成机理奠定基础。在路面凝冰或积雪的道路交通安全预警研究方面,国外一些研究机构正在开展应用的研究。日本申请了"路面结冰检测传感器及其设备方法和路面结冰检测方法专利"。能量吸收系统公司于2002年申请了"路面结冰点监测系统和方法专利"。这些发明及其应用均以测定路表温度作为判识路表是否凝冰的标准,这样的监测系统和预警应用尚不够完善,是否适应于我国路面凝冰也未经实际工程验证。我国在公路气象服务系统研究方面起步较晚,近年来国内开展了一些交通气象服务方面的研究,但现有气象灾害综合监测探测范围、精度、时空分辨率等方面尚不能满足气象防灾减灾的需求,特别是交通气象服务专业监测网基本上是空白。

技术原理:高速公路早期凝冰预警及高危路段凝冰自动化处置技术属于为交通运输领域开发的技术。本技术通过在凝冰仿真实验室对道路凝冰产生的温度、湿度、风速等环境条件进行模拟,首次开发了具有我国自有知识产权的主动式凝冰预警传感器,能够捕捉不受路面介质影响的真实冰点,实现了路面凝冰的提前感知。在此基础上,基于物联网技术,开发了融冰剂智能喷洒系统。融冰剂智能喷洒系统为道路管理者提供了监控中心远程控制、手机无线控制、现场控制等三种智能喷洒管理模式,实现了喷洒融冰剂剂量的精确控制,最大限度地减少了对周围植被和桥梁结构的影响。

关键技术或工艺流程：①通过在凝冰仿真实验室对道路凝冰产生的温度、湿度、风速等环境条件进行模拟，基于 Bayes 判别理论，揭示凝冰产生的环境机理，为道路凝冰预警系统的开发提供基础依据。②开发了具有我国自有知识产权的主动式凝冰预警传感器，能够捕捉不受路面介质影响的真实冰点，实现了路面凝冰的提前感知。③提出"高速公路路面凝冰危险性等级评定方法"，明确特殊路段和普通路段的路面凝冰危险性评定，为凝冰自动化处置系统的布设与融冰剂喷洒量的选定等提供决策依据。④开发了凝冰智能喷洒系统，该系统根据凝冰预警系统的反馈信息实现了自动化智能喷洒。⑤基于物联网技术，为道路管理者提供了监控中心远程控制、手机无线控制、现场控制等三种智能喷洒管理模式。⑥实现了喷洒融冰剂剂量的精确控制，最大限度地减少对周围植被和桥梁结构的影响。

主要技术指标：①通过对凝冰形成机理和环境条件的研究，判定凝冰形成的环境条件为：气温介于 $-10 \sim 0℃$，相对湿度大于 75%，风速 $0 \sim 10m/s$，风向比较固定。②凝冰气象信息采集与预警系统主要由自动微气象站和预警管理平台组成，具备路面结冰早期预警、路面状况实时监测、道路环境能见度监测（特别是针对团雾环境下的监测）等多项功能，具有针对性高、可靠性高、实时性强、成本较低等几大性能优势。③自主研发的智能传感器，辅以红外图像能见度仪和温湿度传感器，利用凝冰预警算法（液固相变原理），可提前预测出道路路面凝冰的时间，为交通使用者提前提供路面凝冰预警信息。④研发的凝冰自动化处置设备由现场控制站房的路面凝冰监控器、铺设于现场的各类监测传感器（路面凝冰预警智能传感器、风向风速传感器和温湿度传感器等）和喷洒设备（包括融冰剂储罐、管道、泵、电动阀及喷头等）构成。对于凝冰处置自动喷洒系统，明确了融冰剂、喷洒时间、喷洒量的选择，并优化了管道布设。⑤路面凝冰监控器实时采集来自高危路段的交通气象信息及路面凝冰信息，形成综合自动化控制的新型分布式测控系统。可实现自动喷洒控制的基本功能，随时诊断设备的运行状态，并与路域监控网络进行实时信息交换，实现凝冰预警等功能。⑥通过路面凝冰监控器对路面凝冰信息的采集，利用高危路段路面凝冰融雪自动喷洒监控软件，为监控人员提供了一个可视操作界面，能够实时监控高危路段的路面状况。

技术应用情况：高速公路凝冰预警及自动化喷洒系统安装在 G50 石柱段冷水立交桥特殊高危凝冰路段，喷头安装在中央防撞护栏上，全长为 10706m，布撒双向四车道，使用时间为 2013 年 8 月至今。本系统在冷水立交桥的顺利实施，有效避免路面凝冰和积雪形成，显著提高了车辆安全通行能力。系统安装的主动式凝冰预警传感器能够捕捉不受路面介质影响的真实冰点，实现了路面凝冰的提前感知、预先处置。系统安装的凝冰智能喷洒系统可以根据凝冰预警系统的反馈信息实现自动化智能喷洒。为石柱监控中心提供了远程控制、移动（手机）无线控制、现场控制等三种智能喷洒管理模式。实现了喷洒融雪剂剂量的精确控制，最大限度地减少了对周围植被和桥梁结构的影响。

推广前景：雨雪冰冻灾害性天气在我国部分省、市区均有发生，其灾害波及面广，涉及农业、林业、电力、交通等领域，而交通行业遭受灾害首当其冲。据统计，凝冰发生期间，高速公路平均车辆通行速度仅为设计时速的 70%，部分路段仅为设计时速的 30% 以下，高速公路封闭日数为 $10 \sim 20d$。普通公路行车速度显著降低，由于交通事故频发，路网通行能力不足 60%，因此，市场对于道路抗凝冰的需求巨大。本技术成果已在全国范围内多个省市进行应用，效果显著，大幅提高了凝冰期道路的通行率和安全性，推广前景良好。

9.2 桥梁交通运输安全科技成果

1) 桥梁缆索腐蚀、断丝无损检测技术

桥梁缆索腐蚀、断丝无损检测技术成果可用于指导缆索的维护工作,满足对缆索腐蚀、断丝进行早期预警和发现的要求,保证缆索的及时维护,减少缆索腐蚀断丝导致的换索工程和防止盲目全面换索工作。

首先开发了运用于桥梁缆索检测的磁致伸缩导波检测、漏磁检测系统和计算软件,提出了一种结合磁致伸缩检测技术和漏磁检测技术的综合检测方法,给出缆索缺陷评价体系和现场检测流程;运用磁致伸缩检测技术实现桥梁拉(吊)索的损伤定位和损伤初检结合漏磁检测技术精确检测的方式进行详检的综合检测方法;通过承载状态下的桥梁缆索缺陷磁致伸缩导波检测与非承载状态下的桥梁缆索检测结果比较分析,得到损伤有效检测距离随索力增大而增大的规律和相关缺陷检测信号规律。通过磁致伸缩导波非承载缆索检测的试验,得到检测最小量度:2m 距离内可检测 3.2% 的缺陷;6m 距离内可检测 5.41% 的缺陷;8m 距离内可检测 8.11% 的缺陷。损伤定位精度:相对误差一般在 3% 以内;绝对误差目前理想情况下仪器达到缺陷定位精度达 1~2 波长(波长等于波速除激励频率)。

目前,本技术已应用于润扬大桥、南通城闸大桥等多座桥梁,从 2010 年 1~10 月产生的直接和间接经济效益估算约为 800 万元。

2) 季冻区桥梁盐冻腐蚀防治技术

季冻区桥梁盐冻腐蚀防治技术提出桥梁水泥混凝土构件的盐冻腐蚀破坏机理、盐冻腐蚀分级体系与指标;对不同分区提出了采用不同防治技术,如涂层、修补砂浆、修补混凝土等不同防治方案与采用复配聚合物高性能水泥制品材料的建议,可提高养护综合效益;提出了桥梁盐冻损伤统计模型,以及用有限元方法分析经防治后桥梁的耐久性评估方法,搞清了盐冻破坏趋势,指导桥梁防腐耐久性分析,利于选择最佳养护时机和措施;提出桥梁水泥混凝土材料的抗冻、抗盐冻、抗腐蚀的综合技术措施,以及混凝土桥梁构件防盐冻腐蚀构造体系;提出了性能优良的路桥水泥混凝土表面用防冻、防盐冻、防腐蚀涂装材料及相应施工工艺。

季冻区桥梁盐冻腐蚀防治技术在丹阜高速、京哈高速等近 30 座桥梁维修加固中得到验证,满足不同地区不同环境作用下防腐与修补需要,施工工艺可行、费用与同类型材料持平或略有降低,但综合防腐性能提高(减少养护成本 10%~15%,防腐年限达到 10 年左右)。如在丹阜高速公路(沈阳—本溪段)高台子大桥的防撞墙表面进行了涂抹有机硅烷试验,在京哈高速公路(山海关—沈阳段)长山大桥的主梁腹板、盖梁表面进行了环氧树脂与丙烯酸聚氨酯重表面涂层及表面用聚合物修补砂浆试验,在鹤大高速公路(丹东—大连段)定向河桥的防撞墙上进行了表面渗透增强剂及纤维聚合物胶粉水泥砂浆试验,应用结果表明能够提高桥梁结构抵抗盐冻腐蚀的能力,延长使用寿命。应用表明使用本技术可以减少桥梁养护成本 10%~15%,防腐年限增长 10 年左右,经济效益明显。

3) 特高等级(HA 级)桥梁护栏

特高等级(HA 级)桥梁护栏通过实车足尺碰撞试验验证,各项指标满足评价标准要求,是我国首例防护能量达到 760kJ 的护栏,对乘员和护栏后物体能够形成良好保护(图 9-7)。由下部钢筋混凝土基座和上部钢结构组成,坡面为改进型坡面,对小客车形成良好缓冲;上部钢结构由 3 根矩形钢管横梁和间距 2m 的人字形立柱组成,结构稳定、受力效果好且安装方便,同时,通透造型使行车视野更开阔,缓解驾驶疲劳,提高行车安全性、舒适性。护栏单位长度材料用量为:混凝土 272.1m³/km,钢筋 58.56t/km,型钢 217.91t/km。

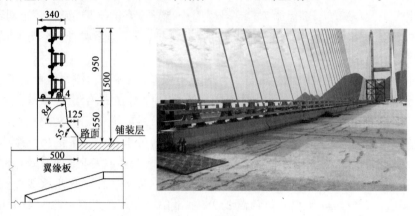

图 9-7 护栏结构断面图及护栏应用照片(尺寸单位:mm)

该成果适用于跨越公路、铁路和水源地保护区等危险路段以及车辆驶出桥外或进入对向车道易造成二次重大事故或二次特大事故等路段。目前已在湖南省汝郴高速公路赤石特大桥、大广高速黄龙带特大桥、广东东江大桥等投入应用,该护栏防护能力高、护栏结构设计新颖、造型通透,缓解驾驶疲劳,提高行车安全性和舒适性,社会效益显著。

4) 高防护等级(HB 级)组合式桥梁护栏

高防护等级(HB 级)组合式桥梁护栏经实车碰撞试验验证,其防护能量达到 634kJ,远高于现行《公路交通安全设施设计规范》(JTG D81—2006)规定的最高防护等级 SS 级的防护能量(520kJ),护栏采用组合式结构,路面以上护栏有效高度为 1.4m,由下部混凝土墙体和上部双横梁型钢结构组成(图 9-8),护栏单位长度材料用量:混凝土 416.0m³/km,钢筋 96.8t/km,型钢 154.0t/km。

图 9-8 护栏结构断面图及护栏应用照片(尺寸单位:mm)

由于护栏总体高度较高,有利于防护大型车辆,而组合式的结构形式又使护栏具有一定的通透性,适用于跨越水资源保护区、重要铁路干线等特别危险路段的桥侧安全防护。目前,该成果已应用于北京市西六环跨越三家店水库库区路段,应用效果证明高防护等级组合式桥梁护栏具有防护能力高、通透性好、景观效果与环境协调等优点。

5) SS级高防护等级通透型桥梁护栏

SS级高防护等级通透型桥梁护栏路面以上有效高度为1.5m,为四横梁斜H形立柱型钢结构,立柱间距为2m,护栏结构及试验用护栏如图9-9所示。护栏单位长度材料用量为:立柱68.9t/km,横梁125.56t/km,连接件6.05t/km,预埋件26.25t/km。通过实车足尺碰撞试验验证,护栏各项指标满足评价标准要求,防护能量达到520kJ,对乘员和护栏后物体能够形成良好保护。

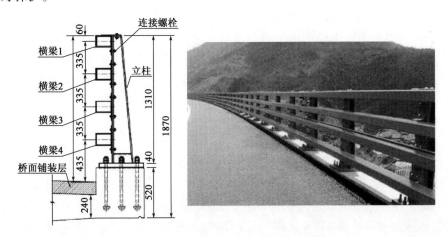

图9-9 护栏结构断面图及护栏应用照片(尺寸单位:mm)

该成果经过专家评审达到国际先进水平,适用于对景观和通透性有一定要求的桥梁段,具有降低风载、易清除积雪等优势,且防护能力高,大大减少了重大恶性事故及二次事故的发生,具有显著的社会经济效益。

6) SA级组合式桥梁护栏

SA级组合式桥梁护栏路面以上有效高度为1.4m,由下部钢筋混凝土基座和上部钢结构组成(图9-10)。混凝土基座路面以上高为750mm,混凝土为C35型号,改进型坡面;上部钢结构由两根矩形钢管横梁和间距2m的斜H型立柱组成,护栏单位长度材料用量为:混凝土387.5t/km,钢筋72.44t/km,型钢82.76t/km。通过实车足尺碰撞试验验证,该护栏各项指标满足评价标准要求,防护能量达到400kJ。

图9-10 护栏结构断面图及护栏应用照片(尺寸单位:mm)

SA级组合式桥梁护栏经过专家评审达到国际先进水平。目前该成果已在舟山大陆连岛工程中的金塘大桥上应用,由于具有结构通透、景观效果好、防护能力高等优势,大大减少了重大恶性事故及二次事故的发生,具有显著的社会经济效益。

7) 敏感水体段桥梁危化品泄漏监控及应急处理技术

适用于新建公路跨敏感水体(饮用水源二级保护区、准保护区和二类以上水体)的桥梁桥面径流水收集系统、桥梁两侧沉淀池和处理池、危险品运输车辆事故监控和应急操作系统的设计以及建成公路跨敏感水体桥梁段危险品泄露防范应急系统的补充完善设计。

技术原理:本技术基于现有系统无法综合实现敏感水体桥梁段危险品泄漏安全监控、自动化应急处理和对桥面径流初期雨水进行净化处理的缺陷,采用远程监控和自动控制技术而提供一种敏感水体桥梁段危险化学品泄漏监控和应急处理系统。通过远程监控系统,能够确保敏感水体桥梁段发生危险化学品泄漏事故后监控中心在第一时间发现事故,并当即启动应急自动控制系统,将泄漏的危险品完全收纳至应急储存池内。另外,通过调节池、湿地串联系统的设置有效地净化初期雨水中污染物,同时生态处理具有良好的景观效果。

关键技术或工艺流程:敏感水体桥梁段危险化学品泄漏监控及应急处理系统,包括危化学品泄漏应急监控及自动化控制系统、桥面径流收集系统、危险化学品应急储存系统和桥面径流处理系统。桥梁监控摄像头与监控中心的监控计算机相连,桥梁应急电话与监控计算机连接,以上两套系统构成危险品泄漏应急监控系统。桥面径流收集孔与径流收集管相连,排水管与应急调节池相连,应急调节池出水根据是否是泄漏的危险化学品而分两路出口,一路出口与径流电控蝶阀相连,将日常桥面径流初期雨水导至径流处理池中,在径流处理池中设有处理池液位监控系统,另一出口与应急电控蝶阀相连,将发生泄漏的危险品及其稀释液导至危险品应急储存池中。

危险品应急储存池中设有应急池液位监控系统,现场电控处理器分别与监控计算机、径流电控蝶阀、应急电控蝶阀、处理池液位监控系统、应急池液位监控系统相连,应急操作系统与监控计算机相连,供电系统分别与现场电控处理器、径流电控蝶阀、应急电控蝶阀、处理池液位监控系统、应急池液位监控系统相连并为其供电。桥面径流处理系统中的径流净化池为串联的生态湿地形式或其他污水处理形式,其具有沉淀、隔油、生物降解等综合功能,对初期雨水径流的主要污染物 SS、COD、NH_3-N、TP、石油类等污染物均有很好的去除效果;径流净化池设有配水口、折流挡墙、折流挡板、卵石挡墙等部件,能够改变水流方向和水力学特征,发生多级折流沉淀反应,具有更好的沉淀效果,又可以节省工程占地;同时采用就地取材卵石制成折流挡墙,兼具沉淀、吸附、生物降解等功能,增加系统的净化效果。

本系列技术在国道主干线广东绕城公路 2 座跨敏感水体桥梁段、环长白山旅游公路头道白河桥梁段、鹤大高速公路 6 处跨敏感水体桥梁和 2 段饮用水源保护区路段、吉林至黑河高速公路北安河至黑河段 4 座跨敏感水体桥梁段、江西南昌至奉新高速公路南潦河桥梁段得到成功应用,并取得了良好的污染防治和危险品泄漏应急控制效果。

随着国家经济的迅速发展,高速公路网络建设也越来越健全,跨越敏感水体的公路桥梁路段越来越多,高速公路网快捷、方便、灵活的运输特点使得越来越多的危险化学品进入高速公路运输网络,运输危险品的车辆在敏感水体路段发生事故的概率也随之增加,从而给敏感水体带来了更多、更大的环境风险。与此同时,敏感水体路段桥面径流初期雨水中由于含有较多的固体悬浮物和 COD 等污染物,将桥面径流初期雨水直接排入敏感水体会对敏感水体造成一定的影响。因此,为满足环保总局、发改委、交通部《关于加强公路规划和建设环境影响评价工作的通知》(环发〔2007〕184号)针对跨敏感水体的相关要求,本系列技术提出的在跨敏感水体路段设置一套兼备危险品泄漏监控和应急储存以及桥面径流初期雨水处理功能的危险品泄漏应急系统的方法将具有更加良好的推广应用前景,而且通过近几年对原有技术的不断创新和完善,使得本系列技术形成一套具有自主知识产权的完整性技术,推广应用前景广阔。

8) 在役梁桥结构安全评估与预警技术

适用于在役钢筋混凝土及预应力混凝土梁桥安全状态评估、检(监)测及安全预警。自80年代起,桥梁结构评估鉴定、管理养护和加固改造逐步成为一些发达国家桥梁领域研究的重点和热点方向。1980年,英国工程师协会即发表了《既有桥梁结构的评估》,系统的对在役桥梁结构的安全评估方法、指标提出了指导性意见。1981年,经济合作与发展组织召开了《关于道路桥梁维修管理国际会议》,1990、1993、1996年,英国召开了3次桥梁管理国际会议,对桥梁管养技术进行充分的探讨。此外,还有大量的相关会议论文集和专题研究报告。我国在桥梁方面的评估始于"七五"期间,由交通部公路科学研究所与北京市公路局共同开发建立了北京市公路桥梁基本数据库,并在此基础上合作完成了《公路桥梁使用功能评定方法》。1988年我国交通部公路局公布试行《公路旧桥承载能力鉴定方法》,2011年交通部在1988年试行办法的基础上,修订编制《公路桥梁承载能力检测评定规程》(JTG/T J21—2011)。该规程基于概率理论的极限状态设计方法,采用引入分项检算系数修正极限状态表达式的方法,对在役桥梁承载能力进行检测评定。

技术原理:①在系统分析梁式桥常见结构性病害及其产生机理的基础上,提出梁桥结构安全状态评价关键指标;②基于梁式桥结构危险性分析数据,确定梁桥结构安全预警监测的关键部位;③利用多级模糊综合评判法建立安全评价体系;④基于数值模型与数理统计的方法,对梁桥结构安全预警等级进行划分;⑤研发梁桥结构安全检(监)测方法与预警系统。

关键技术或工艺流程:①通过大量数据支撑,确立桥梁安全状况评价三大主要指标:表观状况、材质状况。②在桥梁常规检查的基础上,根据病害特征对重点部位或典型桥孔采用专门技术和检测设备进行深入而细致的检测,通过材质检测可以更好地掌握桥梁的技术状况,为桥梁承载能力评定提供可靠依据,用来查明结构材料的力学性能、确定缺陷和损坏的性质和范围;并对桥梁关键截面挠度、裂缝(受拉钢筋附近的垂直裂缝)、关键截面的应力进行实时监测,建立桥梁结构安全数据库。③通过桥梁状况及桥梁实时监测数据以及确定的安全评价方法,确立桥梁安全评价模型,得出桥梁安全评价指标体系。④开发研究出梁桥安全预警系统,保障桥梁安全运营。

成果已经成功应用于浙江省镇西东大桥梁桥预警系统,浙江省兰溪黄湓大桥预警系统,广东省中山港大桥预警系统、广东省黄沙沥大桥预警系统。随着现代理论研究的不断深入,以及建桥技术的成熟和完善,各种新材料、新工艺修建的桥梁层出不穷,但随着时间的推移,任何公路桥梁最终都将成为旧桥;经过长期使用的结构难免也会因各种原因使结构发生各种各样的损伤,存在不同程度的病害和缺陷。需要维修、加固和改造。在维修加固前均需对其进行合理的检测和评价,得出桥梁的实际工况和承载能力,分析病害、损伤的成因,从而提出有效的维修加固措施。公路桥梁工程造价高,在公路运输中发挥着重要的作用,因此,在建桥过程中,总是采取各种措施确保工程质量。尽管如此,公路桥梁长期在自然环境(大气腐蚀、温度、湿度变化)和使用环境(荷载作用频率增加、材料与结构的疲劳)的作用下,逐渐产生损坏现象。20世纪六七十年代修建的设计荷载标准较低的公路桥梁已经营运20~30年,但仍在使用,在交通量日趋增大,荷载日益增加的今天,旧危桥的检评任务十分繁重,全部推倒重来的思想既不现实也不科学。在不断提升公路技术等级的改造和改建过程中,对旧危桥进行检测评价和安全预警研究显得尤为迫切和重要。

梁桥安全预警技术已在浙江镇西东大桥、兰溪黄沩大桥、广东中山港大桥、广东省黄沙沥大桥得到应用。梁桥安全预警系统可以准确掌握桥梁运营过程中所承担的交通荷载,了解桥梁从系统应用之时起健康状况的变化,各主要承重构件的受力、变形,病害的产生和发展等情况,保证桥梁的安全运营。在长期实时监控下,系统一旦发现异常及时分析产生原因及可能产生的危害,遇到发现安全隐患,可以及时发布预警信息,以便采取安全保障措施,避免发生桥梁垮塌等严重的安全事故。

系统的广泛应用使因桥梁病害而发生的交通故障减少,使桥梁大修加固频率降低,费用减少,提高示范工程桥梁畅通率。其次,使养护部门能及时发现病害及时修补,避免因为小病害没有及时处理带来的进一步恶化,增强了桥梁维修加固的周期,同时延长桥梁的使用寿命,大大节约了维护费用。

9.3 长大下坡路段交通运输安全科技成果

1)高性能彩色改性乳化沥青及其微表处技术

本项技术是以浅色改性石油树脂为原料,通过先进的乳化技术乳化而成,同时采用高分子改性剂(如SBS)通过物理与化学的方法对其基本性能进行改性,并赋予其功能性。本项目首先对SBS进行接枝改性,然后对改性SBS进行乳化以制备SBS乳液,通过将乳化沥青与SBS乳液复合达到SBS改性彩色乳化沥青的目的,从而显著提高了彩色乳化沥青的高温软化点和低温韧性。通过在彩色乳化沥青中添加功能性助剂或者填料,赋予材料和产品多种功能性。

与其他乳化沥青相比,高性能彩色改性乳化沥青性能优势在于:

(1)储存稳定性:普通乳化沥青稳定管试验10d,>5%,该项目彩色改性乳化沥青30d,<5%。

(2)粒径分布:经激光粒度仪分析,该乳液微粒集中在$1\sim5\mu m$,可达95%以上,相比普通乳化沥青稳定性、渗透性以及与石料的裹覆性大大提高。

(3)具有高温稳定性、低温韧性、抗水损坏性及耐久性,不易出现变形、沥青膜剥落等现象。

(4)抗噪性:路面具有较好的吸声功效,当汽车轮胎高速滚动时,不会因路面空隙中的空气被压缩而产生很大噪声。

(5)舒适度:彩色沥青路面具有良好的柔性和一定的弹性,行走的脚感好。

(6)环保性:彩色沥青路面色彩主要来自加入矿物石料的自身颜色或者一定的无机颜料,与胶结料黏结良好,一般情况下这些骨料不会释放出有害的物质,因此不会对周围的环境造成污染。

成果适用于各级城市道路及其他公共设施铺面工程机动车道和非机动车道的彩色微表处,如高速路警示带、隧道口、蜿蜒急转路口、景观路面、公园小区路面、停车场等,用以警示交通、美化环境。

2) 消能减速护栏

消能减速护栏同时具备防撞和消能减速两方面功能。其减速功能是通过车体与护栏接触,摩擦面间的摩擦力做功消耗车辆动能,实现车辆减速。消能减速护栏以加强型混凝土护栏为原型,路面以上护栏高度为1.2m,迎撞摩擦面采用混凝土波浪形设计,上坡面与迎撞摩擦面进行优化过渡,如图9-11所示。护栏单位长度材料用量为:混凝土494t/km,钢筋43.15t/km。

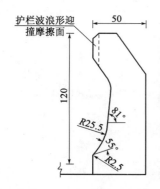

图 9-11 护栏结构断面图及护栏应用照片(尺寸单位:cm)

经实车足尺碰撞试验验证,消能减速护栏各项指标满足评价标准要求,防护能量达到520kJ;经驾驶员驾驶车辆贴靠试验,在护栏设置长度为400m时,可使80km/h的运营车辆贴靠减速50%。

目前该成果在云南蒙新高速公路应用总计30332.18m。护栏线形流畅,施工外观质量满足结构设计要求,安全性能及减速效果良好。

3) 橡胶空腔强制减速垄

橡胶空腔强制减速垄是给制动失效车辆的阻力做功消能来实现车辆减速。橡胶空腔强制减速垄为空腔结构,由特制橡胶材料及骨架层组成,空腔内设排气管;单体橡胶构件尺寸为:长1010mm×宽694mm×高172mm;橡胶空腔强制减速垄强制减速带每排橡胶垄横向中心间距1.8m,纵向中心间距(行车方向)1.3m,高出路面13.5cm(图9-12)。采用特制橡胶材料及骨架层,具有强度高、耐久性好、安装方便、维修费用低的特点;满足人体冲击及车辆振动要求,滚动阻力系数达到0.17;车辆震动满足《人体全身震动暴露的舒适性降低界限和评价准则》(GB/T 13442—1992)的要求。

该成果可应用于公路硬路肩、专用车道及避险车道引道内。应用于避险车道引道内,可降低制动失效车辆驶入避险车道速度,进而减少避险车道设置长度,提高了避险车道在地形条件受限路段的适用性;应用于避险车道引道内,可起到警示作用,有效防止正常车辆误入避险车道。目前,橡胶空腔减速垄已成功应用于云南省蒙新高速公路38km连续长下坡路段,应用5年来,经上百次使用,使用效果良好。

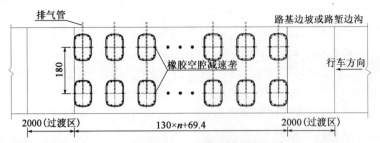

图 9-12　橡胶空腔强制减速垄布置图及现场应用照片(尺寸单位:cm)

4)避险车道网索拦截装置

网索式避险车道主要由网索拦截装置、砾石路床、反坡等组成。该网索式避险车道在传统砾石路床避险车道的结构设计中增加设置网索拦截装置——阻尼器消能减速系统。该系统主要包括:沿行车方向左右对称布置的 2 对阻尼器,2 道拦截网索以及一道末端阻拦网,各组成部分如表 9-2 所示,现场应用如图 9-13 所示。增加该系统后能够有效拦截失控车辆,减少避险车道的设计长度。

网索避险车道网索拦截装置构成一览表　　　表 9-2

序号	名　称	规格(m)	作　用	数量	备　注
1	盘式制动阻尼器	1.25×1.2×2.3	输出阻尼力,吸能作用	2 套	成对设置 上部缠绕钢丝绳
2	第一道拦截网索	长 38×高 1.4	拦截车辆,将动能通过钢丝绳传递到阻尼器	1 道	—
3	第二道拦截网索	长 10×高 1.4	拦截车辆,将动能通过钢丝绳传递到阻尼器	1 道	—
4	末端阻拦网	长 10×高 1.3	起到安全保护作用	1 道	放置在安全保护系统前
5	钢丝绳导向装置	0.63×0.63×0.646	为钢丝绳提供导向作用	4 组	安装于护栏上

目前,避险车道网索拦截装置已成功应用于云南省蒙新高速公路 38km 连续长下坡路段避险车道,成功防护上百起制动失灵车辆,应用效果良好。

5)山区高速公路安全行车保障技术及设施

适用范围:山区高速公路设计、施工、运营。

我国现行规范没有明确定义长大纵坡,也没有从线型质量、行车安全、安全设施和路面结构等方面系统地对长大纵坡路段的设计、施工和管理进行指导和规范。目前国内山区高速公路交通事故频发,尤其是连续长下坡路段几乎全部为事故多发路段,在交通量大的地方形成了多处"死亡谷"。如北京八达岭高速进京方向 K55—K50 路段、京珠高速粤北段南行 K39—K51 段路段。依托工程雅泸高速公路先后翻越巴蜀名山大相岭泥巴山、拖乌山，沿线自然地理、气象、地形、地貌以及地表控制物等建设条件极其复杂；泥石流、滑坡、崩塌以及强震活动性断裂等地质灾害发育；存在 3 段长度超过 20km 的超长连续纵坡，其中最长的一段长度超过 50km，平均纵坡近 3%，这样的超长连续纵坡规模在世界范围内都是罕见的。

图 9-13　网索拦截装置结构图及现场应用照片

山区高速公路地形及地质条件复杂，但是交通量往往不是很大，设计如果采用较高的平纵面技术指标又会造成投资过大。而交通安全包括人、车、路。本课题的研究是考虑到交通安全的主体分为控制车辆的主体人、车辆本身以及供车辆行驶的道路设施。道路本身的设计是控制交通安全的根本，这包括道路线形质量、道路路面以及正常的安全设施。如果发生了相应的交通安全问题车辆是否有对应的安全设施进行补救。对于项目因为特殊的交通条件，管理应该采用相应的安全对策措施。

为顺利实施雅泸高速公路的建设，减小运营期间事故率，从以下四个方面开展研究：

(1) 对山区高速公路线形质量参数进行评价，包括汽车上坡等速线理论、线形质量评价体系、长下坡纵面设计方法和驾驶负荷度关系模型。

(2) 完善长下坡沥青路面设计。

(3) 对山区高速公路行车安全进行对策研究，形成了综合安全评价技术。包括构建影响山区高速公路行车安全的基本理论、提出改善山区高速公路行车安全的关键技术、提出分区段安全保障技术、提出螺旋隧道安全评价体系。

(4) 进行新型安全设施研发，开发盘式阻尼器网索系统，提出网索避险车道评价标准，开发钢管吸能梁减速护栏等。

主要技术指标：新型网索避险车道的防护能力为：大货车 55t，驶入速度 100km/h，驶入距离 62.5m，对于相同的车辆吨位和驶入速度，如果设置传统的砾石路床避险车道，制动路床坡度按 10%，滚动阻力系数按 0.25，则驶入距离达到 112m。与新型网索避险车道相比，砾石路床避险车道的车辆驶入距离增加 50m，避险车道的设置长度大幅度增加，也大大提高了对地形条件和路侧空间的要求。三横梁梁柱式型钢护栏的钢材用量仅由优化前的每公里 108.58t 增加至 127.81t，但护栏防撞能力由优化前的不足 SA 级提高至 SA 级以上；方管组合式护栏的上部钢结构材料用量由优化前的 14.27t 减小至 11.65t，但护栏防撞能力由优化前的不足 SS 级提高至 SS 级以上。护栏优化在不增加材料用量或少量增加材料用量的同时，有效提高了护栏的防护能力，经济效益显著。

随着我国高速公路建设重心向西部转移，山区高速公路交通事故日益增多，本课题具有广泛的应用前景，能改善山区高速公路长大纵坡路段的安全性，降低工程造价。本课题成果适用于设计、施工和运营等阶段，尤其是对已经通车项目，通过行车安全对策研究成果的应用，可以显著改善路段行车安全，社会效益显著。

9.4 隧道区域交通运输安全科技成果

1）复杂工况条件下电力载波变色温隧道灯

在隧道照明水平下,选择高色温、显色性好、光谱分布含短波成分较高的光源可以提高隧道照明质量,并且可以节约能源。电力载波变色温隧道灯包括灯体、铝基板、LED 灯珠、驱动电源和控制系统;根据不同的空间环境和需求,通过控制系统对驱动电源的调节来实现两种不同色温光源间的转变调节,达到在晨、暮、雨、雾时增加洞口及洞口路面的可视性,提高行车的安全;为确保该变色温灯具灯体内发出的光更具有均匀性,铝基板上设有 6 排灯珠,其中 3 排为 6500K 高色温灯珠,另 3 排为 2700K 低色温灯珠(图9-14)。

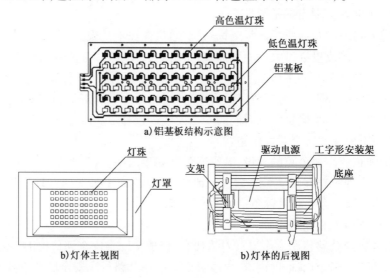

图 9-14　电力载波变色温隧道灯

该成果可有效解决隧道出入口段光环境变化差异大的问题,更加符合驾驶员的生(心)理需求,在保证驾驶员安全、稳定、舒适行车的基础上降低隧道运营能耗,改善公路隧道行车照明环境,降低行车事故发生率和严重程度。

目前该产品先后在贵州、云南、甘肃、浙江、湖北、青海、广西、山西、海南 9 个省 14 条高速公路中 88 处隧道示范应用。经过不同使用年份的应用效果显示,该变色温隧道灯不仅有效降低了隧道整体建设成本,还有效解决了隧道出入口段光环境变化差异大的问题,对隧道运营安全、稳定、舒适和资源节约、提高隧道运营管理效率和服务水平做出了重大贡献,对我国隧道照明光源特性的完善和发展具有重要推动作用,弥补了我国在隧道运营过程中安全与能耗两大技术难题有效结合的空白。

2）寒冷地区公路隧道冻害防治技术

成果总结了多年冻土和非多年冻土隧道温度场分布规律,揭示了隧道冻害产生的机理,提出了"防水是基础,排水是核心,保温是关键,三者有机结合"的隧道冻害防治原则;制定了寒区新建隧道冻害设防等级和既有隧道冻害程度等级,为寒区隧道防冻害设计和冻害治理提供了依据;研究了喷射混凝土冻融损伤特性,分析了喷射混凝土的抗冻性,为寒区隧道结构抗冻耐久性奠定了基础;研制了隧道新型防冻隔热层、防水层、排水管、止水带等一系列防冻害和防排水产品,解决了寒区隧道防冻隔温和防排水施工中的难题,有效防止了隧道冻害的发生;最后创建了一套系统完整的寒区公路隧道冻害防治技术体系,编制了《寒区公路隧道冻害防治技术指南》。

该成果适用于寒冷地区公路隧道工程,目前已成功应用于天恒山、雾凇岭等寒区隧道冻害防治,取得了良好的效果。通过对雾凇岭隧道保温工程的设计,在国内率先形成了一套隧道衬砌表面喷涂保温层的施工工艺。雾凇岭隧道2007年10月建成通车,运营近9年来,衬砌结构安全可靠,洞内干燥整洁,未发生任何冻害问题,运营效果良好。通过对天恒山隧道的抗冻设防等级进行划分,制定了具体的防冻措施。天恒山隧道于2009年10月建成通车,运营近7年来,衬砌结构安全可靠,洞内干燥整洁,未发生任何冻害问题,运营效果良好。

3) 高速公路特长隧道监控系统软件

高速公路特长隧道监控系统软件采用一体化组态方式作为内核,运行于隧道监控站计算机中。系统能及时、准确地采集整个管理区段的交通状态、环境参数以及所有监控设备的反馈信息;能够通过先进的监控和管理手段对隧道进行宏观控制,以确保整个路段和隧道达到最佳运行状态;能及时发现并协助加快事故的处理速度,有效减少二次事故的发生,提高隧道服务水平。

成果可对高速公路隧道群运行进行24h不间断有效监视,由交通监控子系统、消防监控子系统、通风监控子系统、照明监控子系统、闭路电视监视子系统、紧急电话子系统、有线广播子系统等子系统组成。其中,交通监控、消防监控、通风监控、照明监控在逻辑上相对独立,在系统构成上则合成一体,互相联动;拥有完备的预案功能,如不同隧道不同位置发生火灾时可提供不同的火灾预案,隧道内每个CO/VI发生报警时可分别提供对应的风机启动方案;系统的照明智能控制算法实现了根据车流量、时序和光强检测值信息对照明回路进行智能控制,在保证隧道安全行驶的前提下,做到了节能环保。系统的通风智能控制算法根据车流量、CO/VI检测器和风速风向检测器信息对风机的启动台数、方向及启停条件进行了神经网络智能控制,在保证隧道空气质量、能见度、安全行驶的前提下,达到节能环保的目的;同时实现了数据服务器的稳定可靠运行,以及客户端的灵活配置,从而保证了监控中心数据的稳定、可靠运行;远程信息服务功能实现了监控软件的B/S结构模式,中心的WEB服务器可以实现发布数据的汇总,网络的任何地点的数据访问,方便实现了现场数据的资源共享;成果还有强大的信息储存技术,通过通信系统从外场设备、隧道设备收集信息,对发生的每一事件的详细情况进行记录,对每一类时间采取的措施、处理方法、值班员号码进行记录。

目前,本成果已经成功应用于多项隧道监控工程中,包括:汾阳—邢台高速公路平遥—榆社段高速路线中宝塔山隧道、紫金山隧道和北凹山隧道的隧道监控工程;大同—浑源高速公路中西浮头隧道、水头隧道的隧道监控工程;临吉、平阳高速公路监控;山西灵山、湖南张家界—花垣等高速公路隧道监控;贵州六镇高速公路隧道监控等。经过近两年的运行,监控系统运行稳定,操作方便,监控效果良好。

4) 隧道施工多元信息反馈及超前预警技术

适用于隧道安全施工技术。从隧道施工自适应控制和优化控制本质入手,研究隧道施工历史观测信息—未来信息、观测信息—围岩(或支护)参数、开挖加固方案或参数—评价指标这几个重要的多输入多输出的非线性映射系统规律,建立隧道施工快速反馈分析流程和多元信息时间序列预报算法，开发隧道动态反馈分析及预警可视化系统。

关键技术或工艺流程：①提出三维可视化隧道施工围岩动态分级技术。在隧道施工观测信息方面，充分重视超前地质超前预报、掌子面素描和监控量测多元信息的结合，上述三类信息分别代表掌子面前方、掌子面、掌子面后方的不同空间位置，利用这三类信息可以更充分地反映地质体性质及围岩—支护结构的真实力学行为，从而获得安全性和经济性更合理的施工方案。提出基于地质超前预报信息和回弹信息进行围岩掌子面信息获取，在现场的经验分级结果基础上，提出基于三维可视化和隧道围岩差异进化—神经网络分类分级的方法和模型。利用已有的分级结果作为差异进化—神经网络分类算法训练样本，可以节省后续分级的繁杂计算工作。②建立隧道施工多元信息围岩参数智能反分析方法。本项目将鲁棒性强、全局优化能力高的差异进化算法引入到反分析中，自主开发了 DE-FEM 弹塑性反分析程序，可对典型隧道断面快速识别围岩参数。并且针对以往反分析单纯考虑位移反分析的不足和三维数值模拟时间过长的问题，提出了应力—位移联合反分析方法，基于正交设计和拟合方法实现三维模型参数的快速反分析。该方法可充分利用观测多元信息及反映掌子面三维空间效应克服传统二维模型过于简化的不足。将上述反分析方法用于抚松隧道施工过程的典型断面分析，对 ZK276+300—ZK276+400 区域和 YK275+830—K276+125 区域进行了三维模型参数反分析。③隧道施工过程锚固参数智能反馈优化技术。提出了基于差异进化的锚固参数优化方法。多优化目标的加权平均法和目标转化约束的方法，将多目标转化为单一目标。对于隧道锚固机理和锚固效果影响因素进行了理论分析和数值模拟。通过正交试验方法分析了锚固参数对稳定性指标的影响的敏感性。基于正交设计的计算样本和拟合方法，采用非线性函数建立围岩位移与锚固参数之间的函数关系，确定了约束条件及优化的指标，给出了基于差异进化算法的锚固参数优化的方法和步骤。对 ZK276+300—ZK276+400 区段、YK275+825—YK276+125 区段进行了锚固参数的优化。④隧道施工多元信息实时监测预警技术。隧道施工期普通的人工监测以及一般单一信息的在线监测仪器往往很难获得有效的围岩状态预测信息，多元信息监测显得特别必要。本项目建立了多元自动监测系统软硬件体系，突破隧道现场到处理中心的距离限制。研制了能反映隧道掌子面围岩全位移的岩体应变监测装置、多元信息化采集系统。研发了基于云计算、手机查询功能的远程隧道围岩稳定预警技术。基于多元实时监测数据，结合差异进化算法和神经网络建立了监测信息的多元时间序列预测模型，实现了超远距离和超前预测功能的隧道报警系统。⑤开发了三维可视化智能分析预警系统。通过隧道施工监测信息智能可视化系统的研究和建立，自主设计编制了工程数据库信息管理及 VTK 可视化显示平台，在开发中应用了 C#语言编写程序主体代码，引入了 Dundas 图表插件和 VTK 可视化技术，实现了监测数据存储功能、监测量—时间变化曲线图表、监测信息的预处理及管理分析功能、运用差异进化算法实现了隧道信息智能反分析功能以及限值警报和自动预警等功能。自主研发的 VTK 可视化显示系统对隧道信息进行显示，得到水平位移等值线图及云图。

技术应用情况：本技术在依托工程营城子—松江河高速公路的抚松隧道和推广工程大连地铁隧道、丹大线铁路枢纽改造陈家店隧道等进行成功应用，表明本技术可以提高计算速度和准确性，可及时优化和调整施工方案与参数，显著节省隧道支护成本。报警具有超前性，避免塌方事故，有力地支撑了依托工程的安全施工。

推广前景：多元信息监测和自动化获得数据是隧道乃至岩土工程的将来必然发展趋势，随着以本技术成果为代表的该领域新技术的发展和推动，国家整个行业的设计和施工规范的进步和调整，必将使隧道施工的多元信息监测规范化、标准化、常态化，实现全寿命周期的健康信息监测。隧道施工期安全监控与运营期健康监测的一体化将会给本项目成果带来广阔的前景。

5）交通隧道光纤光栅感温火灾预警监测技术

隧道火灾监测技术发展经历了漫长过程，随着世界各国公路交通发展和隧道火灾监测要求的提高，涌现了多种隧道火灾监测技术。国外对隧道火灾监测一般采用感温电缆技术及基于拉曼散射的分布式光纤感温火灾探测技术。感温电缆技术是较早应用于公路隧道火灾探测的技术，但这种系统的缺点是系统本身从原理上无法建立环境温度与监测阻值的函数关系，在进行温度监测时存在较大的测量误差。而基于拉曼散射原理的线型火灾监测系统在国外消防安全系统中一直处于垄断地位，被广泛应用于隧道火灾预警系统中。但基于拉曼散射技术的火灾探测系统其探测信号会受发光光源稳定性、连接损耗、光缆缺陷、光缆位置的微小变动等因素的影响，从而影响监测结果的可靠性和精确性。同时，该类探测系统需要采用很复杂的信号处理手段，造成探测系统对信号的响应时间长，因此基于拉曼散射的火灾探测系统在频响、误报、空间定位等问题上不能同时很好地满足实际工作中对火灾进行预报的要求。而且该系统的关键器件依赖进口，不利于系统维护。基于光纤光栅传感技术的交通隧道火灾报警系统采用光纤光栅温度传感器作为外界环境的传感单元，探测的是光的中心波长，波长在光的传输过程中不受光源起伏、光纤弯曲损耗、连接损耗和探测器老化等因素的影响，对外界环境具有高度敏感的特性，系统具有响应时间快、灵敏度高和测量精度高的特性，可实现对被监测的环境进行准分布式实时温度监测，完成对温度过高或异常升高做出快速的火灾预报的功能。同时本成果具有完全独立的自主知识产权，有利于大面积推广应用。

技术原理：光纤光栅是利用光纤材料的光敏性（外界入射光子和纤芯内锗离子相互作用引起的折射率永久性变化），通过紫外光曝光的方法将入射光相干场图样写入纤芯，在纤芯内产生沿纤芯轴向的折射率周期性变化，从而形成永久性空间的相位光栅。其作用实质上是在纤芯内形成一个窄带的（透射或反射）滤波器或反射镜。当一束宽光谱光经过光纤光栅时，满足光纤光栅布拉格条件的波长将产生反射，其余的波长透过光纤光栅继续传输。光纤光栅处温度发生变化时，反射光谱中心波长也发生相应的改变。所以只要能够精确地测量光栅反射光的波长，就可以精确地知道光纤光栅处的温度。

关键技术或工艺流程：采用全同光纤光栅传感方法，解决了波分复用技术中存在的 FBG 传感器数量受光源和波长解调器带宽限制的问题，将全同光栅技术与波分复用技术相结合，实现了分区域定位的光纤光栅火灾探测系统。采用光栅进行信号检测、光纤进行信号传输，实现无电检测，本质安全防爆。

该技术特别适用于易燃易爆、长距离传输、强电磁干扰和环境恶劣场所的火灾监控报警，目前已经在包括沪蓉西利恩段高速、武汉长江隧道、厦门翔安隧道等在内的全国总长3000多公里的公路隧道火灾报警项目中成功推广应用，并在多次交通隧道的火情中实现准确及时的报警，为火灾的即时发现和扑救赢得宝贵时间，避免了重大损失。

我国是世界上隧道数量最多、建设规模最大、发展速度最快的国家,而且,随着我国近几年西部大开发战略的实施,即将建设的隧道数量越来越多。据统计,最近几年铁路隧道和公路隧道以每年约1000km的建设速度增长,而且单个隧道的长度呈增加趋势。隧道火灾报警系统作为保证隧道安全运行的关键之一,具有良好的市场前景。由于隧道的火灾报警要求传输距离远、监测点数多,尤其是在特长隧道中,传统的电类传感器无法满足要求,光纤光栅感温火灾报警系统成为其安全监测中的首选产品,初步估计每年的市场容量将超过5亿元。

9.5 交通运输安全信息技术成果

1)车辆高速动态称重系统

车辆高速动态称重系统综合了车牌识别、可变LED情报板控制等技术,实现了车辆轴载、车辆牌照的识别、匹配和实时发布,为超限超载治理、超限行为非现场执法以及桥梁健康监测提供了重要的技术支撑。

依据交通运输部《固定式交调设备技术条件》要求,经交通运输部国检中心检测,设备满足《固定式交调设备技术条件》中Ⅰ型ABC类要求,本技术产品的指标参数为:机动车型分型精度相对误差<4.99%;流量数据的采集精度相对误差<4.0%;车速数据的采集精度相对误差<6.9%;在此指标下,按照设备设计原理,车速测量范围为0~180km/h。依据《汽车轴重动态检测仪检定规程》[JJG(交通)005—2005]要求,经河南省新乡市质量技术监督局检测,设备检测精度为:轴载数据的采集精度相对误差<3%,置信度95%;在此指标下,按照设备设计原理,可测轴重范围为0.5~25t。

该成果适用于超限治理工作中的超载预检系统、超限行为非现场执法系统,以及桥梁健康监测系统等需要对车辆轴载进行实时监测和识别需求的业务领域等。目前已经成功应用于河南、西藏、重庆、贵州等多个省份的超限治理工作中。由于系统可在自由流状态下对车辆进行轴载测量,可有效避免对交通运行的干扰,提高车辆通过超限治理站的速度,从而提升了道路通行效率;同时,通过实时发现并精确引导疑似超载车辆进入超限治理站,可以预先排除非超载车辆,减少了进站检查的车辆数量,降低了工作人员强度。本技术还成功应用于广州鹤洞大桥桥梁健康状态监控工作中,通过系统实时监测大桥。

2)营运车辆安全监控管理信息平台

营运车辆安全监控管理信息平台涵盖了道路运输企业从人力资源、安全教育培训、机务运务、站场例检、动态监控、监督检查、安全考核、能源材料消耗等全面的信息化管理功能。实现从营运之前进行系统的安全审核、检测、培训教育、考评分析,保证车辆等生产要素的良好状况和驾驶员的良好状态;营运过程中进行人车实时监控、安全预警,实时保障过程安全;营运之后对车辆、驾驶员等要素的安全监管数据以及能源材料消耗数据等进行汇总分析和数据挖掘,为企业管理者进行安全管理、成本核算等经营决策提供技术支撑;系统也可以作为行业进行安全管理和能源消耗统计的基础信息采集工具,满足行业管理部门的统计分析等应用需求。系统各业务模块既相互融合协作,又可独立应用,企业可根据自身发展要求灵活选配模块,适应企业分步投资、阶段性部署,循序渐进实现企业安全生产信息化管理的应用需求。

车辆技术状态监控及异常辨识、行驶危险状态预警信息平均刷新速度在5s以内;车站智能安全门检报班:系统可接入车辆不低于10000台,系统响应时间在5s以内;运输过程的驾驶员、车辆、能源和材料消耗管理；系统可接入营运驾驶员全面信息不低于10000人，人员、车辆和配套的安全生产信息不低于10000台（套），数据库全部记录查询响应时间在5s以内；综合统计及分析：安全和监控管理、能源和材料消耗等各类要素可形成各维度的报表，单项统计报表生成时间在30s以内；设计的车载CAN总线信息采集发送终端能准确地采集到指定的客车CAN总线信息，将信息实时本地存储，并可通过无线通信模块同步将所采集信息通过无线网络远程发送至远端服务器接收分析；数据采集并实时回传监控系统的频率可达1s。

成果从2011年下半年开始分别在安徽省合肥汽车客运有限公司和重庆市江津区运输有限公司以及河南省多家道路运输企业示范应用和成果推广使用。截至2015年上半年产生了较好的经济效益和社会效益，全面提高了道路运输企业的信息化管理水平和工作效率。

3）公路地质灾害远程监测预警技术

适用范围：公路地质灾害监测。

在边坡地质灾害监测预警系统研究方面，国内外做了部分前期研究和探索。2000年，李英姿等研究了智能交通系统中地理信息系统。鉴于近年来世界各地频发的边坡崩滑等灾难性事故，公路的运营安全问题已引起社会各界关注。目前我国该领域某些关键技术和相关设备还比较落后，主要依赖于进口和二次开发。为了提高我国公路运营管理水平，提高监测监控技术的科技含量，急需开发具有自主知识产权的核心技术，以期实现公路运营监控系统的标准化、集成化、智能化，逐步替代相关进口技术和设备。

技术原理：以自主研发传感装置和市场成熟监测原件组合，采用模块化设计，自主开发监测监控软件和自主构建灾害预警模型，建立了公路边坡地质灾害监测预警系统。该系统可对边坡滑坡、崩塌等地质灾害实现远程不间断监测，监测内容包括应力、变形、裂缝、岩体倾斜、深部位移等多种参数；监测信号采用无线传输或有线传输，解决公路沿线灾害易发边坡距离远、地域情况复杂、维护困难和长期值守等问题；采用风能、太阳能互补的供电模式，克服了边远地区电力不方便的困难。

关键技术：①展布式新型碎裂边坡危岩的监测方式：改变了以往只能每块岩体分别布置传感器的监测方式，可降低监测成本，扩大监测范围。②视频监测监控地质灾害技术：可用价格低廉的工业摄像头对较大范围内的边坡进行滑坡、落石、泥石流等地质灾害的监测监控，并能自动识别灾害，发出预警信号，具有较高的智能化。③可自动接收边坡监测信息并自动发布警报的标志牌、信息牌：为公路驾乘人员提供了较长的预警时间，提高了道路运营安全水平和防灾减灾能力。

该技术适用于长线路、远距离、环境恶劣环境下的重大地质灾害监测预警。目前已在青海积石峡水电站清关路、青海同仁至牙什尕高速公路等项目中成功应用，运行正常。该技术已经成功应用于云南、四川和青海公路边坡监测项目中，在多次边坡出现较大形变时实现准确及时的报警，为滑坡、崩塌灾害的即时发现和处治赢得宝贵时间，避免了重大损失，大大提高我国公路交通的安全监测技术水平和防灾减灾能力，对保障国民经济的健康发展有重要意义，并对促进社会可持续发展及提升我国相关产业竞争力都具有深远的影响。该技术还可推广到水利水电、铁路、国土等行业地质灾害监测，可将这些领域的安全监测技术提高到一个新的水平并进一步增强防灾减灾能力。

参 考 文 献

[1] 国家突发公共事件总体应急预案[M].北京:中国法制出版社,2006.
[2] 郭忠印,方守恩,等.道路安全工程[M].北京:人民交通出版社,2003.
[3] 何勇,唐琤琤,等.道路交通安全技术[M].北京:人民交通出版社,2008.
[4] 刘恒,耿雷华,等.南水北调运行风险管理关键技术问题研究[M].北京:科学出版社,2011.
[5] 姜华平.高速公路交通安全管理[M].北京:人民交通出版社,2005.
[6] 刘运通.道路交通安全指南[M].北京:人民交通出版社,2004.
[7] 刘小明,任福田.论道路交通安全[M].北京:人民交通出版社,2001.
[8] Transportation Research Board, Natioal Research Council. National Cooperative Highway Research Program Report 350[M]. Washington: National Academy Press, 1993.
[9] Standards Policy and Strategy Committee. BS EN 1317[M]. London: BSI Group Headquarters, 2010.
[10] American Association of State Highway Transportation Officials. Highway Safety Manual 2010[M]. United States of America: FHWA, 2010.
[11] 中华人民共和国行业标准. JTG D81—2006 公路交通安全设施设计规范[S].北京:人民交通出版社,2006.
[12] 中华人民共和国行业标准. JTG/T D81—2006 公路交通安全设施设计细则[S].北京:人民交通出版社,2006.
[13] 中华人民共和国行业标准. JTG/T F83-01—2004 高速公路护栏安全性能评价标准[S].北京:人民交通出版社,2004.
[14] 中华人民共和国行业标准. JTG B05-01—2013 公路护栏安全性能评价标准[S].北京:人民交通出版社,2013.
[15] 中华人民共和国行业标准. JTG D82—2009 公路交通标志标和线标设置规范[S].北京:人民交通出版社,2009.
[16] 陈国华.风险工程学[M].北京:国防工业出版社,2007.
[17] 王卓甫.工程项目风险管理理论方法与应用[M].北京:中国水利水电出版社,2003.
[18] 郭仲伟.风险分析与决策[M].北京:机械工业出版社,1986.
[19] 水利部小浪底枢纽建设管理局.黄河小浪底建设管理文集[M].北京:中国水利电力出版社,1997.
[20] 顾镜清,等.风险管理:理论与实务[M].北京:中国国际广播出版社,1993.
[21] 刘小平.建筑工程项目管理[M].北京:高等教育出版社,2000.
[22] 钟伟容,等.国际工程项目施工风险分析和研究[J].工程建设与设计,2001(4):

33-36,13.

[23] 刘健晖,岳金桂.工程项目风险管理及其在我国的发展[J].甘肃农业,2006(5): 186-187.

[24] 黎符忠.区域交通应急保障体系构建研究[D].成都:西南交通大学,2012.

[25] 牛学军.道路交通安全管理规划相关理论与方法研究[D].北京:北京交通大学,2008.

[26] 解建华,孙小端,陈永胜,等.美国高速公路护栏端部处理[J].道路交通与安全,2006, 6(4):38-40.

[27] 李长城,高海龙.护栏端头安全设计与处置案例[J].公路交通技术,2009,5(53): 212-215.

[28] 葛书芳.防撞垫及其在高速公路中的应用[J].公路交通科技,2003(6):147-149.

[29] 熊英.山区高速公路连续长下坡交通安全综合治理措施探讨[J].公路交通技术,2011 (5):141-143.

[30] 肖润谋,王剑波,周维新.山区高速公路长下坡段专用减速带设计与应用[J].公路与汽运,2010(3):38-42.

[31] 科技部,公安部,交通运输部."重特大道路交通事故综合预防与处置集成技术开发与示范应用"项目验收材料[Z].北京:科技部,2012.

[32] 方艾芬,方庄丽.区域公路网交通安全应急指挥平台设计与实现[J].中国交通信息化, 2012(2);88-90.

[33] 牛建峰,丛浩哲,王俊骅.区域公路网交通安全态势评估关键技术的探讨[J].上海公路,2009(3);54-57.

[34] 中华人民共和国道路交通事故统计年报2008—2011[Z].北京:公安部交通管理局,2012.

[35] Process Safety Management of Highly Hazardous Chemicals,OSHA,29 CFR,Part 1910.

[36] 西本德生,新井忠.日本施工安全评估及计划申报制度,台湾工业技术学院建筑工程技术系主办日本施工安全评估研讨会,1996.

[37] Soren Degn Eskesen, etc,. Guidelines for tunnelling risk management: International Tunnelling Association, Working Group No.2. Tunnelling and Underground Space Technology 19(2004) 217-237.

[38] The construction occupational health and safety management systems (COHSMS) guidelines, Japan Construction Safety and Health Association (JSCHA).

[39] Gregory Carter, Simon D. Smith. Safety hazard identification on construction projects, Journal of Construction Engineering and Management, 2006, Vol 132(No.2).

[40] Technical Building Standards (Nte-Cpp/1978): Pre-Cast Piles. (Normas Tecnologicas De Edificacion (Nte-Cpp/1978): Pilotes Prefabricados.)/ Madrid, Espagne// Dispos Gen. 1978. (19242) 1911-1932.

[41] 刘铁民.安全生产管理知识[M].中国大百科全书出版社,2006.

[42] 方东平,黄新宇,JimmeiHinze.工程建设安全管理[M].北京:中国水利水电出版社,2003.

[43] 张仕廉,董勇,潘承仕.建筑安全管理[M].北京:中国建筑工业出版社,2005.

[44] 张彦民,何孝贵,韩同银.施工安全技术与管理[M].北京:气象出版社,2001.

[45] 徐德蜀,邱成.安全文化通论[M].北京:化学工业出版社,2004.

[46] 王宏伟.重大突发事件应急机制研究[M].北京:中国人民大学出版社,2010.

[47] 边尔伦.浅析我国建筑安全生产的现状与对策[J].建筑安全,2003.

[48] 罗章,李韧.中日应急管理体制要素比较研究[J].学术论坛,2010(9):76-82.

[49] 闪淳昌.建立突发公共事件应急机制的探讨[J].中国安全生产科学技术,2005(2):24-26.

[50] 郭济.政府应急管理实务[M].北京:中共中央党校出版社,2004.

[51] 夏宝成.西方公共安全管理[M].北京:化学工业出版社,2006.

[52] 李立国,陈伟兰.灾害应急处置与综合减灾[M].北京:北京大学出版社,2007.

[53] Dennis S. Mileti. Disaster by Design: A Reassessment of Natural Hazards in the United States. Henry Press, 1999.

[54] Lynn T. Drennan. Risk and Crisis and Emergency Management. Marcel Dekker, Inc., 2001.

[55] Gerrge D. Haddow, Jane A. Bullock. Introductin to Emergency Manangement. Elsevier Inc,2006.

[56] Michael K. Lindell, Carla Peter, Ronald W. Perry. Introduction to Emergency Management. John Wiley&Sons Inc. ,2007.

[57] David A. McEntire. Disaster Response and Recovery: Stategies and Tactics for Resilience. John Wiley&Sons, Inc., 2007.

[58] Ruchard T. Sylves, William L. Waugh. Disaster Management in the US and Canada. Charles C Thomas. Pubilsher, Ltd. , 1996.

[59] Risk Analysis In Transportation Systems/ De-Malherbe-R; Mamalis-Ag; De-Malherbe-Mc; Giddings-Ml// Fortschritt-Berichte Der Vdi-Zeitschriften. 1981. (18) 115 (87 Ref.).

[60] Transportation System Safety Methodology/ Horodniceanu-M; Cantilli-Ej; Shooman-M; Pignataro-Lj// National Technical Information Service 1976/11. 147.

[61] The Value Of Timely Hazard Identification/ Thompson-Rp// The Value Of Geotechnics In Construction. Proceedings From The Seminar, Institution Of Civil Engineers, London, 4 November 1998. 1998. 3-11 (4 Refs.).

[62] Identification And Evaluation Of School Bus Route And Hazard Marking Systems/ National Highway Traffic Safety Administration1999/01. 25.

[63] From Risk Analysis To Risk Control In Land Transport Of Dangerous Materials. Contribution Of Quantitative Evaluation./ Hubert-P; Pages-P// National Technical Information Service 1985/03. 92.

[64] Caspar-A Program For Engineering Project Appraisal And Management./ Thompson-Pa(Umist); Willmer-G (Umist)// Civil-Comp 85. Proceedings Of The Second International Conference On Civil And Structural Engineering Computing, Volume 1. Undated. 75-81.

[65] 戴忧华,郭忠印,马艳,等.高速公路隧道运行环境安全评价指标研究[J].同济大学学报:自然科学版,2010,38(8):1171-1176.

[66] 王琰,孔令旗,郭忠印,等.基于运行安全的公路隧道进出口线形设计[J].公路交通科技,2008,25(3)134.

[67] 郭忠印,柳本民.基于事件的重大公路交通基础设施运营安全研究[R].上海:同济大学,2010.

[68] 郭忠印,杨漾,曹继伟,等.基于高速公路线形综合指标的安全评价模型[J].同济大学学报:自然科学版,2009,37(11):1472-1476.

[69] GUO Zhong-yin, ZHOU Xiao-huan, YAN Yin, et al. Operating Speed Prediction Model Based on Highway Alignment Spacial Geometric; Properties[C]//ASCE. ICCTP 2010. Reston: ASCE, 2010: 961-970.

[70] 刘建蓓,郭腾峰.基于运行速度的高速公路安全性综合评价技术研究[C]//中国公路学会.中国公路学会计算机应用分会 2006 年年会.北京:中国公路学会,2006:15-21.

[71] 中华人民共和国交通运输部.2013 年度交通运输建设科技成果推广目录技术信息(公示)[EB/OL].
http://zizhan.mot.gov.cn/zfxxgk/bnssj/kjs/201312/t20131204_1523485.html

[72] 中华人民共和国交通运输部.2014 年度交通运输建设科技成果推广目录技术信息(公示)[EB/OL].
http://zizhan.mot.gov.cn/zfxxgk/bnssj/kjs/201410/t20141028_1716922.html

[73] 中华人民共和国交通运输部.2015 年度交通运输建设科技成果推广目录技术信息(公示)[EB/OL].
http://zizhan.mot.gov.cn/zfxxgk/bnssj/kjs/201512/t20151225_1960919.html

[74] 中华人民共和国交通运输部.2016 年度交通运输建设科技成果推广目录技术信息(公示)[EB/OL].
http://zizhan.mot.gov.cn/zfxxgk/bnssj/kjs/201701/t20170111_2152649.html